王梦恕院士 带您

探秘铁路

王梦恕　干昆蓉 编著

人民交通出版社股份有限公司
China Communications Press Co.,Ltd.

内 容 提 要

本书是一本面向广大青年及有意了解铁路知识的朋友们的科普图书,意在打破专业壁垒,普及铁路知识,宣扬铁路人精神。它从全球的视角与读者一起探秘了铁路的诞生、技术变迁以及铁路对国家政治、经济、军事等方面产生的作用和巨大的影响力;介绍了我国12万千米铁路路网、洲际铁路、沿江高速路网以及未来的规划;介绍了铁路的种类、组成以及在修建、维护和运营等过程中的相关科学技术;详细介绍了我国高速铁路的关键技术及其形成过程;介绍了未来城市轨道交通、重载铁路的发展方向以及中外铁路历史上对铁路技术发展做出重大贡献的杰出人物。书中穿插提出了一些在铁路规划与建设中应提倡的理念以及需要反思和研究的问题。全书共有11章,内容包括火车拉出新世界、铁路的起源与发展、线路、桥梁、隧道、火车站、机车与车辆、高速铁路、城市轨道交通与重载列车、未来的铁路和影响铁路发展的人。

本书可供青年朋友以及广大行业内外读者阅读,也可供铁路建设与管理者参考阅读。

图书在版编目(CIP)数据

探秘铁路/王梦恕,干昆蓉编著. —北京:人民交通出版社股份有限公司,2015.11
ISBN 978-7-114-12516-4

Ⅰ.①探… Ⅱ.①王… ②干… Ⅲ.①铁路运输—青少年读物 Ⅳ.①U2-49

中国版本图书馆CIP数据核字(2015)第232525号

	Tanmi Tielu
书　名:	探秘铁路
著 作 者:	王梦恕　干昆蓉
责任编辑:	吴燕伶
出版发行:	人民交通出版社股份有限公司
地　　址:	(100011)北京市朝阳区安定门外外馆斜街3号
网　　址:	http://www.ccpress.com.cn
销售电话:	(010)59757973
总 经 销:	人民交通出版社股份有限公司发行部
经　　销:	各地新华书店
印　　刷:	北京盛通印刷股份有限公司
开　　本:	787×1092　1/16
印　　张:	18
字　　数:	294千
版　　次:	2015年11月　第1版
印　　次:	2016年5月　第2次印刷
书　　号:	ISBN 978-7-114-12516-4
定　　价:	86.00元

(有印刷、装订质量问题的图书由本公司负责调换)

作者简介

王梦恕（1938—），河南温县人，中国工程院院士，隧道及地下工程专家。现为北京交通大学土木工程学院教授、博士生导师，北京交通大学中国隧道及地下工程试验中心主任，中铁隧道集团副总工程师，中国中铁工程总公司副总工程师。1964年毕业于西南交通大学（时称唐山铁道学院）桥隧系隧道及地下工程专业，硕士研究生，师从著名隧道专家高渠清教授。第九届、第十届、第十一届、第十二届全国人大代表，第九届、第十届全国政协委员。

研究领域：主要从事隧道及地下工程建设的理论、科研工作。他是我国铁路山岭隧道大断面深孔光面爆破、喷锚支护及复合式衬砌隧道修建技术的奠基人，浅埋暗挖理论与修建技术的开创者。他主持的"衡广复线大瑶山隧道"试验工程使大瑶山隧道加速提前了两年半优质建成，其中创新了十余项涉及设计、施工、监测与反馈技术、施工工艺与技术标准等内容的重大技术成果，"大瑶山长大铁路隧道修建技术"获得国家科技进步特等奖，开启了我国山岭隧道从导坑开挖、木支撑支护，到全面实行喷锚支护、复合式衬砌的隧道设计施工新纪元；他主持创新的浅埋暗挖隧道修建技术开辟了城市地铁修建新方法，开启了我国城市地下铁道从严重影响地面交通和大量拆迁工程的明挖法，到基本不影响地面既有建筑与交通功能的暗挖法的转变；试验工程"军都山隧道浅埋暗挖软弱围岩修建技术"获北京市科技进步一等奖，北京地铁一号线复兴门折返线的成功应用，标志着城市地铁浅埋暗挖时代的到来，现已在全国广泛应用，获国家科技进步二等奖。王梦恕院士还在跨海工程、城市轨道交通工程、地下水电工程、矿山工程、LPG储气工程、城市共同管沟、地下商业街等的规划、设计与施工领域有着独到的见解与贡献；退休后仍在为国家重大基础工程建设建言献策，怀着一颗尽责当代、造福子孙的赤子之心，为国家重大基础建设的方案论证与决策奉献智慧。王梦恕院士提倡"高速铁路不采用磁悬浮而采用轮轨方案"、"城市地铁不采用明挖而采用暗挖"、"海峡工程宜多采用隧道

方案"等观点,"要留遗产、不留遗憾"是其对自己也是对全体建设者的铭言;被人们称为"个性院士"和"敢说真话的人"。

王梦恕院士在50年的工作生涯中获奖无数,育人无数,写下了数十篇论文与著作。其中,《大瑶山长大铁路隧道修建技术》获国家科技进步最高奖(特等奖);著作《大瑶山长大铁路隧道修建技术》、《中国隧道及地下工程修建技术》、《地下工程浅埋暗挖技术通论》、《隧道与地下工程技术及其发展》为其大量论著中的代表作。他培养了大量的隧道及地下工程专业博士生、工程技术管理者,其求真务实的职业精神和学术思想,对国内外地下工程领域具有较大影响。

引言

  铁路是人类历史上最为重要的交通工具之一，铁路、城市地铁、公路、航空、水运、管道共同形成了当今世界各国主要的综合交通运输系统；铁路是未来具有持续生命力的地上、地下重要交通工具。"铁路是实业之冠"[《马克思恩格斯选集（第四卷）》]，铁路促进了资本市场的形成与发展。自1804年第一台蒸汽机车问世以来，铁路改变了整个世界，它缩短了地区间的时空，改变了地理面貌，使国家乃至世界的政治、军事、经济格局随之发生改变，牵动着世界运输业的风云变幻，在人们的生活方式、文化交流、商业贸易、资源开发、军事政治等方面产生了巨大影响，大大改变了人类的生活轨迹。

  那么，铁路是如何诞生的？它能做什么？它是如何改变我们生活的？它由哪些部分组成，是怎样运行的？它能跑多快，其奥秘在哪儿？它如何越过江河湖海、崇山峻岭？它隐含了怎样的经济学现象？如何使用铁路才能更好地维护公众的利益？它还有多少秘密等待揭开？未来的铁路又是什么样子？哪些人在铁路历史中值得我们记住？我们可以为铁路做些什么……本书尽可能通俗、真实地回答这一类的问题，与读者一同去寻觅铁路那些已知和未知的踪迹，以期达到传播知识、开拓思路的目的。还希望帮助大家认清一般铁路、快速铁路、高速铁路、重载铁路、旅游铁路等的各自特点；了解百年铁路建设的难度、必须性和重要性，铁路建设目标和方法，如何从安全、可靠、适用、经济、不浪费能源、少占用土地、不扰民、运营费低等方面去思考我国、世界铁路发展的方法。在介绍铁路是如何建成的过程中，本书增加了一个后记，简述了铁路建设者、运营管理者的艰辛和伟大的奉献精神，见物不见人的科普是不全面的，简单提炼而写出是我们的责任，给后代以思考。

目录

第一章　火车拉出新世界　/ 1

第一节　火车改变了人们的生活　/ 2
第二节　火车在人类文明史中的位置　/ 4
第三节　从交通发展看铁路未来　/ 5
第四节　铁路成就的亿万富翁　/ 6

第二章　铁路的起源与发展　/ 11

第一节　铁路的起源　/ 12

　　一、铁路是谁发明的　/ 12
　　二、蒸汽机与蒸汽机车　/ 13
　　三、世界上第一条铁路诞生的故事　/ 15
　　四、高山齿轨铁路和它的蒸汽机车　/ 17
　　五、慈禧太后与皇宫铁路　/ 19

第二节　世界铁路的发展　/ 21

　　一、英国铁路　/ 22
　　二、美国铁路　/ 23
　　三、瑞士铁路　/ 26
　　四、俄罗斯铁路　/ 28
　　五、澳大利亚铁路　/ 29
　　六、印度高山旅游铁路　/ 29
　　七、秘鲁铁路　/ 30
　　八、观光旅游列车　/ 31

第三节　中国铁路的发展　/ 33
　　一、清政府统治时期的铁路　/ 35
　　二、改革开放前后铁路的发展　/ 37

第三章　线路　　　　　　　　　　/ 43

第一节　轨道结构系统及种类　　　　/ 44
第二节　列车的跑道　　　　　　　　/ 46
　　　　一、路基　　　　　　　　　/ 47
　　　　二、轨道　　　　　　　　　/ 49
　　　　三、道砟　　　　　　　　　/ 50
　　　　四、钢轨　　　　　　　　　/ 51
　　　　五、道岔　　　　　　　　　/ 55
第三节　列车的空中供电线路　　　　/ 57
　　　　一、特殊的变电所　　　　　/ 59
　　　　二、接触网与受电弓　　　　/ 60
第四节　线路勘测设计　　　　　　　/ 61
　　　　一、线路方案的确定　　　　/ 62
　　　　二、神奇的勘测　　　　　　/ 63
　　　　三、线路设计　　　　　　　/ 66
第五节　线路检测与维护　　　　　　/ 66
　　　　一、线路综合检测车　　　　/ 67
　　　　二、线路养护车　　　　　　/ 68

| 目　录

　　　　三、线路救援车　　　　　　　　　　　　　　　／69
　　第六节　我国铁路线路博览　　　　　　　　　　　／70
　　　　一、滇越铁路　　　　　　　　　　　　　　　／70
　　　　二、京张铁路　　　　　　　　　　　　　　　／73
　　　　三、成昆铁路　　　　　　　　　　　　　　　／76
　　　　四、京九铁路　　　　　　　　　　　　　　　／78
　　　　五、青藏铁路　　　　　　　　　　　　　　　／79
　　　　六、京津城际铁路　　　　　　　　　　　　　／81

第四章　桥梁　　　　　　　　　　　　　　　　　／83

　　第一节　桥梁的种类　　　　　　　　　　　　　　／84
　　第二节　桥梁的基本组成及力学形式　　　　　　　／85
　　　　一、梁桥　　　　　　　　　　　　　　　　　／85
　　　　二、拱桥　　　　　　　　　　　　　　　　　／89
　　　　三、悬索桥和斜拉桥　　　　　　　　　　　　／90
　　第三节　桥梁的勘测设计、施工与维护　　　　　　／93
　　　　一、桥梁的勘测设计　　　　　　　　　　　　／93
　　　　二、桥梁的施工　　　　　　　　　　　　　　／94
　　　　三、桥梁的维护　　　　　　　　　　　　　　／98
　　第四节　桥梁的设计理论起源与材料变革　　　　　／99
　　　　一、桥梁结构设计理论的起源　　　　　　　　／99
　　　　二、材料变革　　　　　　　　　　　　　　　／101

第五章　隧道　　　　　　　　　　　　　　　　　／105

　　第一节　隧道的基本组成与形态　　　　　　　　　／106
　　　　一、主体建筑物　　　　　　　　　　　　　　／106
　　　　二、附属建筑物　　　　　　　　　　　　　　／108
　　　　三、隧道的断面形状　　　　　　　　　　　　／112
　　第二节　隧道的种类与社会应用　　　　　　　　　／112
　　　　一、隧道的种类　　　　　　　　　　　　　　／113

二、隧道的社会应用 / 113

第三节　隧道的设计、施工与维护 / 115

一、隧道设计的内容 / 115

二、隧道设计理论的不足 / 119

三、隧道的施工 / 121

四、隧道的维护 / 125

第四节　变幻莫测的地质 / 127

一、围岩的级别 / 127

二、不良地质带来的麻烦 / 128

三、工程师的智慧 / 128

第五节　铁路隧道大观 / 129

一、中国台湾狮球岭隧道 / 130

二、中国八达岭隧道 / 130

三、中国凉风垭隧道 / 131

四、中国关村坝隧道 / 131

五、中国大瑶山隧道 / 132

六、中国家竹箐隧道 / 133

七、中国燕山隧道 / 133

八、中国秦岭Ⅰ线隧道 / 134

九、中国新中梁山隧道 / 134

十、中国林城隧道群 / 135

十一、中国待开工的海底隧道 / 135

十二、瑞士哥达基线隧道 / 138

十三、英法海峡水下隧道 / 138

第六章　火车站 /141

第一节　火车站的组成与发展 / 142

第二节　火车站的种类与等级 / 143

第三节　火车站的规划、设计与施工 / 146

一、规划 / 148

目 录

	二、设计	/ 148
	三、模块装配式设计与施工	/ 152
第四节	著名火车站	/ 153
	一、中国北京南站	/ 153
	二、中国南京南站	/ 154
	三、中国西安北站	/ 155
	四、中国深圳福田地下车站	/ 155
	五、中国广州南站	/ 156
	六、英国利物浦路车站	/ 157
	七、美国纽约中央火车站	/ 157
	八、英国伦敦滑铁卢火车站	/ 157
	九、德国柏林中央火车站	/ 158
	十、新西兰但尼丁火车站	/ 159

第七章　机车与车辆　　　　　/ 161

第一节	机车的工作原理	/ 162
	一、蒸汽机车	/ 162
	二、内燃机车	/ 163
	三、电力机车	/ 166
第二节	车辆的运行	/ 168
	一、掌舵的转向架	/ 169
	二、灵活的自动车钩	/ 170

	三、可靠的制动组合	/ 170
第三节	不同时期的铁路列车	/ 173
	一、蒸汽机车时代的列车	/ 173
	二、内燃机车时代的列车	/ 174
	三、电力机车时代的列车	/ 176

第八章　高速铁路　　　　　/ 179

第一节	高速铁路的发展	/ 180
第二节	高速铁路的主要技术	/ 181
	一、高铁的线路选择	/ 181
	二、高速列车	/ 183
	三、运行控制系统	/ 189
	四、监测诊断系统	/ 191
第三节	中国高速铁路	/ 193
	一、发展历程	/ 194
	二、主要技术	/ 198
	三、CRH 品牌系列	/ 210
	四、高速铁路带来的变化	/ 214
	五、中国高速铁路快速建设创新方法及成果	/ 216
第四节	国外高速铁路	/ 218
	一、日本高速铁路	/ 219
	二、法国高速铁路	/ 220
	三、德国高速铁路	/ 221
	四、西班牙高速铁路	/ 223
	五、意大利高速铁路	/ 223
	六、英国高速铁路	/ 224
	七、瑞典高速铁路	/ 224

目 录

第九章　城市轨道交通与重载列车　　/ 225

第一节　城市轨道交通　　/ 226
 一、轨道交通的起源　　/ 226
 二、地铁与轻轨　　/ 226
 三、独轨铁路　　/ 229
 四、城市铁路　　/ 230
 五、磁悬浮列车　　/ 232
 六、自动轨道运输系统　　/ 234
 七、世界各国城市轨道交通　　/ 236

第二节　重载列车　　/ 238
 一、编组模式　　/ 238
 二、单元列车　　/ 240

第十章　未来的铁路　　/ 243

第一节　奇异的列车　　/ 244
 一、太空铁路　　/ 244
 二、海中列车　　/ 244
 三、管道列车　　/ 245

第二节　生态城市中的铁路　　/ 246

第三节　洲际铁路　　/ 249
 一、泛亚铁路　　/ 249

		二、中国四条洲际铁路	/250
第四节		我国沿海高速铁路越海通道	/254
		一、渤海通道	/255
		二、崇明越江通道	/256
		三、杭州湾跨海通道	/257
		四、台湾海峡跨海通道	/257
		五、港珠澳跨海通道	/258
		六、琼州湾海峡通道	/259

第十一章　影响铁路发展的人　/261

第一节　国外铁路人物简介　/262

　　一、蒸汽机发明家——詹姆斯·瓦特　/262

　　二、蒸汽机车之父——乔治·史蒂芬森　/262

　　三、英国铁路土木、机械工程师——布律内　/263

　　四、美国工程领域的先驱者——杰维斯　/263

　　五、"龙"号机车设计者——金达　/263

第二节　中国铁路人物简介　/264

　　一、台湾铁路发展的奠基人——刘铭传　/264

　　二、倡导中国自主建造铁路第一人——李鸿章　/265

　　三、中国革命先驱——孙中山　/265

　　四、中国铁路先驱——詹天佑　/265

　　五、中国铁路的早期建设者——杜镇远　/266

　　六、桥梁专家、工程教育家——茅以升　/267

　　七、隧道学科创始人——高渠清　/267

后记　/269
参考文献　/271

第一章

火车拉出新世界

历史上从来没有哪一项发明能像铁路这样对世界产生如此迅速和决定性的影响，是铁路把无数小规模的地方经济联系在一起，创造了真正意义上的世界经济。铁路衍生出一批新的产业，其对钢轨、机车、车辆、机电、各种材料、煤、电等的巨大需求，推动了世界上第一批重工业企业的发展；铁路促进了国际金融市场的形成与发展。国家从铁路中学会了管理、监管以及公平分配铁路所带来的巨大利益……

第一节 火车改变了人们的生活

图 1-1 描绘了火车给我们的生活带来的改变。火车使我们的日常生活在相同的时间内从数千米的范围,迅速扩大到数百千米乃至数千千米的范围。时空的巨变使我们的视野更加宽广,劳作更加有效;火车为我们带来许多改善生活的机会,许多城市因铁路而诞生;火车使铁路沿线区域的政治、经济、文化发生变迁;火车使我们的生活发生了翻天覆地的改变。

a)火车扩大了人们活动的空间,促进了跨区域的经济贸易、文化交流与融合

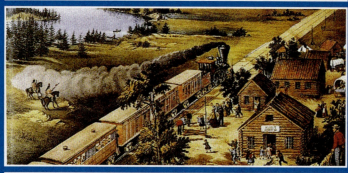

b)火车实现了大宗物资跨区域运移,使采矿业得以发展,促进了工业、农业规模化的形成与发展

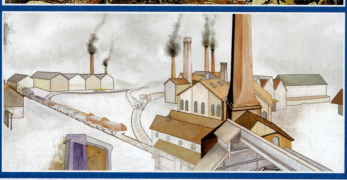

c)火车推动了工业革命:大片农田被工厂及新兴城市所取代

图 1-1 火车改变了我们的生活

火车实现了大宗物资的跨区域运移,使得内陆采矿业得以发展,促进了工业、农业规模化的形成与发展。工业发展需要大量的矿石、煤,机械、石油等大宗物资,生产的产品也需运往四面八方;粮食、棉花、蔬菜、畜禽等农产品需要运到工厂加工成生活及生产用品,或运往其他集散地进行分流,大量化肥、农机具需要从城市运送到农村。没有铁路时,这些工作完全靠畜拉人推、肩挑脚量,运到河海港口后用船运出。这种运输方式不仅劳动效率低,而且劳动强度很大,生产规模难以显著提升。这也是早期矿石、煤炭这类传统大宗工业物资主要沿海岸线开采,靠水上货轮运输的主要原因。缺少内陆大运力的快速交通工具是当时制约生产力发展的关键问题之一。而火车的问世使这一问题迎刃而解,它不仅运力与轮船相当,而且速度快,运输效率高,可覆盖广大的地理区域,从而有效解决了工、农业大宗物资的运移问题。

火车扩大了人们活动的空间,促进了跨区域的经济贸易、文化交流与融合。火车以其安全、宽敞、舒适、快捷给人们出行提供了极大的便利条件,他们不必再忍受马车的狭小、颠簸和缓慢;不必再忍受在海上长达数月的航行和冒前方可能的不测之风险;不必为待办的事务可能因时间延误产生的变故而焦虑,得以轻松、从容地在宽敞快捷的车厢内过着与在家相差不多的生活,跨越了以往难以想象的距离而不必花费更多的旅行时间,而这些活动无疑又促进了不同民族、不同文化间的交流与融合,科学技术也得以在更广袤的区域间传播发展。

火车改变了国家军事布局与战略。铁路作为一种特殊的运输资源,在各国均有从战略高度监管铁路的规划与建设历史。世界上大多数国家的铁路,尤其是干线铁路均由国家专营,铁路成为战时运送军需物品、武器与士兵的重要工具,同时也成为战略攻击目标。我国军队建立了专门的铁道兵作为国防与战时的交通建设部队,守卫通往国门的铁道线。

火车与政治有着与生俱来的联系。回顾人类发展历史不难看出,任何社会,政治均与巨大利益的博弈有着千丝万缕的联系,火车也不例外,其重要的战略地位、巨大的商业利益、特殊的行业属性,更使得执政党将其作为制定政策、巩固政权、施展政治主张的工具和媒介。世界历代政界领袖们的政治生涯中,均不乏留有铁路的足迹。孙中山的"实业计划"里,就有在全国修建10万英里铁路的设想。铁路已成为国家政治、经济的命脉。

第二节　火车在人类文明史中的位置

自公元前9000年,人类脱离原始社会进入农业社会以来,种植粮食果蔬、驯养飞禽走兽以供食用,挖掘洞窟以供居住的劳动智慧,使人类脱离了荒野生活,进入文明时代。随着生产资料和物质日渐丰富与积累,人类智慧得到了极大发展,工具的运用能极大地提高劳动效率的观念成为社会共识,但那时的交通工具仍然是畜力拉动的木制车辆。在历经了15000余年,直至16~18世纪,起源于欧洲的工业革命悄然到来,很快影响和改变了它所触及的人类活动的各个方面,其中的一只触角伸向了蒸汽机车,于是火车诞生了。从火车诞生至今,火车在人类文明历史长河中占据不足百分之二的历史。

铁路出现在近代,欧洲的工业革命是它得以诞生的土壤,世界上最早的铁路距今不足200年。出于竞争需要,发生在英国的工业革命以各种方式迅速从英伦三岛向大西洋两岸扩散、传播,欧洲的比利时、荷兰和法国以及北美洲的美国首先开启工业化进程,成为资本主义"核心地区"。至1840年前后,这些国家均不同程度地拥有了铁路,比我国早60~80年,铁路的发展也首先从这些"核心地区"国家开始(图1-2、图1-3)。这也是

图1-2　18世纪法国巴黎的城市公共马拉铁路

图1-3　18世纪欧洲用马做动力的铁路运输

这些国家铁路历史较长、较发达的原因之一。

随着技术的进步,人们对"火车头"的位置概念和动力概念已逐渐模糊,出现了不用点"火"的"电力机车",以及牵引动力不在"车头"位置的"动车"、"磁轨"等,但其在轨道上行驶的运移特征始终未发生改变。因此,铁路运输也特指以轨道运输为基本特征的一类交通运输方式。将来,随着社会需求与技术进步,"铁路"的"轨道"很有可能脱离其依附的土地,在广袤的天空、深邃的海洋中四处延伸,在林立的城市建筑间飞驰,"铁路"将迎来梦幻般的未来。

第三节 从交通发展看铁路未来

在原始交通运输阶段,陆地运输主要靠人力与畜力,随着运输需求的增加,沿水而居的人们发现了水上运输的奥秘:利用水的流动性,借助风的动力载物运移,于是诞生了大运力的水上船舶运输。19世纪的工业革命中,蒸汽机开始在水路运输中得到应用。1807年,美国人罗伯特·富尔顿(Robert Fulton,出生于1765年)试航成功"克莱蒙特号"蒸汽机船,开创了以机械为动力的现代运输新纪元。蒸汽机船在早期的工业化国家迅速发展,成为19世纪上半叶交通运输的主要形式。人们大量开凿运河、连通水网、兴建港口,使得水路运输在较短时间内取代了人力与畜力,成为那一时期居霸主地位的交通运输方式。

1814年,英国人乔治·史蒂芬森(1781—1848)发明了蒸汽机车。1825年,"旅行号"蒸汽机车成功在英国达林顿—斯托克顿铁路上运行,揭开了铁路主导陆地运输的帷幕。铁路以其运能大、成本低、全天候等特点,弥补了水路运输速度慢、受地理条件限制的不足,满足了工业生产对客、货运输的更高要求,解除了工业布局对水路运输的依赖,促进了国土资源开发。铁路迅速在工业化国家蔓延并形成路网,世界铁路运输进入高速发展阶段。20世纪40年代,美国路网长度就达40余万千米。铁路一经问世,便对水路运输形成了激烈的竞争威胁,进而迅速动摇了水路运输的主导地位,取代水路运输霸主地位,垄断客、货运输长达一个世纪之久。

19世纪80年代,德国人卡尔·本茨等人发明了内燃机,使用轻质液体在汽缸内燃烧产生动力。内燃机的发明促进了飞机与汽车的诞生。1887年,汽车问世。1909年,世界上第一条公路在德国柏林建成,但发展很慢。直到第一次世界大战后,资本主义国家的军事工业向民用转化,汽车得以迅速发展。由于公路运输机动灵活、迅速方便,可实现"门到门"的服务,因此成为短途运输的主力,并在中、长途运输中与铁路、水路展开竞争。人们运输方式的选择更加倾向于方便、快捷、安全舒适,在技术进步的支持下,电气化铁路、高等级公路、超音速飞机迅速发展,运输市场竞争更加激烈,运输结构发生重整。20世纪上半叶,高速公路和私人汽车的迅速发展,彻底打破了运输市场格局。公路运输跃居主导地位,铁路运输逐渐萎缩,路网开始减少,公路运输市场份额超过了铁路运输。至此,形成了水路、铁路、公路、航空四分天下的交通运输格局。

随着能源短缺与环境污染的加剧,交通运输结构将发生改变,铁路的低污染、低能耗等优势,使得轨道交通成为一种相对环保的运输方式而重新得到重视。铁路和城市轨道交通的迅速发展,交通运输的格局正在发生变化。目前,各种运输方式的内部结构档次明显提高,高速铁路、高速公路、豪华客车、重载列车、大型船舶、专用码头和宽体客机相继出现。可以预见:交通运输必然走向综合运输的道路,铁路将迎来新的春天。

以铁路为主体的新型运输方式的形成,得益于技术进步。铁路成为政府均衡公众利益、维护社会稳定和可持续发展而必须采取的一项措施。

第四节　铁路成就的亿万富翁

铁路作为交通运输的一支重要力量,已在国家发展的各个方面产生了重要影响。这里通过一段发生在美国早期铁路建设中的故事,帮助我们了解铁路运输的特性以及铁路在国家经济与金融方面的推动作用。

1810年,16岁的他靠100美元,从开拓纽约湾的帆驳船业务起家,后来掌控一个铁路王国,并推动了美国金融市场的发展。他所掌控的铁路王国,在美国形成铁路网络,这构成了美国内战后经济发展的基石。同时,他身后留下了1.05亿美元的财产,是当时美国GDP总量的1/87。他的业绩显著改变了美国的地理面貌和金融状况,他被称为航运、铁路、金融业巨头。这个人是谁?铁路在他创造财富的过程中起着怎样的作用?他财富剧增的奥秘在哪儿?让我们跟随他的财富之路去探究铁路发展在社会经济发展中的特有属性,去了解铁路运输中的巨大商机,去认识交通运输市场激烈竞争的博弈,去领略铁路对一个国家金融业发展的影响力。

他就是制造亿万财富神话的科尼利尔斯·范德比尔特(1794—1877)。他出生于美国斯特尔顿的史坦顿岛上,父亲是文盲,靠轮渡吃苦耐劳地赚钱养家,母亲受过教育,节俭、精明而实际。他们育有9个子女,范德比尔特排行老三,只读过6年书,整日在社会中滚打,身高体健,善于驾驶船只,喜爱竞技,有良好的运动天赋。16岁那年,靠从父母那借来的100美元,他购置了一条帆驳船,踏上他的财富之路。到1817年年底,范德比尔特已经有9000美元,同时还拥有数目可观的帆船运输队。1829年,范德比尔特拥有了自己的蒸汽船。到1840年,他已经成为美国最大的船东。

1848年,美国西部发现金矿,淘金热席卷全美。范德比尔特瞄准机会,计划开拓横贯尼加拉瓜东西两端的交通线,为自己蒸汽船的乘客寻找去加利福尼亚淘金最近的路线。

在从事船运的过程中,他积累了丰富的竞争经验和大量的财富。1864年,他敏锐地觉察到,一个人不可能垄断海洋或河流,但却可以把一些铁路线紧紧抓在手中。于是他卖掉了所有船队,开始投资铁路。他深知相对于船运,铁路行业竞争更为激烈。铁路不仅是资本密集型行业,而且在当时无人能够准确把握它的前景。

他先后投资过的铁路有史东顿铁路、长岛铁路、哈特福德—新港口铁路、纽约—新港口铁路、纽约—哈莱姆铁路、纽约—伊利铁路、特拉华铁路、莱克瓦纳铁路、西部铁路、哈德逊铁路……,直至纽约中央铁路。随着范德比尔特投资的铁路规模的不断扩大,一个铁路帝国逐渐形成,铁路所具有的网络经济效应使他获取了滚滚的财富。他对铁路管理的方法可归纳为整合、集中、联运。通过投资铁路债券和股票,他不失时机地对铁路进行整合。1869年,范德比尔特将其控制下的哈德逊铁路和哈莱姆铁路出租给同为他所控制的纽约中央铁路公司,建立了首个美国铁路联运系统——纽约中央及哈德逊铁路联运系统(纽约—哈莱姆铁路与纽约市内公交线路联运经营系统),以提高铁路枢纽的处理能力及铁路公司间的协调能力,实现多个运输

系统的联合运输。这种将多个铁路公司旗下的铁路运营控制权统一到一个公司的方法,比以前多个公司分开经营更为高效,总成本也更低。这些铁路及范德比尔特集团后来涉及的所有铁路都遵循这种模式,即整合、集中、联运。

铁路对美国金融市场发展的推动作用是从铁路证券在华尔街市场上的交易过程中体现的。1835年,只有3家铁路公司在交易所挂牌交易,到1840年已发展到有10只铁路股进行交易。10年后,这一数字迅速膨胀到38只。到1861年南北战争爆发时,铁路股票和债券已相当于美国证券的1/3。这种在资本市场上的狂热投资与投机风暴,可用围绕伊利铁路股权的博弈一隅观之。1867年在应邀成为纽约中央铁路的主席之后不久,范德比尔特开始竞争伊利铁路的控制权。在这个过程中,公司高管勾结腐败的官员们为所欲为操纵股市,上演了一幕幕贪婪丑剧,许多人财尽人亡,是"从牙齿到爪子都沾满鲜血"的资本主义在现实中的例证。尽管如此,范德比尔特并未如愿获得伊利铁路的控制权,这场为所欲为的博弈没有赢家。今天的人们很难想象,19世纪中期美国政府的腐败是多么彻底。当人们重新审视这个被疯狂的投机者和腐败的立法者搞得混乱不堪的博弈场时,终于意识到需要订立一些法律来健全上市公司的股票发行制度。

1929年美国发生股灾后,于1933年颁发了《联邦证券法》,证券市场得以约束。在投资铁路的道路上,范德比尔特推动了美国金融市场的发展,使纽约发展成为今天的世界金融中心。

凭借敏锐的投资眼光、雄厚的财力和铁路经营策略,范德比尔特的财富在十余年内迅速增加。在他去世后的8年中,由他儿子继承经营铁路,使他的资产上升至超过了当时美国的财政储备总额。

由此可见铁路在一个国家经济与金融发展中所产生的巨大力量。范德比尔特掌控的铁路——纽约中央铁路、哈林铁路、湖滨和密歇根南方铁路、加拿大南方铁路、密歇根中央铁路,总长740英里(1190千米),并形成了网络,连接大西洋、五大湖地区及美国的心脏地带,445列列车每年运送旅客700万人次,这些列车拥有当时最先进的列车技术和卧铺车厢。408辆机车以及9026节货车,将货物与旅客源源不断地运往各地(图1-4)。

铁路以其"网络经济"的运输特性,在社会生产中产生了巨大需求,它使得规模经济与范围经济变得难以区分,这种融合的复杂性产生了种种的经济现象与商机,尤其在工业化的早期更是如此。铁路运输固定设施对资本的巨大需求,使得铁路运输进入门槛很高。其自然垄断的特征,加剧了在私营经济条件下必然产生的垄断经营及与垄断经营有关的金融战争。这些均使得社会财富得以大量并快速汇聚在少数人手中,而资本市场的运用,更加速了财富聚集的速度与数量。铁路就像一条条沿地理空间分布的巨大"磁铁",源源不断地吸引着来自四面八方的钱流,造就出美国历史上个人财富位列第三的铁路大亨——范德比尔特。

图1-4 1803年由范德比尔特捐资修建的美国纽约中央火车站,至今其仍是世界最大和最繁忙的火车站

铁路成就了众多国际大都市的形成,铁路成就了华尔街乃至一个时代的繁荣,成为工业化阶段的主要运输工具。

📖 小知识

公司整合:指对一个或多个公司进行资源重新配置与控制权的更换过程。

联运:指用不同的运输工具共同完成一项完整的运输服务的运输组织形式。

自然垄断性:指将一种产品或服务的生产全部交给一家企业经营时,对全社会来说具有总成本最低的特性。铁路即具有这种自然垄断的特性。

网络经济:指在如铁路运输这种多产品(指运输服务产品的种类多)行业中,规模经济和范围经济具有融合特性,难以分开。在两者的共同作用下,随着运输总产出的扩大,引起平均运输成本不断下降的经济现象。

范围经济:指共同生产多种运输产品的平均成本较分别生产每一种运输产品(特定形式的运输服务)的平均成本更低的经济现象。

规模经济:指随着运输网络上运输总产出的扩大,平均运输成本不断下降的经济现象。

第二章

铁路的起源与发展

公元 16 世纪~公元 18 世纪，蒸汽机车铁路作为一种新的运输生产方式在欧洲诞生；工业革命悄然到来，并首先在英国取得成功。工业革命使大量工厂得以兴建，商贸活动迅速发展，从而产生了大量的生产物资及客流运移的需求，而受地理条件限制，速度较慢的内河运输已不能满足急剧增长的运输需求。

此时，科学技术已为工业化提供了可能。其中，牛顿的《自然哲学的数学原理》三大运动定律，牛顿和莱布尼茨的微积分，笛卡尔的机械论，伽利略在阿基米德基础上将实验与数学相结合形成的崭新的数学化科学……相继投入应用。人们利用这些成果从事机械的发明和制造，由此产生了人类社会的机械文明与产业革命。

第一节　铁路的起源

在科学技术积淀与社会需求的背景下,英国采矿工程师乔治·史蒂芬森在瓦特发明的蒸汽机的基础上,于1814年发明了用作火车牵引动力的蒸汽机车。

1825年9月17日,英国第一条铁路诞生了,这也是世界上第一条铁路。从此,铁路在英国的需求剧增,并迅速向欧美蔓延。经过铁路百年发展历程,其已扩展到亚洲、非洲、澳大利亚等地区的国家,遍布世界各大洲。那么,最初的铁路由谁发明的?第一条铁路诞生时人们有怎样的感受?我国是怎样与铁路结缘的……现在,让我们一同来了解一下与我们生活息息相关的重要交通工具——"铁路"的形成历史。

一、铁路是谁发明的

铁路并非某人发明,它凝聚了许多人的心血和智慧,花了200多年的时间才逐渐成为广泛使用的一种现代化的交通工具。

那么,铁路是什么?铁路就是火车吗?它为什么要在钢轨上运行?让我们从生活的角度试着去描述一下。铁路得名于它的车道,即路轨。在德国、法国和意大利,路轨被称为"铁路",但在英语中还保留着原有的叫法——路轨(Rail)。"路轨"一词起源于公元1600年左右的木制车轨年代。现在,铁路已作为一种交通工具的名词来理解。因此,"铁路"也指"火车",是指由轨道以及运行在轨道上,由承担牵引动力的火车头和与火车头相连的多辆车厢组成的交通工具,而不特指其钢质的轨道。

铁路离不开轨道,这还得从"轨道"的概念说起。古希腊与古罗马时期(公元前750—800年),道路崎岖,装满货物的车辆行走费力且不易控制,人们发明了在石头铺成的道路上凿出两道供车轮行走的沟槽(图2-1),使车轮沿着沟槽行走,这样,车轮被沟槽固定,既省力又

图 2-1　古希腊和古罗马时期人为马车开凿的"轨道"

第二章 铁路的起源与发展

不易滑出和翻倒,也便于转弯,这就是最早用于交通的"轨道"。后来人们将这一方法加以改进,用于载重量很大的铁路。

轨道及轨道车的发明就是今天铁路的雏形。早在世界上第一条铁路诞生之前,就有了在轨道上运行的由多节车厢相连的"火车",它被用于运输矿山矿石。

图 2-2 马拉的"齿痕轮"火车行进在木质轨道上

第一批矿山轨道首先在英国出现,它的轨道是用木头铺成的,木质的轨道固定在横列的木材(枕木)上,矿车也是木质的,车轮内缘被设计成较外缘凸起的形式,德国人称这种轮子为"齿痕轮",它的作用是保持车轮始终在轨道上行驶而不会偏离轨道或翻车(图2-2)。工人们推着这种车,极大地节省了体力。后来,随着需要拉载的矿石越来越多,人们又将多辆小车用铁钩连接起来,用马拉着一列小车将矿石和砂子运到码头或港口。这样,在有轨道之前需30匹马运送的矿石,现在只需一匹马即可运载了。

木质的轨道虽然给人们带来了便利,但它存在磨损快、承重小的缺点。于是人们尝试向轨道里钉铁钉、安铁条、灌制狭长的铁片等措施,以降低对轨道的损害,但木质轨道仍不够坚固。直到1789年,英国人威廉·杰索普大胆抛弃了木轨,改用铁来制作轨道,10年后,获得成功应用。这种轨道被德国人称为"铁制轨道",简称"铁轨"。

今天,我们仍能在铁路上找到那些历史的痕迹,如:充当马匹的"火车头"、"钢轨"、"齿痕轮"、连接成一队的车厢等。

二、蒸汽机与蒸汽机车

随着运输需求的不断加大,靠畜力作动力的运输方式已不能满足需要。人们需寻找一种更强大的动力来替代畜力拉动列车。于是,人们开始引入蒸汽机来牵引列车前进。

蒸汽机的发明得益于苏格兰铁匠托马斯·纽可门(Newcomen Thomas,1663—1729,英国工程师)。托马斯·纽可门在1706年取得发明专利,于1712年研

图 2-3 蒸汽机车

· 13 ·

制出投入应用的空气蒸汽机。由于水是在汽缸里蒸发的,因此工作效率不高,主要用于矿山排水。1763年在格拉斯格大学任实验员的詹姆斯·瓦特(James Watt,1736－1819,英国工程师)接受了负责修理这样一台蒸汽机的任务。瓦特经过十多年的研究,于1776年在空气蒸汽机的基础上研制成功分离式单动蒸汽机。他成功地将冷凝工序从汽缸中分离出来,通过一个阀门将蒸汽引入一个经常保持低温的冷凝器内进行冷却,使汽缸始终保持高温状态,从而提高了机械的工作效率,完成了热能向机械能的转化,节约了75%的燃料。1782年,瓦特研制成功联动式蒸汽机。1784年,瓦特研制成功调速旋转式蒸汽机。1785年,蒸汽机首先应用于英国的棉纺业,成为蒸汽机的首个工业应用,提高工效250倍。蒸汽机的作用和影响非常大,以至于将那个时代称为"蒸汽时代"。

但是,当时瓦特设计的最成熟的蒸汽机,是用蒸汽推动活塞,用真空使活塞回到原位,每分钟只有12转,能量不足,连蒸汽机自身都移动不了,更不用说拉货或拉人了。18世纪与19世纪之交,英国人理查德·特里维克(Richard Trevithick)与美国的奥利弗·埃文斯(Olive Evans)分别独立发明了完全用蒸汽推动活塞的高压蒸汽机,产生的压强远高于瓦特蒸汽机。这种蒸汽机巨大的"吐汽"声,使它获得了"喷气的机器"的绰号。正是这种蒸汽机使得陆路交通变得前所未有的快捷。

高压蒸汽机的发明,为世界上第一台"火车"的诞生打下了基础。蒸汽机用于火车牵引动力是由英国的采矿工程师乔治·史蒂芬森(George Stephenson)于1814年发明的。乔治·史蒂芬森在参考并总结前人制造蒸汽机车经验的基础上制造了能在轨道上运行的蒸汽火车头——"火箭号"蒸汽火车。

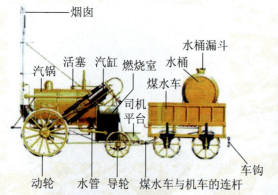

图2-4 "火箭号"蒸汽火车

蒸汽机的发明,启动了人类工业化技术革命的按钮,标志着一个时代的到来。

三、世界上第一条铁路诞生的故事

19世纪中期的英国,靠马匹为动力进行煤的运输,该运输方式不仅效率极低,而且使煤作为燃料的应用受到极大限制。1807年,英国人理查德·特里维希克(Richard Trevithick,英国康沃尔郡人,机械工程师)研制成功用蒸汽机推动的车子,可是这种车因为太笨重,难以在普通的道路上行走,所以不久也就弃之不用了。煤矿主们注意到了在煤矿从事机械维修工作的乔治·史蒂芬森。他在机械方面的突出天赋为他赢得了广泛的信任。在煤矿主们的投资下,史蒂芬森在同胞特里维希克研制的高压蒸汽机的基础上进行了改进。他把立式锅炉改成卧式锅炉,采用"齿痕轮"原理,在车轮的边上加了轮缘,以防火车出轨。他成功将机车放到了当时已广泛使用的"工"字形轨道上,解决了重载车辆前行困难的问题。考虑蒸汽机车在轨道上行驶时会产生车轮打滑的问题,史蒂芬森又在承重的两条路轨间加装了一条有齿的轨道,在机车上装上棘轮,让它在有齿的第三轨上滚动而带动机车向前行驶,解决了车辆滑出问题。在现代大量使用的铁路中,已没有这条防滑轨道,其后来应用于高山齿轨铁路。1814年,史蒂芬森制造出在铁轨上行走的蒸汽机车。

1825年9月27日,斯托克顿—达林顿铁路开通。这条由乔治·史蒂芬森设计的铁路全长13英里(约21千米),于1822年5月23日开工,两年后建成。采用每米13.9千克的熟铁轨道,机车尺寸不足现代机车的1/20,有一对直立的汽缸和直径48英寸(约122厘米)的动轮。至此,世界上第一条行驶蒸汽机车的永久性公用运输设施诞生了。

通车典礼在通往达林顿的煤矿运输线的息来敦站举行。由蒸汽机车"旅行号"牵引着12节装着煤、面粉的车厢和20节载有450人乘客的车厢。上午9点,史蒂芬森亲自驾驶列车在奏乐声和欢呼声中从息来敦站出发。铁路两旁人山人海,许多小伙子和孩子跟着火车奔跑,也有人骑马沿路相随。途中曾发生脱轨,经修复后继续前进。机车平均行驶速度为每小时13千米,最高达到20～24千米/小时。列车到达达林顿支线后,机车补水,并将一部分到达货物卸下后继续向斯托克顿行驶。下午3点47分到达目的地(图2-5)。5点在斯托克顿礼堂举行了宴会,庆祝这次开业检阅的成功。列车共运行了26英里(约为41.8千米)。

图 2-5　史蒂芬森驾驶火车到达斯托克顿时的情景

火车抵达时，教堂钟声奏响，礼炮齐鸣，数千观众为其欢呼，一些人被汽笛声吓得跌倒在地。他们第一次看到火车运载着数十吨货物及数百人从身边"隆隆"快速驶过，听到机车震耳的轰鸣，并看到其随后喷涌出的"浓重的、含有硫黄气味的烟柱"。人们不禁发出"知识的边际在哪里"的感叹。今天的我们很难想象，当时机车在速度和驱动力方面表现出了何等的飞跃，又引起了人们何等的敬畏，甚至恐惧。出于安全性等方面的担忧，当时运送旅客的火车还不被允许使用蒸汽机车，仍然用马匹作为动力。直到1833年后，蒸汽机车才逐渐取代了马匹。最后一辆马拉的火车在铁路上行驶的时间是1856年。斯托克顿—达林顿铁路是世界上正式办理客货运营业务的第一条铁路。

1826年，在克服了巨大的阻力之后，建设从曼彻斯特到利物浦的铁路提案终于在英国国会获得通过。为了选择这条铁路使用的火车机车，英国政府向社会进行公开招标。结果这次招标演变成一场备受公众关注的竞赛。1829年10月，在莱因希尔附近的铁轨上，来自四家火车机车制造商进行了机车行驶公开比赛（图2-6）。最终，乔治·史蒂芬森制造的"火箭号"机车牵引的列车战胜了其他竞争对手，顺利完成了各种情况下的运行，并达到了创纪录的57千米的时速。"火箭号"机车也成为当时世界上使用最广泛的火车机车。1830年，史蒂芬森设计建造的利物浦到曼彻斯特的铁路建成通车，这是第一条完全由火车机车带动车厢的公共铁路，全长36英里（58千米），每小时速度达到了35英里（56千米）。这条铁路的诞生，宣告了铁路爆

· 16 ·

炸式发展时代的到来,铁路从此走上了向世界"扩张"的历史。

图 2-6 "火箭号"机车在比赛中

我们可以通过对比两大代表性工程的修建来感受铁路带来的革命性变化。1825 年,当时开挖一条横穿纽约州的长 584 千米、历时 8 年建成的伊利运河已经是人类工程建设的极限,而仅在 44 年后的 1869 年,全长 3000 多千米,只花了 7 年就建成的联合太平洋铁路,已经能够横跨整个美国大陆。

对煤的需求产生了一些技术难题,然后火车的发展又推动了煤矿解决办法的产生,由此带来的革命性结果远远超出了煤炭工业的范围。

四、高山齿轨铁路和它的蒸汽机车

一般铁路可以攀爬的斜坡坡度为 4‰～6‰,亦可越过 9‰的很短路段。当斜坡更陡时,车轮与轨道的附着力将急剧降低,依靠附着力提供前行反力的列车就会失去向前的动力。因此,要在坡度达 30‰～50‰的高山地区修建登山铁路,就必须克服铁路的坡度限制以及由此带来的机车改造与运行安全等问题。齿轨铁路(Rack Railway)就是人们发明的一种登山铁路。它通过在普通路轨中间的轨枕上另外放置一条特别的齿轨,机车与齿轨啮合前行以攀上陡坡(图 2-7)。这与史蒂芬森在斯托克顿—达林顿铁路上用于解决车轮打滑问题的安全齿轨很相似,但对机车和轨道均进行了改进。

纯粹使用齿轨的铁路机车,动力都在齿轨轮上,其他车轮只是随之转动,不带动力。下面再来看看齿轨铁路上使用的机车,看看它们与普通铁路上的机车有什么不同。

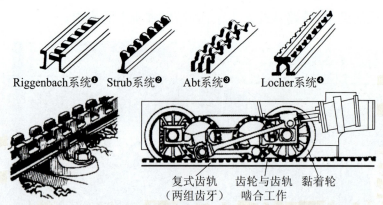

图 2-7 几种齿轨及高山齿轨铁路的路轨中间增加了一条特别的齿轨

初期的齿轨铁路上使用的就是史蒂芬森发明的蒸汽机车。由于蒸汽机车锅炉内的水必须始终覆盖热水管及燃烧室壁，以保证热力不会把这些部分烧熔，避免它们在压力下断裂，造成意外。所以在坡度非常大的齿轨铁路上，锅炉、驾驶室及车头主要结构被建造成向前倾斜（图 2-8）。这样，当机车行驶到同样倾斜的铁路上时，水面依然是相对水平的。这种机车不能在水平路段运行。因此，包括维修厂在内的整条线路都必须全是倾斜的。齿轨铁路的机车配备了一个或多个齿轮，与齿轨啮合着行走。出于安全考虑，在纯粹使用齿轨的铁路上，机车必定是放在列车的尾端，把客车车厢向前推。机车都装有强力的制动装置，通常包括钳紧齿轨的钳，当车速太快时便自动启动，以防溜车。

图 2-8 齿轨铁路上的机车

世界上第一条齿轨铁路是美国 1869 年建成的新罕布什州的华盛顿山铁路。这是一条完全建在支架上的铁路，全长 5.29 千米。由于齿轨铁路是专门为攀越高山而设计的，所以，在这里向大家介绍用于攀登瑞士皮拉图斯（Pilatus）山峰、世界上最陡的高山齿轨铁路。

---

❶ Riggenbach 系统的齿轨有些像梯子。齿轨由多块钢板组成，中间每隔固定距离由圆柱连接。这种齿轨最先被发明，缺点是这种齿轨比其他的系统复杂及昂贵。

❷ Strub 系统与 Abt 类似，但只用一条较宽的齿轨。这种系统维修最简单，亦越来越受欢迎。

❸ Abt 系统由瑞士人 Roman Abt 发明，是一种 Riggenbach 的改良系统。Abt 的齿轨是垂直的钢板，上面用机器铣割上了准确的齿坑。它们可以比 Riggenbach 更平滑地与车上的齿轮啮合。Abt 齿轨经常是两条或三条平衡使用，火车上亦配有相同数量的齿轮，这样便能确保最少有一个齿轮是啮合上的。

❹ Locher 系统的齿是铣割在钢板的两旁边，而不是上方。机车以两个齿轮同时在左右两侧啮合齿轨。这种齿轨不会出现齿轮跳出齿轨，适合攀爬特陡峭的斜坡。世界最陡峭的皮拉图斯山铁路使用的就是这种齿轨。

皮拉图斯山是阿尔卑斯山脉的一部分,山顶终年积雪,最高海拔 2132 米。站在峰顶四望,白雪在阳光的照耀下闪烁着光芒,令人心旷神怡。向山下远眺,星罗棋布的田园小舍,蓝宝石似的点点湖泊闪烁着迷人的光彩,这里早已成为旅游胜地。但上山的路非常难走,以至 1868 年英国维多利亚女王到此旅游时只能乘轿上山。人们盼望着修建一条通往山顶的火车。面对这里异常陡峻的高山,一般轮轨铁路难以克服如此大的坡度,这里修建的铁路会是什么样的呢?

铁路修建方案几经论证,终于确定采用 Locher 系统和蒸汽机车共同解决坡度难题。1873 年,这条铁路开工。线路方案:起点设在卢塞恩湖畔的皮拉图斯山脚下的阿尔纳斯特。铁路全长 4.27 千米,起点的海拔高度为 441 米,终点为 2070 米,攀越高度为 1629 米。该铁路最大的难度是路线陡峭,全程最大的坡度是 48 度,平均坡度也在 42 度左右。换句话说,也就是铁路每前进 1 米,就要升高 0.9～1.1 米。该铁路采用 800 毫米轨距,在两条轨道中间铺有一条 Locher 系统齿轨,齿轨的齿形与机车底部的齿轮齿形一致。开车时,机车底部的两个水平转动的齿轮与轨道两侧的齿轨相啮合行驶(图 2-9)。

这条铁路靠马拉人扛,历时 16 年终于修建成功,于 1889 年 6 月 4 日运营。上山时速 7～12 千米,下山时速 6～9 千米。由于气候原因,只在每年 5～11 月间运行。

这条铁路成为世界铁路史上最陡峭的铁路,也是至今仍在运营的百年铁路。1935 年 5 月 15 日,改为用 1550 伏直流电力机车牵引,动力更加强大。2002 年,皮拉图斯铁路被美国机械工程师学会命名为机械工程历史的里程碑。

图 2-9 齿轨铁路

因地制宜,与大自然和谐共生,人类的智慧可以征服任何技术难题。

五、慈禧太后与皇宫铁路

中国铁路的历史充满了神奇,铁路的发展饱含着百年以上的辛酸。早在 1865 年,北京城内就出现了第一条铁路,它是英国人杜兰德在北京宣武门外修建的,长约 600 米,为窄轨铁路。英国人当时修建这条铁路的目的是为给自己的火车做宣传广告,因此用一台小型蒸汽机车拖着 3 节车厢在铁道上来回行驶。很快,清政府以

"殊甚骇怪"为名，勒令英国人杜兰德把这条铁路拆除。

1887年，李鸿章奏请修建京津铁路。此时，清政府对铁路的禁令虽未解除，但已有松动。为了赢得慈禧太后的支持，李鸿章从中斡旋，1888年，慈禧太后准许了李鸿章在中南海紫光阁修建铁路的奏折。这条铁路从皇宫中的北海到中南海（故宫紫光阁到静心斋），总长1510米，为窄轨铁路。铁路建成后，李鸿章从法国进口了一台新盛公司制造的蒸汽机车和6节客车车厢作为慈禧的御车（图2-10）。该车由一节上等豪华车厢、两节上等普通车厢、两节中等车厢、一节行李车厢组成。其中，豪华车厢为皇帝和皇后专用。整列车价值6000两白银。但实际造价要远高于这个数，这是外国人想借清王朝之手，达到其在中国修建铁路目的一场利益投资，也可以看作是中国人接纳西方技术的一次努力。

图2-10 慈禧乘坐人拉的火车

在试车时，慈禧被震耳的汽笛声和蒸汽机车巨大的排汽声吓得不轻，最后以火车的声音太大会破坏皇城的龙气，以及火车司机坐在她前面有损皇家威仪为由，下旨改用宫内太监挽着黄缎子织成的绳索拉着这6节车厢前行。于是，人拉的火车出现在中国紫禁城内。这种被火车的巨大声响引发的心理震撼和恐惧以及由此而来的对安全的担忧，与世界上第一条铁路诞生时的情景如出一辙。虽然这条铁路没有使用蒸汽机车，但却是中国皇宫历史上第一条，也是唯一的一条铁路。后来，这条铁路又向北延伸，经过福华门到北海的阳泽门，沿着北海西岸向北经过阐福寺、浴兰轩、大西天，到达终点静心斋。福华门内、福华门外至阳泽门、阐福寺这三处都地处交通要道，安装永久性铁轨会给行人车马带来不便，所以在这三段分别安装了活动铁轨。

1881年，英国工程师金达修建了唐胥铁路，这是煤矿专用线，采用了国际标准轨距1435毫米。1891年，李鸿章在山海关设立北洋铁路局，这是中国第一个官办铁路局，金达任总工程师。1892年，唐胥铁路向东延伸到滦县，由17孔钢结构组成、长670.6米的滦河大桥建成，使铁路顺利修到山海关，拥有300多工人的"山海关桥梁厂"也因此而开办。1884年，甲午战争爆发，"关外"铁路修到辽宁中县。光绪皇帝看到战争中铁路的重要性，下决心将修建铁路列为行实政之首位，铁路又向北京修建，从丰台修建一条到卢沟桥的铁路，1896年铁路修到北京城下。

铁路对封闭落后的农业社会产生了巨大影响，以不可阻挡之势向我们走来。

第二节 世界铁路的发展

铁路在世界各国、各洲的分布与发展有怎样的不同,让我们从宏观的角度,对全球铁路的分布与发展作一个初步的了解。

目前,全球 117 个国家和地区拥有铁路约 130 万千米。其中,美国铁路 27.2 万多千米,还有 20 余万千米别国修建在本土的铁路;俄罗斯铁路 15 万多千米;中国铁路 12 万千米;印度、加拿大的铁路各 6 万多千米。其他如法国、德国、澳大利亚各 4 万多千米,阿根廷 3 万多千米,日本、意大利、墨西哥、巴西、波兰、南非等各 2 万多千米,英国、西班牙、瑞典、罗马尼亚等各 1 万多千米,4000 千米左右的有澳大利亚、匈牙利、新西兰、奥地利、芬兰、智利、古巴、挪威、保加利亚、比利时、巴基斯坦、土耳其、朝鲜、印度尼西亚、伊朗、埃及等国。铁路分布在各洲的比例大约为:美洲 36.8%、欧洲 34.2%、亚洲 17.5%、非洲 7.5%、大洋洲 4%。

自 1825 年英国的斯托克顿—达林顿铁路诞生后,英国就获得了"世界铁路之乡"的美名。欧洲、美洲较发达的国家竞相修建自己的铁路,掀起了一股"铁路修建热潮"。从 1870 年至 1913 年,这些国家铁路发展最快,平均每年修建 2 万千米以上。至第二次世界大战前,这些国家的铁路基本停止了发展。第二次世界大战后,由于这些国家的公路、民航发展较快,导致了铁路营业状况日益衰败,其原因多因矿山资源开发枯竭后就将通往矿山的铁路拆除,铁路数量有所减少。美国铁路营业里程从 1916 年的 40.8 万千米下降到 1980 年的 31.8 万千米;英国铁路由 1929 年的 3.28 万千米下降到 1980 年的 1.77 万千米。

亚洲、非洲、拉丁美洲与部分欧洲国家的铁路自 20 世纪 30 年代到 60 年代初呈现增长趋势,营业里程有所增长。日本不仅在亚洲铁路发展最早,而且铁路技术水平位居世界前列。作为亚洲大国的中国铁路也正处于发展阶段,铁路里程呈快速增长之势。

20 世纪 60 年代末,世界铁路走向复苏。其主要原因是铁路能耗低、污染小、运能大、安全可靠。与此同时,德国科学家西门子发明的电力机车,集集装箱运输、先进的通信信号技术与自动控制技术等为一体,促进了铁路牵引的变革,铁路作为陆路运输骨干的地位又被重新确认。

一、英国铁路

英国是铁路的发源地,是铁路发展历史最久、完成路网建设最早的国家。修筑铁路成为最热门的事。到1837年,英国主要修建了为纺织业服务的利兹—曼彻斯特铁路（L&MR）,为采矿业服务的利兹—塞尔比铁路（L&SR）,以及为旅客服务的伦敦—伯明翰铁路(L&BR)。由于当时普遍认为火车速度不会超过30英里（约48千米）,加上沿线地主们索要的过路费很高,因此这些早期修建的铁路线路弯道多,曲线半径小,主要沿较平坦的地区修建。正是这些弯路,使得英国铁路在一个世纪后开始实验摆式列车。

铁路的融资来源于股市,高息招募资金的做法和投机狂潮,使铁路建设进入鼎盛时期。19世纪50年代,一些铁路延伸到伦敦市近郊。但这些铁路却无法通过拆除足够多的建筑而进入伦敦城区。因此,乘客只好在帕丁顿站、尤斯顿站、国王十字站、芬乔奇街站、查令十字站、滑铁卢站、维多利亚站等车站下车,然后通过计程车或步行到市中心。这大大增加了城市的堵塞。于是在地下修建了城市铁路来连接这些分离的铁路终点站。进入城市的线路于1863年开通,这就是后来伦敦由铁路和地铁组成的第一条线路。

到1880年,铁路主要的线路基本完成。1890年,形成了全国性铁路网,该网由众多的私营铁路公司经营。到1923年,英格兰、苏格兰共有约14条主要干线。此外,还有很多小公司和更多、更短的线路。由于分段太多,运营难度加大。1921年铁路法案通过了一个介于国有和私营间的折中管理方案,上百家铁路公司几乎都参与组成了4个新公司（LMS、GWR、LNER、SR）,所有的铁路被吞并。四大铁路公司在更快、更现代、更舒适方面展开竞争。柴油列车、电气化列车相继投入运营。英国成为当时拥有世界上最好铁路的国家。

鉴于铁路已经占据陆地运输垄断地位,为了避免铁路公司以利润选择运输产品,英国政府强制铁路公司以一个国家规定的价格运输所有货物,以承担公共运输的责任。到1928年,全国路网总长达3.2万千米。面对当时已迅速发展的公路运输,铁路公司的收入受到影响。铁路不得不用赚钱业务来弥补亏损业务。铁路作为公共承运人的要求直到1957年才取消。

第二次世界大战期间各铁路公司的管理再次合并,由国家直接管控。这一时期对铁路的大量使用是前所未有的。由于德国空军的轰炸,一些地方的铁路系统遭到了严重破坏。战争期间对铁路的投资很少，大量维护工作被积压，铁路磨损日益严重，列车情况也越来越差。重外部效益而轻内部管理的国家铁路很快成为政府不堪重负的财政包袱。

1993—1997年，保守党政府执政期间对国有铁路实行私有化改造。英国原来由交通部管辖的国家铁路行业，被依据"铁路法令"成立的120多家私营行业公司按照铁路基础设施的所有权和营运权分离的原则瓜分，形成了政府指挥、监察，私营公司拥有产权、依法经营管理的格局。

到2001年7月，英国拥有铁路路网公司1家，国内特许经营权的25家客运和4家货运公司，国际特许经营权的客运和货运公司各1家，机车车辆租赁公司4家，特种运输公司2家以及为数众多的车辆、线路维修保养公司和相关服务公司。英国铁路这种分散经营私有化，没有总体发展规划的状况，极易给人民带来不便捷的乘车体验，制约了铁路的发展。

小知识

摆式列车：也称摆式车体列车。指列车在通过弯道时，车体可以随曲线半径和车速作相应的侧向摆动，而车上的乘客基本感觉不到离心加速度的产生。这种设计是以平衡列车在通过弯道时因列车自身重力产生的离心力而专门设计的。其目的是能在半径较小的曲线铁路上获得较高的运营速度。

二、美国铁路

美国铁路营业里程居世界第一位。美国现有本国铁路27.2万千米，其中一级铁路为21.2742万千米，轨道延长里程为354813千米。另外，美国还拥有非本国修建的23.112万千米铁路的使用权。

美国铁路发展经历了从19世纪50年代的筑路规模扩大到80年代形成高潮，20世纪20年代基本稳定的过程。从1850年～1910年的60年间，共修筑铁路37万余千米，平均年筑路6000余千米。1916年，美国铁路营业里程达到历史上的最高峰，共408745千米，成为世界上铁路建设速度最快的国家。货运量占全国铁路运营总量的60%左右，在1889年是水路运输的5倍，乘客运载量从1.8亿人次增加到

5.2亿人次。主要干线有1/2是在1885年～1915年之间修建的。1920年全国路网建成,由6条横贯东西,10多条联络南北,10多条由东北向西南的主要干线,以及大量的支线和地方线组成。美国铁路网的分布很不平衡,北部铁路网密度最大,拥有全国铁路里程的1/2,南部和西部路网密度则较稀。全国最大的铁路枢纽也集中在北部,其中最大的是芝加哥,有30多条铁路在这里交会,其次是圣路易斯、纽约、匹兹堡和堪萨斯城等。到19世纪后半叶,由于汽车与航空运输方式迅速发展,矿山资源枯竭等原因,不断拆除和封闭一些支线和专用线路,使铁路线路长度不断缩减。

美国的现有铁路中,阿拉斯加铁路由州政府直接管理,全国铁路旅客运输公司(AMTRAK)为联邦政府直接经营管理,联合铁路公司为联邦政府与私人投资独立经营,其他铁路都由数百家私营铁路公司经营。政府为扭转铁路运输业的困境,进行了许多改革。如:1976年国会通过了《铁路复兴和管理改革法》,对铁路运费实行部分自由化;对一些铁路公司进行改组或合并;建立铁路更新改造资金和债务保证基金;对无利润的地方铁路线由政府拨给资助款等。该法的执行使美国铁路系统在设备、运营和财政等方面有了一定的改观。1980年,国会又通过了《斯塔格斯铁路法》。该法把市场竞争作为铁路运价和业务的最有效调节手段,在管理上放宽对铁路的控制,给予铁路行业一定程度的自由,以便它能在运输市场中自由地经营。比如:铁路运营者可以自由地调整运费以应对竞争,同货主签订运输合同,对驮背运输(Piggy Back)免税等,使铁路行业财政得到改善,竞争能力得到提高。目前,铁路行业的市场占有率已停止下滑,铁路正在走向复兴。

小知识

驮背运输:指一种公路、铁路联合运输方式。货运汽车或集装箱直接开上火车车皮,运到目的地后再从火车上开下来。这种运输方式在北美和欧洲地区已十分普遍。

● 中国劳工与美国太平洋铁路西线建设

美国东部到西部加利福尼亚州之间距离超过4500千米,在1869年美国中央太平洋铁路修通之前,美国东西部被崇山峻岭、广袤沙漠重重阻碍,没有一条便利的交通线路。巴拿马运河也没有开通,美国人从纽约到旧金山需要乘船绕行南美洲合恩角,最短的时间也要六个月。地理和交通的原因使得西部成了美国相对独立的地区,不仅经济发展受到影响,也成为国家稳定统一的隐患。在中央太平洋铁路建成以前，美国东部已经有非常密集的铁路交通网，但在密西西比河以西几乎是一片空白。这里的金矿等矿产资源无法运出，给美国经济、国防埋下了隐患。

太平洋铁路全长 3000 多千米，穿越了整个北美大陆，是美国第一条跨洲铁路（图 2-11）。这条在美国人心目中被看作奇迹的铁路，在当时的条件下，建设极其艰难。其中，西拉内华达山地势险峻，是修筑太平洋铁路的难关。

1862 年，美国总统林肯签署《太平洋铁路法》，授权联合太平洋铁路公司和中央太平洋铁路公司修建一条横贯美洲大陆的铁路干线，东起内布拉斯加，西到加利福尼亚西海岸。根据该法案，参与修建太平洋铁路的公司可以从政府获得的土地总数超过了 5261 亿平方米，比整个得克萨斯州的面积

图 2-11　美国太平洋铁路

还要大。同时，还获准发行面值 100 美元的股票，数量多达 100 万张。

由于两家铁路公司所获的公债、授地及补贴是根据修建铁路的里程来发放的，所以都想加快建设速度以获得更多的利益。当时，铁路的建设速度快慢，在相当程度上取决于能否找到吃苦耐劳而又高效的筑路大军。

联合太平洋铁路公司承建的东段工程多为平原地区，而且有密西西比河作为运输动脉，工程进展相当顺利。中央太平洋铁路公司承包的西段工程在高山峻岭间绵亘蜿蜒，地形复杂，气候恶劣，塞拉山区冬季常有暴风雪，沙漠地带夏季干燥炎热，施工条件异常艰难，不少白人工人应聘后不久，经受不了恶劣的条件而纷纷离去。开工两年后，中央太平洋铁路铺轨尚不足 50 英里。

1865 年美国政府通过了《鼓励外来移民法》。1868 年，中美签订《蒲安臣条约》，中国有近 10 万华人劳工远渡重洋来到美国，中央太平洋铁路公司董事长利兰·斯坦福在修建铁路时所雇佣的那些付出艰苦劳动，甚至付出生命的工人，然而沉默而坚韧的数万华人劳工，他们在付出了劳动、智慧以至生命的同时，还受到不平等的待遇，约有 10% 的华人劳工在此丧生。在全长近 1100 千米的中央太平洋铁路上，有 95% 的铁路是在华人劳工加入筑路大军的 4 年中完成的。这条铁路 1863 年 1 月动工，7 年后建成。此时，华人劳工竟占 90%，达 9000 人。

1869 年 5 月 10 日太平洋铁路的建成通车（图 2-12），将纽约到旧金山的行程从

图 2-12　1869 年 5 月 10 号在普罗蒙特瑞接轨时的盛况

以前水路最少需 6 个月,缩短到火车的只需 7 天。太平洋铁路的通车成功宣告了美国大陆在经济运行上开始连成一体,推动美国成为联结太平洋和大西洋的经济大国。美国从一个只在名义上存在的国家,变成了一个真正完整的国家。今天,我们不能忘记中国华工为这条铁路作出的贡献和受到的屈辱。

三、瑞士铁路

瑞士是世界铁路隧道最长、铁路密度最大、运营时间最准的国家,也是世界高山铁路坡度最陡的国家之一。1847 年 4 月 9 日,瑞士第一条铁路 Spanish Rolls Railway 通车,连接苏黎世至巴登。最初的铁路是由地方政府或私人负责建造和经营的。由于一些大的公司垄断经营,控制票价,1902 年瑞士联邦铁路局诞生,开始统一经营瑞士铁路,但仍有约 120 家私营企业主要经营观光铁路和窄轨铁路。今天的联邦铁路局已实现 99.5% 电气化,具有 2939 千米的铁路线和 2000 千米的私有铁路,拥有各种机车 25000 余部,每天平均通过列车 109 列,运送旅客 72.4 万人次,货物 15.3 万吨。至 1997 年,铁路营业总额 63.15 亿瑞士法郎,在瑞士企业中列第 23 位。瑞士的铁路网密度达每千平方千米 122 千米,是欧洲铁路网最密集的国家。这些铁路网与水路、高速公路和 500 多条缆索、观光缆车相连,加上欧洲各国的过境列车,旅客可以从瑞士任何一个火车站到达欧洲任何一个国家的首都或大城市。

瑞士铁路的特点是快捷、可靠、准时、环保。瑞士的火车正点率为全球之首。有人说,瑞士的火车就像瑞士的钟表一样准确,甚至可以据此对表。有的车站无人值守(图 2-13),公民诚信度很高。

瑞士也是铁路隧道最长的国家。继 1882 年开通的 15 千米长的圣哥达隧道

图 2-13　瑞士英特拉肯的无人值守火车站,旅客自由乘车

· 26 ·

之后，1980年以来，南北欧之间繁忙的交通使瑞士的运输量提高了十几倍，公路运输拥堵不堪。为保护瑞士阿尔卑斯山区原始而质朴的秀丽景观和周围环境，1994年经全国公投，瑞士政府通过了将来自欧洲各国的过境货车在瑞士境内全部采用高速铁路方案，也称为"NEAT"（Neue Alpentransversale，新阿尔卑斯横贯线）工程（图2-14）。这项工程由哥达基线隧道和勒奇山隧道两条长隧道组成，它们分别位于哥特哈特（Gotthard）地区和勒奇山（Loetschberg）地区，隧道长度分别为57千米和35千米。勒奇山隧道（Loetschberg）投资43亿瑞士法郎（35亿美元），历时8年建成，2007年通车，货车和客车的运行时速分别为160千米、240千米，缩短德国到瑞士运行时间1小时。虽然付出了23年多的时间代价，换回的仅是使旅程缩短一个多小时，但它体现了建设工程不能以牺牲环境为代价的建设理念。

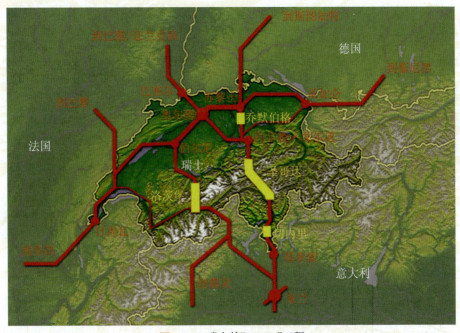

图2-14　瑞士的"NEAT"工程

哥达基线隧道，这条世界上最长的铁路隧道在历时15年从1995年2月到2010年10月15日之后全线贯通。隧道全长35.4英里（约57千米），超过了53.8千米的青函隧道，成为世界最长的铁路隧道。哥达基线隧道在海拔550米的高度穿越瑞士阿尔卑斯山脉，深度在2000米左右，预计2017年通车。这条线路穿越瑞士的Gotthard地区，上面有2500米高的庇兹·瓦特吉拉山峰，投资120亿美元。届时列车运行速度将达到270千米，将意大利米兰和瑞士苏黎世之间的运输时间，由公路运输的4小时缩短到铁路运输的2.5小时。现在，瑞士和意大利的旅客仍需耐心等上几年，才能体验到这条铁路的便捷。

四、俄罗斯铁路

俄罗斯拥有世界最长的铁路线——西伯利亚铁路。这条铁路是从莫斯科到远东太平洋出口——海参崴（符拉迪沃斯托克），全长9288千米，跨越欧亚两大洲、8个时区，16条欧亚河流，拥有1000多个车站。如图2-15所示，它是俄罗斯的"脊柱"，欧亚大陆桥的第一个通道，对俄罗斯乃至欧亚两大洲的经济文化交流产生举足轻重的影响。列车平均时速60千米左右，乘车走完全程约需7天时间，冬天气温会下降到零下62摄氏度，走完全程的时间将会更长。这条铁路轨距1524毫米，比国际标准轨距1435毫米宽，这样设计，可使车体行驶更加平稳，以抵御暴风雪，同时也使外敌不宜沿铁路快速入境。

图2-15　西伯利亚铁路线路图(左)及海参崴车站(右)

俄罗斯第一条铁路是修建于1837年的圣彼得堡—巴普罗夫斯克铁路，全长仅37千米。1833年～1835年俄国造出了第一台火车机车，此后，俄国铁路建设进入高速发展期。第一阶段从1837年至19世纪60年代中期，像圣彼得堡—莫斯科铁路的投入使用，就将俄罗斯最大的两个贸易和工业中心连接起来；第二阶段从19世纪60年代中期至80年代，主要是确保莫斯科原料、食品基地与港口之间的联系，而且铁路延伸到外高加索地区；第三阶段从19世纪末到"一战"期间，俄国修建了环里海铁路、中亚铁路和西伯利亚大铁路；第四阶段是苏联时期，4条干线把苏联的欧洲部分全部贯通。到第二次世界大战前夕苏联铁路总长超过10万千米。第二次世界大战期间，苏联又在后方修建了6700千米铁路。苏联时期共修铁路6.5万千米。俄罗斯铁路总长15万多千米，密度最大的地区是其欧洲领土部分,并形成了以莫斯科为中心向四周辐射的蜘蛛网形铁路网。

五、澳大利亚铁路

澳大利亚拥有世界上最长的沙漠直轨铁路,贯穿澳洲南北的铁路长 2897 千米,1999 年建成。1851 年在澳大利亚新南威尔士发现金矿,于是又一次出现了世界性的"淘金热",中国人称之为"新金山"。大批淘金人士从世界各地蜂拥而至,1857 年仅中国人一度就高达 4 万人之多,第二次世界性"淘金热"达到了高潮。工农业的运输需求急增,铁路迎来了发展时期。

澳大利亚是从 1850 年开始修筑铁路的。建造的第一条铁路是悉尼—巴拉腊特铁路线,全长仅 14 英里。1853 年又建造纽卡斯尔至麦特兰的铁路,全长 20 英里。接着又建造了墨尔本—基隆铁路线,为 50 英里。19 世纪 70—90 年代是澳大利亚大规模建造铁路时期,这与澳大利亚当时社会经济大发展相适应。1861 年,澳大利亚拥有铁路 243 英里,1870 年猛增至 950 英里,1881 年达 2800 英里。到 1891 年,澳大利亚拥有 10024 英里铁路,比 1861 年增长了 39 倍多。到 1901 年基本上建成了全澳铁路网,使经济发达区域以及重要城市都有铁路相通。目前,共有约 4.3 万千米铁路,拥有重载运输和部分电气化铁路。

澳大利亚铁路网存在着许多缺点。首先,各殖民区的铁路轨距不同,特别是维多利亚和新南威尔士两殖民区,轨距的不同极大地降低了铁路网运输能力。全国铁路中有 1600 毫米宽轨 7000 多千米,1435 毫米标准轨道 16000 多千米,1067 毫米窄轨 19000 多千米。尽管英国曾建议各英属殖民地采用统一规格铁轨,但最终这一建议未被采纳。直到 1945 年第二次世界大战结束后,各州首府的铁路才实现了准轨相连。其次,铁路网主要集中在东部和南部沿海地区,在内陆、西部和北部沿海地区几乎没有铁路。1999 年世界上最长的沙漠直轨铁路在澳大利亚建成,使澳洲有了第一条贯穿腹地、连接南北国土的铁路,其意义不亚于当年美国的太平洋铁路。

六、印度高山旅游铁路

印度是亚洲最早拥有铁路系统的国家,全国铁路有 6 万千米左右。由于印度人口多,客、货运量很大,均依靠铁路运输。印度全国没有高速公路,因其占地多、影响周围交通、运营费用高、风险大等原因,而采用加大铁路建设,以适应国家需要的交通建设方式。印度还拥有两条被联合国教科文组织批准为世界文化遗产的山地铁路,其中之一的大吉岭—喜马拉雅高山铁路线上,拥有一座印度最高(海拔2000多米)的火车站。

图2-16 印度的大吉岭—喜马拉雅铁路

大吉岭—喜马拉雅铁路(图2-16)1881年9月开通,是印度最早的铁路之一,也是印度目前不多的仍在运行的高山铁路,其采用600毫米轨距。该铁路历经130多年,被认为是盘山铁路系统的经典之作。这条铁路从海拔120多米的西里古里一直爬升到海拔2258米高的古姆,然后依山势下降,终点在海拔2075米的大吉岭。为了解决盘山登高问题,铁路修建运用了许多弯道设计,使得全线坡度都不超过4.5‰。如今仍在运营的大吉岭—喜马拉雅铁路是印度著名的旅游景点之一,沿途丛林密布、处处茶园的高山风景一直为游客津津乐道。

七、秘鲁铁路

秘鲁是南美最早修建铁路的国家,1851年建成第一条利马至万卡约的铁路。2011年全国铁路总里程1908千米。由于安第斯山脉纵贯国土南北,秘鲁以拥有世界最高的高原铁路(图2-17)而著称。其中中央铁路是世界上第一条最高海拔超过4000米的高原准轨铁路,最高海拔达4830米,仅次于我国青藏铁路的5072米。

中央铁路始建于1866年,从太平洋沿岸的秘鲁首都利马向安第斯山脉高深处攀登,终点在万卡约,全长329.8千米。但其从低海拔地区攀升到海拔4818米只通过160.9千米路程。在这段路程上,要穿越世界最崎岖的山脉、跨越深谷、开凿高海拔的长隧道,工程十分艰险。这条铁路由波兰杰出的工程师埃内斯托·马利诺夫斯基设计建造,为了在极短距离内穿越如此高峻的山脉,他设计了11个"之"字形线路和5个双重"之"字形线路。全线共有65个隧道和大量高架铁桥,均是用人工开凿和搭建的。最高的高架桥高出沟底 213 米,桥两头均是隧道。在高海拔地区修建如此艰巨的工程项目,在 19 世纪堪称是世界奇迹。经历 30 多年的努力,1899 年该铁路全线建成通车。

中央铁路不但是秘鲁的交通运输干线,而且它还成为各国旅游者喜欢的去处。每年这条铁路都会接纳约 45 万人,其中约有三分之一的人是来自世界各地的旅游观光者。他们来到这里,不只是为了观赏安第斯山脉那雄伟壮丽的景色,而是为了能亲身体验一下高原铁路沿途的壮观景象。

图 2-17　秘鲁的高原铁路

列车绕着山崖,然后掠过从绝壁开凿出来的一条条通道,好像是一条腾云驾雾的巨龙,与正在高空中盘旋的秃鹰试比高低。车厢里向外张望的游客总会感到胆战心惊、头晕目眩,几乎紧张得要晕倒。当列车爬上 3000 米高的锯齿形山脊以后,旅客大多会因为高山缺氧而出现头晕、呕吐现象,车上的医务人员会立即将氧气袋送到他们面前。在短短 5 个小时的旅程中,旅客一般都要经历春、夏、秋、冬四季气候变化,别有一番情趣。

八、观光旅游列车

通过前面的介绍,我们了解了世界上一些国家铁路的特色,在铁路的发展过程中,有的线路穿越了风景秀美的自然景观,成为国家吸引游客观光旅游的线路。现在,让我们来看一看世界上有哪旅游列车吧。

1. 斯里兰卡最美火车线

斯里兰卡铁路总长不足 2000 千米,但却拥有世界最美的火车线。铁路线以科伦坡为枢纽向西南和北部地区辐射。其中,5 个方向的 10 条宽轨主干线沿途风光秀美。在斯里兰卡不坐火车是很大的遗憾。最吸引人的是山区茶园线。乘客坐在茶园线的高山火车上,穿梭在云雾缭绕的山区,一列红色的火车以 30 千米/小时的速度穿行于海拔 2000 米左右的茶园和树林边，窗外是一片片整齐划一的茶园间，还有几个在茶园间劳作的身影，呼吸着山区清新、湿润的空气，身心得到极大的放松，仿佛置身于世外桃源（图 2-18）。

图 2-18　斯里兰卡运行在高山上的火车

2. 加拿大落基山观景列车

加拿大拥有 7 万多千米的铁路线。落基山观景铁路线从温哥华到杰士伯。途经班夫温泉、露易斯湖、踢马河谷、螺旋隧道、地狱门、冰河国家公园及哥伦比亚大冰原等景观，最后抵达牛仔城卡加利。落基山观景列车（图 2-19）是专为观赏野外风光而设计，车厢上方的天窗与两侧宽大的玻璃连为一体，使旅客有身临其境的感觉。该列车只在白天运行，晚上乘客下车在宾馆休息，因此，乘客不会错过沿途的任何风景。

图 2-19　落基山观景列车

3. 瑞士的黄金列车

瑞士的"黄金列车"（图 2-20）是瑞士唯一在列车车头部位设贵宾席，为游客提供与司机一样视野的列车。列车由 3 种观光列车接力完成：由琉森至茵特拉根、茵特拉根至兹怀斯文、兹怀斯文至蒙特勒的列车。这些观景列车均设有宽大的车窗，让乘客不会错过任何风景,坐在车上就可以尽览瑞士的湖光山色。

图 2-20　瑞士的"黄金列车"

4. 其他

还有许多国家,如南非以豪华宾馆著称的旅游休息列车,韩国的大峡谷观光列车,等等。由于篇幅所限不能一一展示,但需说明的是:我国各省市可以根据各自的特点,规划、设计、施工、建造一些以铁路作为交通工具的,连接大片自然景观、旅游景点的小铁路,以扩大人们的活动空间,使人们的旅游观光更加便捷、出行更加环保。

第三节　中国铁路的发展

中国铁路史是一部在屈辱中诞生、在艰难中前行、在改革中快速崛起的历史。鸦片战争前后,外国列强通过炮舰外交和战争手段,强迫中国政府拿到铁路控制权后,在中国设立殖民地银行,推行外国货币、控制运价、垄断被其分割的铁路,从而实现对我国矿产、煤炭、劳动力等资源的疯狂掠夺。中国铁路正是在斗争与屈辱中诞生的,中国铁路的发展饱含着百年以上的辛酸。而今天,中国人民通过浴血奋战、科技和实业救国站起来了,在经历百年沧桑的铁路开始了充满神奇和自豪之旅。

我国自主建设铁路的历史应从 1909 年建成通车的京张铁路算起,这是完全由我国自行设计、组织施工的首条实际运营的铁路,距今 106 年,比欧美发达国家晚了 60～80 年(表 2-1)。

世界部分国家铁路开始年代   表 2-1

序号	国家	修建时间	序号	国家	修建时间
1	英国	1825	10	意大利	1839
2	美国	1830	11	瑞士	1844
3	法国	1832	12	西班牙	1848
4	比利时	1835	13	秘鲁	1851
5	德国	1835	14	印度	1852
6	加拿大	1836	15	澳大利亚	1854
7	俄国	1837	16	南非	1860
8	奥地利	1838	17	日本	1872
9	荷兰	1839	18	中国	1909

虽然中国铁路起步晚,但发展迅速。1949 年中华人民共和国成立时,全国铁路里程 2.2 万千米,铁路是当时陆地交通运输的主要工具。经过艰难曲折的近 30 年的缓慢发展,到 1978 年铁路运营里程才达到 3 万千米。自改革开放以来的 30 余年中,中国铁路发展步入快车道,南达衡广、北建大秦,中部三大战役;晋煤外运、南下广州、东进江浙。20 世纪 90 年代,京九线、南昆线、西康线、朔黄线、南疆线、内昆线、宝成线、株六复线等 8 条铁路相继开工建成。做到了货运直达化、重载化,车流、编组集中化,客流量逐年增大。铁路建设各项指标逐年递增,截至 2010 年,全国铁路营业里程已达 9.1 万千米,位居世界第三名,拥有机车 1.9 万余辆,客货车辆 67 万余辆(客 5.2130 万辆,货 62.2284 万辆),铁路运输强度和客、货运输周转量均居世界第一。铁路主要承担煤炭、石油、冶炼物资,粮食、化肥等大宗物资及部分客运任务,铁路从业人员 211 万,其中 80% 为运营人员。从工业化经济发展的角度看,中国铁路发展里程和建设速度与发达国家相比,仅进入世界工业化中期。《中国铁路中长期发展规划》指出,到 2020 年铁路运营里程要达到 12 万千米。我国铁路通车里程比美国(27.2 万千米)仍相差很多,加快铁路建设非常重要。

在中国,以铁路运输为主的陆地运输格局一直延续到20世纪末,至2008年,公路运输份额超过铁路达到53%,铁路占33.5%。甚至出现用汽车运输矿石,造成大量的能源消耗,也对环境造成了破坏。经过对比,火车消耗的资源费仅占运费的1.9%,而汽车则是85%,飞机为17%以上。因此,调整运输结构,加快铁路建设迫在眉睫。中国的能源非常紧张,直接影响中国经济建设的可持续发展。因此,积极开展高速铁路研究和建设,开展重载铁路的建设非常必要。今天的铁路建设已经取得很大的成就,并为国家建设做出很大贡献。

小知识

运输强度:指每千米运营线路上的运输总量,衡量线路上在考查期内客、货运的线路利用程度和运输生产强度。通常将客运量与货运量分开计算,分别以"人次"和"万吨"计量。这一指标是编制客流图、进行运输组织调整以及线路改造等的重要依据。

运输周转量=运输强度×运程,分别以"亿人千米"和"亿吨千米"计量。在进行国民经济评价时,周转量=GDP×平均运程×$\sum$(产业运输强度×产业结构)。

一、清政府统治时期的铁路

对于修建铁路,清政府在经历了"深闭固拒"的排斥态度后,随着外国侵略者对我国在政治、经济、军事上压力日盛,国内人民抵抗侵略运动持续不断。在政府中"洋务派"的积极主张下,清政府为保证统治地位,终于采取了"抵御外敌,实业兴国"的政治主张,决定修建铁路。其代表人物为北洋大臣李鸿章,他在中国铁路发展初期起到了积极的作用。

1876年,英、美两国瞒着清政府要修建一条从吴淞口到上海的铁路。当时清政府上、下都认为修铁路会"失我险阻,害我田庐,妨碍我风水",但洋人采取修"马路"的方法建成了。然而不久,这条铁路就由清政府出资28.5万两白银,分三次交款赎回后拆除。1879年,洋务派首领李鸿章认识到铁路运输的便利,为了运煤,他奏请朝廷修建唐山到天津北塘的铁路。然而大臣们认为铁路离皇陵很近,为避免机车震动影响寝陵,改为骡马牵引。

1881年,我国修筑了第一条铁路,即唐山—胥各庄的开平煤矿铁路,由英国人

金达设计修建。随后陆续修建了大量分布于沿海及东北、西南边境的铁路。1887年我国台湾首任巡抚刘铭传耗时6年主持修建了台湾第一条铁路——基隆至新竹的99千米铁路，但工程设计和主要器材均来自英、德两国。这些铁路的勘察设计、组织施工大多是由外国人进行的，他们为了将势力向中国内地扩展，对铁路的选线均以沿海滨江的商埠为起点，向内地延伸（图2-21）。

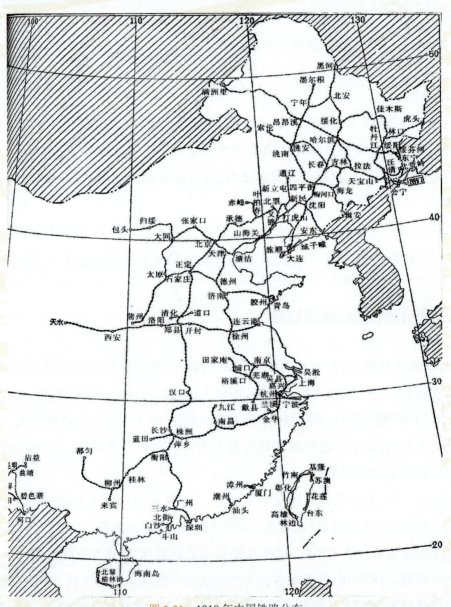

图2-21 1918年中国铁路分布

1909年，京张铁路建成。其中，居庸关—八达岭段最为经典。京张铁路是中国人自主设计并组织施工的第一条铁路。由我国清代"洋务运动"中首批赴美幼童留学生中学成归来的詹天佑设计建造。他运用"之"字形展线和自动挂钩技术,使京张铁路的建设成本大幅降低。在青龙桥车站可以看到"之"字形爬坡铁路、八达岭隧道洞口和詹天佑先生的雕像。京张铁路的成功修建,成为中国铁路在世界铁路史上留下光辉一页。

自1881年建成约10千米长的唐胥铁路到1911年清政府覆灭,在30多年的战争中,外国在中国修了不少铁路,全国18个省市相继修建了9137.2千米的铁路。至新中国诞生前,中国铁路里程不足3万千米,这些只求利益最大化的、由外国列强控制经营的铁路,其技术装备、标准和质量都很低。枕木腐坏,轨顶劈裂、断裂、腐蚀现象非常普遍。

由于清政府经济落后、没有大型工业的支持和政府的腐败统治,"抵御外敌,实业兴国"的政治主张难以实现。这些铁路不但没能抵抗住外国列强的军事入侵,还在铁路修建过程中丧失了路权,给中国人民和中国经济造成了巨大的灾难。正如恩格斯当时预言的那样:"中国的铁路意味着中国小农经济和家庭工业的整个基础的破坏;由于那里甚至没有中国的大工业来予以平衡,亿万居民将陷入无法生存的境地。"近代中国铁路加速了自然经济的瓦解,急剧扩大了商品与资本市场的容量,成为外国列强掠取中国财富的乐园和他们的"经济领土"。

二、改革开放前后铁路的发展

1949年新中国成立后,铁路建设有了长足的发展(图2-22)。修建技术从低速落后的人工加半机械化向以大型机械、电子信息、自动控制、重载技术和高速技术为特征的现代铁路修建技术迈进,多项技术已居世界领先地位。至2010年,中国已成为拥有9万余千米运营铁路线、603千米城市地下铁道与轻轨、210余万从业者的铁路建设与管理大国。铁路人均劳动生产率为29.72万元/(人·年),在中国国民经济中占据重要的地位。

到2013年年底,铁路运营里程达到10万千米,复线率45.1%,电气化率达到52.4%;路网性和区域性编组站相继建成。短短几年时间,以"四纵四横"为主骨架的快速和高速铁路网逐步形成。京沪、京广、京哈等高铁的建成是中国人民聪明才智和辛勤劳动的结果。10万千米的铁路正在延伸。到2015年,中国高速铁路里程达到1.9万千米;预计到2020年,铁路运营里程将达到12万千米以上;预计2040

年将会超过孙中山先生提出的 17 万千米的铁路运营里程。目前，西部地区铁路已达 7 万千米。

图 2-22　1949 年新中国自行制造的"毛泽东号"蒸汽机车和 1958 年制造的第一台内燃机车

新中国铁路的建设成就可用四条标志性线路加以概括，它们成为我国铁路技术发展的四个里程碑。第一个里程碑是 1958 年建成的宝成铁路（图 2-23）。这是我国第一条进川铁路，它打通了"难于上青天"的蜀道。在翻越秦岭的过程中，为克服机车爬坡能力限制（最大坡度 30‰），采用了大量展线和隧道。在杨家湾站到秦岭的 20 千米线路中，隧道占据了 20% 的比例。同时，采用 3 台蒸汽机车前拉后推牵引约 900 吨重的列车通过，运行时速仅 20～25 千米。

图 2-23　宝成铁路

第二个里程碑是 1970 年 12 月建成的成昆铁路（图 2-24）。这是我国第一条在地质最复杂的险峻山区修建的干线铁路，在被外国人称为"铁路禁区"的"地质博物馆"地区，建成了 1091 千米的铁路。在此期间，桥梁、隧道的修建技术以及中、小型设备设计与制造技术有了较大的发展。随着隧道长度从 2 千米发展到 6 年内可建成 7 千米的长隧道，线路展线比宝成铁路少了很多，铁路年运量实现了从 900 万吨增长到 3000 万吨的水平，成为我国铁路发展的第二个标志性铁路线。

第二章 | 铁路的起源与发展

图 2-24　成昆铁路

第三个里程碑是 1982 年在南方建成的衡广复线和在北方建成的大秦铁路。衡广复线采用截弯取直的线路方案，修建了 14.295 千米的双线大断面电气化铁路隧道。隧道采用新原理、新技术、新结构快速建成。它改变了延续近百年的隧道修建方法，彻底改变了长大隧道修建的铁路选线原则，使线路选线得以从以往的蜿蜒曲折改变为如今截弯取直、顺直高效的选线原则，实现铁路年运量达万吨以上的水平。衡广复线大瑶山隧道如图 2-25 所示。

图 2-25　衡广复线大瑶山隧道

· 39 ·

2006年建成的大秦铁路（图2-26）是我国第一条重载电气化运煤专线铁路。电力机车以每小时0.8千米的速度通过储煤仓下，边走边装，一组万吨列车只需2小时装完。一列列车的载重量可达到2万吨，实现了装、运、卸的高度自动化。大秦重载铁路代表了我国铁路现代化水平。

图2-26　大秦重载铁路

第四个里程碑当数2006年7月1日建成通车的青藏铁路（图2-27）。这条通往世界屋脊的"天路"是我国第一条，也是世界最高的高原铁路，全长1956千米。修建技术上克服了高原冻土、寒冷缺氧、自然生态脆弱等难题。拉萨到日喀则段线路长253千米，两次越过雅鲁藏布江，桥隧占了线路总长的47%。这条铁路的修通，对我国与印度、尼泊尔口岸的连通很有好处。我国在海拔4000～5000米这样的高原修建铁路的技术在世界上是领先的。

图2-27　青藏铁路

这些建设成果和一大批技术已达到或超过国际先进水平。中国人从拒绝火车、拆毁铁路,到今天现代化高速列车(图 2-28)技术位居世界前列,时间跨越了 130 多年。

图 2-28　中国的高速列车

只有国家强盛,才有民族的兴旺。

📖 小知识

重轨铁路:单根轨道每米质量大于 30 千克,用于载重量较大的远距离客、货运输的铁路。

轻轨铁路:单根轨道每米质量小于 30 千克,用于载重量较轻的城市旅客运输的铁路。如:城市轻轨、单轨铁路,城市地下铁路、城市有轨电车均属于此类。

单元列车:是大宗散装货物的一种铁路运输模式,运输效率很高,其由固定的一组机车与车辆,作为运输计费单位(Unit),在一组固定的到、发车站之间循环运行,到、发站有专门的装备,组织管理方式服务于运输的各个环节。

出现在我国的第一条铁路:英国人擅自在中国修建的 14.3 千米淞沪铁路,1874 年动工,1876 年 12 月通车,1877 年 10 月 20 日由清政府购入销毁。

第三章

线　路

　　铁路线路是铁路列车走行的基础,一条线路往往需要经过一些桥梁、隧道和车站,同时,为了确保线路处于良好健康状态,还有许多服务于线路维修、供给、应急救援等需要的附属设施。对于电力机车来说,还需要有一条为机车提供电能的空中线路。那么,线路都由哪些成员组成,它们是如何工作的?高速铁路为什么要使用无砟轨道和无缝线路,无缝线路真的没有一条缝隙吗?一条铁路线路是如何确定的,它们需要经过哪些程序?线路维修都有哪些装备,它们都能做哪些工作?我国铁路发展中的标志性线路有哪些……本章我们就来回答上述这样一类问题。

第一节 轨道结构系统及种类

线路由路基、道床、轨枕、扣件系统、钢轨、道岔等组成（图3-1）。线路分有缝线路与无缝线路，有砟线路与无砟线路。其中不保留轨枕的无砟轨道又分为整体式结构（现浇）和单元板式结构（预制）。我国高速铁路的线路路基地段多采用双块式无砟轨道，它们由弹性扣件、双块式轨枕、轨道板、支撑层等组成，曲线超高在基床表层上设置（图3-2）。

图3-1 铁路线路组成

图3-2 双块式无砟轨道（左）和框架板式无砟轨道（右）

我国根据线路在路网中的作用、性质和在远期的客货运量，将线路划分为四个等级。Ⅰ级线路指在路网中起骨干作用，具有重要政治、经济、国防意义，近期（交付运营后第10年）客货运量大于或等于3000万吨的铁路线路。Ⅱ级线路指在路网中起联络、辅助作用，近期年客货运量大于1000万吨且小于2000万吨的铁路线路。Ⅲ级铁路指为某一地区或为企业服务的铁路，近期年客货运量小于1000万吨且大于500万吨的铁路线路。Ⅳ级铁路指为某一地区或企业服务的铁路,近期年客货运量小于500万吨。重载铁路年运量大于或等于4亿吨,每列车运量大于或等于1万～2万吨。Ⅰ级铁路设计标准高,运输能力大,运营质量好,造价最高。Ⅱ级、Ⅲ铁路次之,Ⅳ级铁路最低。划分铁路等级,不仅可更好地体现国家对铁路的不同要求,而且可使国家资金得以合理利用。旅客列车运行速度:Ⅰ级铁路为120～160千米/小时,Ⅱ级铁路为80～100千米/小时。

我国都有哪些种类的铁路线路呢?人们根据铁路线路的不同应用目的,将线路分为不同的种类,主要按轨距、行车速度、承运任务、正线数目、所有权和经营权分等进行分类,分为不同类型。

①按轨距分:按轨距的不同,可将线路划分为准轨、宽轨和窄轨铁路。准轨铁路是指轨距为1435毫米的铁路,轨距大于它的称为宽轨,小于它的称为窄轨。我国大部分地区采用标准1435毫米轨距,仅在东北与俄罗斯接壤的地区采用1524毫米宽轨,在云南部分地区早期外国列强修建的铁路采用100毫米轨距的"米轨"窄轨铁路。

②按列车速度分:按列车行车速度的不同,可分为高速、快速、常速3种。列车行驶速度大于200千米/小时,称为高速铁路;时速为120～200千米的称为快速铁路,速度小于120千米/小时的称为常速铁路。三者共同组成了我国铁路大网。

③按承运任务分:按运输人或物的不同,可分为客运专线、货运专线和客货运共线。主要承担客运任务的称客运专线。我国将建成以北京为中心在8小时运营时间内到达各省会城市的高速客运铁路;建成以省会为中心在1小时内到达相邻城市的快速城际铁路。同理,主要承担货运任务的称货运专线,如我国大秦铁路专门用于运煤,不作客车。即做客运也做货运的线路称为客货共线线路。目前我国大部分铁路还处于客货混运的状态,如朔黄铁路以运煤为主,客运为辅,运输效率得不到充分利用。客货分线是铁路运输发展的趋势。

④按区间正线数目:铁路线路在区间分为单线、双线、多线;在车站可分为正线、站线、段管线、岔线和特别用途线。正线是指连接车站并贯穿或直接通过车站的铁路线。站线是指在车站内用于各种作业的线路,它包括到发线、调车线、牵出线、货物线和站内指定用途的其他线路。如渡线、联络线、检修线、整备线、机待线等。段管线是指机务段、车辆段、电务段等铁路基层站段专用并由其管理的线路。岔线是指在铁路区间或站内与正线接轨,通向路内、外单位的专用线路。特别用途线是指单辟出来的安全线和避难线。

⑤按所有权和经营权分：按对铁路拥有权力的主体不同，铁路可分为国铁、地方铁路和合资铁路。国铁由国家（中央政府）铁路管理部门单独投资修建、运营管理；地方铁路由地方政府投资修建并自行运营管理的铁路；合资铁路则指由中央政府和地方政府共同出资修建，由成立的合资铁路企业作为建设项目法人进行建设，承担各方投资形成的资产保值增值责任的铁路。至 2006 年年底，我国合资铁路不足 1 万千米，地方铁路不足 5000 千米。

小知识

"上行"、"下行"、"单线"、"复线"：铁路行业习惯将向北京方向运行的列车称为"上行"列车，背离北京方向运行的列车称为"下行"列车。"上行"、"下行"列车共用一条线路的铁路称为"单线"铁路，而"上行"、"下行"列车各有一条正线线路的铁路称为"双线"铁路，有 3 条以上正线线路的铁路称为"多线"铁路。"双线"和"多线"铁路都属于"复线"铁路。由于"单线"铁路运量小、运速低，今后应多修"复线"铁路，少修、不修"单线"铁路。

第二节 列车的跑道

在铁路线上我们可以看到，列车行驶在两根钢质轨道上。当列车在有缝钢轨上行驶时，车轮与钢轨碰撞时发出"隆隆"的声响，使我们感受到火车所具有的巨大能量。列车的跑道是由什么构成的呢？它为什么可以承受重达数千吨的客流与物流，并得以飞快地行驶，其中蕴含着怎样的科学道理？下面我们就一起来解开这些谜团。

首先来说说列车行驶的基本原理。列车的行驶是靠车轮与钢轨间的摩擦力来实现的，如图 3-3 所示。列车的重量 Q 通过车轮与钢轨接触点（称为着力点）传递到钢轨上，钢轨提供一个与其方向相反的支撑力 Q' 来支撑列车重量。当列车启动时，列车上的动轮（传递动力的车轮）受到顺时针转动力矩 M 作用，此时着力点 C 受到另一对方向相反的力的作用，即动轮对钢轨的推力（牵引力）F 和钢轨对动轮的反作用力（摩擦力）F'的作用。从牛顿静力平衡原理我们知道，当牵引力F大于最大静摩擦力F'_{max}时，列车将向前运动，这就是列车行驶的基本原理。

由列车行驶的基本原理我们了解到，作为着力点一方的钢轨必须获得足够的强度以承受列车重量。同时，其还要有足够的刚度以获取支撑列车重量的支撑力。对于像列车这样的物体来说，自重与载重的数量是非常大的。以一台自重为126吨、拥有6对动轮的机车来说，每对动轮上的重量就达21吨轴重，因此，列车的跑道必须达到较高的强度与刚度标准。

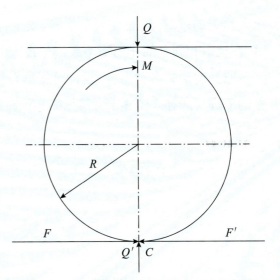

图 3-3　列车启动时单个动轮轮周受力示意图

Q- 动轮承受的列车重量；M- 动轮的扭矩；R- 动轮的半径；F- 动轮对钢轨的推力；Q'- 钢轨对动轮的支撑力；F'- 钢轨对动轮的反作用力；C- 着力点

经过科学家们多年的反复研究与试验，研制出现在广泛使用的由路基与轨道组成的供列车行驶的"跑道"。路基是轨道的基础，其作用是直接承受轨道的重量和机车车辆及其荷载的压力。轨道由道床、轨枕、钢轨及扣件等组成。轨距为1435毫米，误差不大于±2毫米，高差+0、-2毫米的精确要求，全年不得改变。达到该标准在技术上来讲，要求非常严格，但非常重要，否则会产生脱轨、掉道、车毁人亡的大事故。因此说，线路的作用是引导机车车辆运行，直接承受车轮传来的巨大压力，并将这个压力传递给路基、桥梁和隧道建筑物。

一、路基

在了解了跑道的作用以后，我们来看看什么是路基？路基工程都有哪些内容？路基尺寸是如何确定的？在路基的修建中有哪些技术难题，工程师们是用什么方法解开这些难题，进而使路基担负起人们赋予它的功能的？

路基是一个土工建筑物，按照线路的设计高程，在定测好的线路位置上对高低起伏的自然地面，将低处用土石填高（称为路堤）、高处削低（称为路堑），以连成一条符合线路设计纵坡坡度要求的长条形土工建筑物。路基作为线路轨道的基础，为保证轨道的平顺,进而使列车平稳、安全行驶,必须填筑密实,具有足够的强度和刚度,在轨道和列车的作用下不致产生过大的沉降变形。

路基的形式多种多样,设计时根据自然条件,在有利于经济与环保、便于维护的原则下进行选择。图3-4为常见的5种路基断面形式。

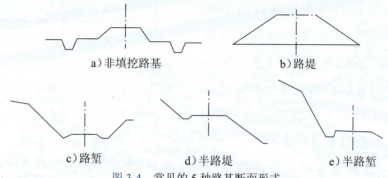

图3-4 常见的5种路基断面形式

用土石填筑的路基长年裸露在自然界中,受到四季更迭、风霜雨雪的侵蚀会发生质量的退化,产生各种各样的路基"病害"。因此,路基工程还包括路基边坡支挡与防护、路基加固、路基排水等工程,投入运营后仍需对路基进行日常的维护与保养。

路基宽度是如何确定的呢?从上面的知识中我们已经了解到,铁路的标准轨距是1435毫米,那么,作为承载轨道的路基,其宽度一定不能小于该数值。同时我们也能设想到,出于经济性考虑,路基的宽度不是越宽越好。有了这样的判断,我们就已经将问题缩小到影响路基宽度的因素上来。路基的宽度受线路等级、自然环境条件、线路形态、维修作业条件等因素的制约。研究与实践表明,路基宽度采用道床宽度加上两边的路肩宽度来确定,表3-1即为不同线路等级铁路路基的路肩宽度。由于高速铁路列车运行时气流会在列车周边产生一定范围的"负压区",为保证安全,高速铁路的路肩宽度达到1.5米。

不同线路等级铁路路基的路肩宽度(m)　　　　表3-1

种类	I级		II级	III级	客运专线	高速单线	高速双线
	一般	困难					
路堤	0.8	0.6	0.6	0.4	1.0	1.5	1.4
路堑	0.6	0.4	0.4	0.4	0.8	1.5	1.4

站在铁道上沿轨道向前看去,铁道是一条伸向天边的似乎没有尽头的路。作为轨道基础的路基当然也是如此,线路延伸到哪里,路基就修建到哪里。沿途路基要碰到各种各样的地质条件,这些"天生"的地层"脾气"很不一样,有的坚硬如钢,

有的柔软如水；有的外强中干，有的内钢外柔；有的忽硬忽软，有的一盘散沙……然而，要在这些"脾气"各异的地层上修筑路基，工程师们就需要对症下药，在路基的设计和填筑方法上均衡"强弱"，以建成一条满足技术规范要求的、"脾气"一致的路基。首先需要对原始地层进行改造，通过加固软弱地层，改变其软弱不均的"习性"，阻止其善变的"性格"，使其显示出稳定、均匀、坚强的工程"品格"。

在路基工程中常会遇到的地质问题有遇水膨胀的膨胀土，遇水沉陷的湿陷性黄土，包含洞穴的碳酸盐地质，毫无黏聚力的岩堆体、流沙体，随季节变换产生显著冻融现象的高山冻土，承载能力极弱的淤泥质软土、液化土等。碰到这些问题，工程师们采取架桥跨越、降水、换填（用好土置换劣土）、改良技术（注浆、旋喷、桩基等）、防冻融材料与配套的施工工艺等方法加以解决，在防治路基病害方面创造了一个又一个令世界瞩目的科研成果。如图3-5所示为青藏铁路的热棒路基。

图 3-5　青藏铁路的热棒路基

在对路基地质进行改造以后，我们就可以进行路基本体的修建了。高速铁路路基基床总厚度约3米，表层厚约0.7米，由5～10厘米厚的沥青混凝土和60～65厘米厚的级配碎石或级配砂砾石经碾压密实后形成。2.3米的基床底层用级配砂石等土工材料分层夯压密实后形成稳定、坚实的路基结构，其能传递机车列车运行中的全部荷载而不损坏和变形。

二、轨道

轨道是由道床、轨枕、钢轨及扣件组成的（图3-6）。这些轨道成员以一种特殊的相邻关系结合成轨道。即：钢轨"睡"在轨枕上，由扣件将钢轨牢牢地固定在轨枕上；轨枕又"躺"在道床上，道床则直接"放"在了路基上（图3-7）。近年来，科研工作者又发明出预制混凝土轨枕和现浇混凝土整体道床，摒弃了木质轨枕和碎石道砟。铺设钢轨时事先将钢轨用扣件固定在混凝土轨枕上形成轨排（图3-8），然后用铺轨机直接将轨排铺设在整体道床上。这

图 3-6　轨道组成

种施工方法大大加快了施工速度,节约了大量木材和碎石道砟,减少了维护工作量,将道床的使用寿命从 30～40 年延长到 100 年。据统计,根据线路等级和行车速度等运营条件的不同,每千米铁路需用轨枕 1520～1840 根,需用道砟近 2000 立方米。

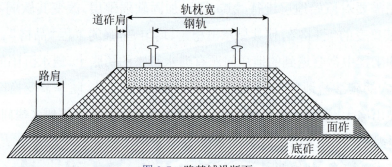

图 3-7　路基铺设断面

在公元 1600 年的中世纪时期的矿山,人们就用木质的轨道运输矿石,那时的木质轨道就是直接放在未经加固的地面上的轨排,没有道床的概念。后来人们发现:当拉的矿石多、重量大时,轨排会陷入地下,并且轨排会前后左右移动,使控制难度

图 3-8　钢轨与预制混凝土轨枕固定后形成的轨排

加大、运输效率不高,轨排也极易损坏。经过反复研究试验,人们发明了用堆砌碎石的方法,在路基上堆压出一个两侧高、中间低,形似"床"的筑体,将轨排埋入其中,牢牢地固定在线路上。这个起到固定轨排、扩散压力、排泄雨水作用的筑体就是我们今天所说的"有砟道床"。

三、道砟

沿用了一百多年的小小道砟有着怎样神奇的本领,现在又面临着怎样的难题,它会退出铁路线成为历史吗?这还要从道砟的功用说起。道砟的主要功用是限制轨道的横向、纵向和垂直方向的移动,使轨道始终保持正确的空间位置。同时,道砟还提供支撑列车重量及运行荷载等外力的功能。在长期的实践经验中人们发现,到处都可以见到的碎石,量大易得,价格便宜,很适合作为道砟的材料。首先碎石坚硬的特性很适合担负起承载的要求,散粒的特性使其很容易地堆积成道床的道肩形状并形成很大的粒间摩擦力,从而起到限制轨枕纵向与横向的移动,保持准确、稳定的空间位置的作用。粗粒的碎石还能让水迅速流走,具有良好的排水特性。经过碎石级配筛后的道砟还具有适度的"弹性",可起到减轻震动的作用,进而减少轨道与机械的损耗,乘坐起来也更加舒适。当变形过大、需要修正时,只需进行"拨道"、"夯拍砟肩",即可达到线路的良好状态。正是这些优点,使得小小的道砟得以在如此长的时期内广泛而忠实地担当着铁路道床的角色。我国制定了铁路砟石的质量标准,明确了砟石的材质、形状和清洁度等指标。

现在,随着列车速度的提高和载重量的增加,有时,道砟的砟石在高速列车通过时会产生局部微量的飞溅,对机车车辆会造成一些损伤;道床维修的频度和强度剧增,道砟的使用寿命也急剧缩短。同时,采用大、小便直排式的列车使得道砟污秽不堪,不易清理。鉴于此,人们发明了无砟轨道——整体道床,用来取代砟石道床(图 3-9)。但是,由于整体道床的造价较高,发生病害时不易修复等原因,目前整体道床仅在隧道、桥梁、地下铁道和部分高速铁路中使用,石质的道砟(或在石质道砟中添加沥青材料)仍然是用得最多的道床材料。

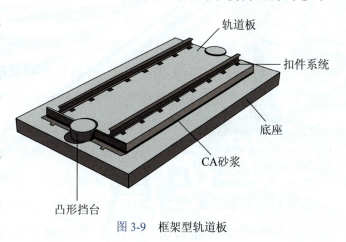

图 3-9 框架型轨道板

四、钢轨

铁路上使用的钢轨有着一个庞大的家族,分为重轨和轻轨两大类。每米质量大于 30 千克的钢轨称为重轨,每米质量小于 30 千克的称为轻轨。重轨和轻轨根据钢轨的材质和断面不同又分为许多子类。重轨的断面尺寸大于轻轨的断面尺寸,可以承受更大的压力。钢轨在使用时根据设计的最高行车速度和远期运量按规范标准选择。目前,干线铁路正线钢轨均属于重轨,分为特重型 75 千克/米、重型 60 千克/米、次重型 50 千克/米、中型 43 千克/米和轻型 38 千克/米五类。国际上已出现 77.5 千克/米的钢轨。目前,我国在干线铁路中已很少使用 38 千克/米的钢轨。重载列车使用 75 千克/米特重型钢轨,350 千米/小时高速铁路采用 60 千克/米重型钢轨。

钢轨的断面形状如图 3-10 所示。这一形状是经过长期的研究与实践确定的。最早的轨道出现在约公元 1600 年的木质轨道,就是简单地将树干固定在枕木上形成的轨道。这种轨道的断面近似圆形,在中世纪欧洲的矿山运输中普遍使用。由于这种轨道易损坏,1789 年英国人威廉•杰索改用铁来制造轨道,10 年后被德国人采用,并称之为"铁轨"。这种铁轨已具备目前使用的钢轨断面,轨头上缘的近圆弧形与最初的树干相似,下缘的轨底部分较宽,有利于钢轨与轨枕的固定和平稳运行。经过多年的研究后发现,钢轨踏面运营后的磨损形状与其最初的形状无关,最终总是呈现相同的踏面形状。因此,钢轨在制作前就以磨损后的形状进行设计,于是钢轨变成现在的模样。从工厂里生产出来的钢轨虽然可以使用,但其断面仍在细微处不能满足最佳的断面形状,会产生额外的轮轨磨损。例如,产生的波磨损在严重时将会导致列车限速。为此,科学家们又研发出钢轨打磨技术,对轨头进行打磨处理,以减轻磨损,延长轮、轨的使用寿命。

图 3-10 钢轨的断面形状

常乘火车的人会觉得奇怪,在乘坐高速铁路列车时,听不到以往"哐啷啷、哐啷啷"的声音,这是由于铺设了无缝钢轨的原因。无缝钢轨就是将在钢厂轧制成的长度为 100 米的钢轨焊接在一起,形成一条长度可达数千米的无缝钢轨,如北京至上海的高速铁路上 1318 千米的线路上均无一条轨缝,列车跑起来无震动、无噪声,乘坐非常舒适。

我们知道,热胀冷缩的物理现象会使钢轨内部产生很大的温度应力。温差严重影响钢轨正常使用。科学家们研究发现,在钢轨的轨道温度变化至一定值时,会产生"轨胀",低温时轨道收缩引起钢轨断裂,严重威胁行车安全。

以北京地铁为例,历史最低气温为零下 22 摄氏度,最高为 42 摄氏度,而钢轨的温度比气温还高 20 摄氏度左右,钢轨的温差最大可达 84 摄氏度。如果将钢轨的铺设温度锁定在中间温度值(42 摄氏度),则钢轨在夏天受到很大的压应力,冬天则受很大的拉应力,应力值可达 100 千牛左右。这样,钢轨在巨大的压应力作用下会产生扭曲变形,而在拉应力作用下则会断裂。所以,无缝线路如何应对温度应力,确保钢轨长期稳定而不引发灾害,成为需要解决的问题。

科学家们对无缝线路的理论研究证明:无缝钢轨的温度应力与温差呈正比例关系,而与轨道长度无关。因此,从理论上讲,无缝线路的钢轨可以任意长,而不会影响其内部的应力。然而,在实际工程中,钢轨是需要被牢牢固定在道床上的,其位置被精确固定,不允许挪动。这样一来,就在钢轨内部产生了温度应力,累积起来的温度应力就会使轨道发生"胀轨"和"跑轨"的现象。对于温度应力式无缝钢轨,解决的方法是在锁定线路时控制锁定轨温为当地最高温差的平均气温,以降低线路锁定后钢轨温度应力变化的范围。同时,对长钢轨设置固定区和伸缩区,在伸缩区设置轨长调节器进行调节。此外,通过轨道的扣件、道床等对轨道提供足够的纵向与横向约束;沿线设置轨道位移监测桩进行轨道位移的监测与控制,从而保证无缝轨道的正常使用。

考虑到施工与管理技术的限制,长钢轨的长度也不能太长,我国普通无缝线路的钢轨长度以一个闭塞分区长度来考虑,为 1000～2000 米。目前,我国高速铁路无缝钢轨的铺设长度达到 1318 千米,铺设在京沪客运专线上。

长长的钢轨是如何铺就的呢?无缝线路真的没有一条接缝吗?从工厂里生产出来的钢轨标准长度:43 千克/米规格的有 12.5 米和 25 米两种,50 千克/米及以上规格的有 25 米、50 米、100 米三种。出厂的钢轨根据需要在专门的接轨厂或铺轨现场进行焊接接长,然后再与轨枕固定形成轨排。钢轨铺设时需进行绝缘处理、与轨枕固定、预留伸缩缝等作业。钢轨的断面结构如图 3-11a)所示。

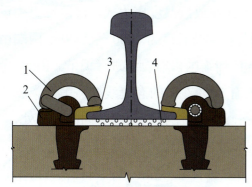
a)铺设钢轨的断面结构

b)普通铁路的钢轨伸缩缝

图 3-11

1- 弹条;2- 预埋铁座;3- 绝缘轨距块;4- 橡胶垫板

伸缩缝是专门为钢轨在热胀冷缩时预留的约 6 毫米宽的轨间间隙,是为解决钢轨在温度变化时产生的胀缩应力问题,而采取的技术措施。不要小看这个胀缩应力,钢轨温度每变化 1 摄氏度,每根钢轨就会产生约 1.6 吨的纵向压应力或拉应力。夏天的昼夜温差可达数十摄氏度,用普通的扣件难以抵挡这么大的应力,从而足以导致钢轨发生扭曲,危及行车安全。因此,普通铁路的钢轨均设置有伸缩缝[图 3-11b)]。

然而，预留伸缩缝的措施又带来了另一个问题，这就是这些接缝导致了列车经过轨间缝隙时产生轮轨碰撞，发出我们早已熟悉的"哐啷啷、哐啷啷"的噪声。同时，碰撞也加剧了钢轨的磨损，维修量很大。最好的办法是消除这些接缝，铺设"无缝钢轨"。但是无缝钢轨又是如何解决温度产生的胀缩应力的呢？工程师们经过研究，发明出高强螺栓、扣板式扣件或弹条扣件等具有超强固定能力的扣件与轨枕固定。同时，采用设置缓冲区和伸缩区，安设自动伸缩器释放温度应力等方法，成功解决了温度应力导致的"跑轨"、"胀轨"难题。实验表明，直径24毫米的高强螺栓扣件，六孔夹板接头可抵抗400～600千牛的纵向应力，弹条扣件每根轨枕可提供16千牛纵向阻力。这些高强扣件将钢轨"死死地"固定在正确的位置，抵抗着温度应力。当然，这种方法只能用于温差不大的地区，通常地区温差不超过9摄氏度。在温差较大的地区，除采用强力固定的扣件外，还要采取合理选择钢轨的锁定温度等方法来减轻温度应力影响。锁定温度通常选定为该地区最大温差数值的一半，从而起到减轻扣件抵抗的最大温度应力的目的。总之，设置无缝线路的方法很多，需采用多方式、多方法、多部件等措施。目前，我国无缝线路的长度已达千米以上，控制温差可达100摄氏度以上，这一设计与工艺技术是任何国家无法企及的。

目前，无缝线路有两种类型，即温度应力式和放散温度应力式。温度应力式设定了固定区、缓冲区和伸缩区。无缝线路的每根钢轨长度为1000～2000m，两端由若干根标准钢轨组成缓冲区，在50～100m的伸缩区内靠轨缝进行调节。因此，无缝线路并不是没有一条接缝的，缓冲区内尚有10%左右的有缝线路。另一类放散温度应力式无缝线路则是跨区间的无缝线路，只在两个自动闭塞区间的分界处、靠近车站两端的道岔群处要将钢轨断开，设置缓冲区。根据情况分别采用换轨、设置伸缩缝、安装钢轨伸缩调节器（图3-12）等方法进行应力释放。同时在断开的钢轨处安装绝缘接头。一条钢轨可长达数百千米，如上海到南京的无缝线路全长303千米，跨越了43个区间。无缝线路的铺设，大大提高了轮轨的使用寿命，降低了经常维修成本。此外，无缝线路还大大减少了列车行驶的阻力、噪声与震动。据统计，与

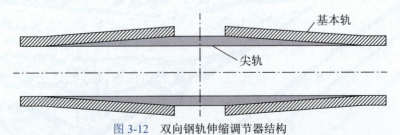

图3-12 双向钢轨伸缩调节器结构

普通线路相比,无缝线路可节约15%的经常维修费,延长25%的钢轨使用寿命。

📖 小知识

轻轨与地铁的区别:轻轨与地铁均属于城市轨道交通,它们的区别并不只表现在钢轨的单位质量上。国际上将城市轨道交通的列车分为A、B、C三个类型,分别对应3米、2.8米和2.6米的列车宽度。凡是采用A型、B型列车宽度的城市轨道交通称为地铁,采用5~8节编组列车;采用C型列车宽度的城市轨道交通称为轻轨,采用2~4节编组列车。因此,轻轨与地铁的主要区别在于车轴质量和站台长度,前者小于后者。轻轨和地铁的钢轨质量均属于轻轨大类,有30千克/米、22千克/米、18千克/米、15千克/米、12千克/米、8千克/米几种。

锁定轨温:锁定线路(无缝线路被固定在线路上)时的轨道温度。

五、道岔

铁路由两根钢轨组成。为了使列车转线运行,在两条线路相连或相交的地方设置的专门的分线装置称作道岔。

道岔根据结构的不同,可分为单式道岔和复式道岔。单式道岔(图3-13)又可分为单开普通道岔、对称双开道岔、不对称道岔和同向道岔。复式道岔(图3-14)又可分为对称三开道岔、不对称道岔、同线道岔和套线道岔等。目前广泛使用的是单开普通道岔,约占道岔总数的95%以上。

单开普通道岔是由引导机车车辆转线的转辙器、保护车轮安全通过的辙叉、护轨以及连接部分组成(图3-13)。

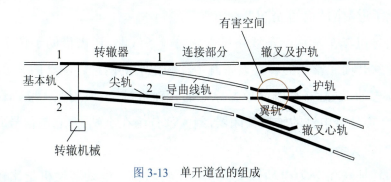

图3-13 单开道岔的组成

我国铁路道岔，一般都以辙叉号码表示，而辙叉号码又是按照辙叉角来规定的。辙叉号码是通过辙叉心轨两个工作边的交叉角度即辙叉角的正切计算出来的。辙叉角度越小，列车运行越平稳。单开普通道岔号码主要有9号、12号两种，一般正线用12号，站线道岔用9号。对于侧向道岔速度要求较高，高速的用18号、38号、42号。驼峰调车场使用的是6.5号或6号。道岔的号码越大，同辙叉连接的导曲线半径也越大，机车车辆通过道岔就越平稳，道岔速度也可以提高。但是，导曲线半径越大，道岔的长度也越长，因此，占用的地面也就越大。

图 3-14　复式交分道岔

引导机车车辆转线的是尖轨和基本轨。两根尖轨是整个道岔中可以活动的部分，它们处于两根基本轨的内侧，而且总是一根尖轨与一根基本轨密贴，另一根尖轨与另一根基本轨分离，两根尖轨之间用连杆相连。当机车车辆通过直线时，要求尖轨1离开基本轨1，以便车轮的轮缘能在它们之间的空间通过。同时要求尖轨2和基本轨2密贴，使另一侧的车轮踏面能从基本轨2的轨顶顺利过到尖轨2的轨顶上（如图3-13中的转辙器部分）。引导机车车辆转线的是尖轨和基本轨。辙叉是使车轮从一股钢轨越过另一股钢轨的设备，经过道岔时列车会晃动，就是因为翼轨处到辙叉心的实际尖端之间存在一段钢轨中断的空隙，其称为辙叉的"有害空间"。车轮通过"有害空间"时有脱轨的可能，因此需要设置护轨，对车轮的运行方向进行强制性引导。道岔的"有害空间"成为限制列车通过道岔速度的重要原因，消除这个"有害空间"，提高列车过岔速度成为一项研究课题。可动心轨辙叉的研制成功，使这个问题得以很好解决。其原理是：使辙叉心轨与尖轨同时扳动，当尖轨开向某一方向时，可动心轨辙叉的心轨就与该方向的翼轨密贴，与另一翼轨分离，这样就消灭了道岔的"有害空间"。

为了引导机车车辆从一条线路进入到另一条线路，还需借助于转换设备，扳动尖轨改变道岔开向。常用的转换设备有手动和电动的两种。手动的又分为两类，一类是带柄标志的，这是一种既简单又原始的转辙机械，一般用在无联锁调车区和专用线上；另一类是带电锁的转换锁闭器，绝大部分用在小站上，它与信号联锁设备相接，保证行车的安全。

电动的转换设备分为电动转辙机和电空转辙机。电动转辙机是比较先进的转辙机械，远距离操纵，用电作动力转换道岔位置。大部分驼峰调车场使用的是电空转辙机，靠电控制，用压缩空气作动力，推动道岔转换位置。

道岔，是轨道结构中的薄弱环节。提高道岔质量的关键在于延长尖轨和辙叉的寿命。2006年，我国研制出了适用于250～350千米/小时的18号单开道岔，该道岔采用无砟轨道、新型扣件系统及新型转辙器等一大批新技术，运用在60千克/米的客运专线铁路上。

为什么道岔和信号机要实行电气集中联锁呢？从安全运营出发，尤其是到站与发车时必须采用电气集中联锁设备，否则会产生侧撞或对撞事故。这是因为铁路每个车站均有许多的侧线和正线（也称直通线），这些线路在车站两端会形成许多交叉口，正线由列车道岔引入到侧线的站台；有些车站还有多个方向的列车，线路的股道就更加复杂。在这种条件下，列车能够安全、正确地按照调度的运营计划进、出车站，就全靠信号和道岔联锁装置。信号机如果指示这列列车可以进入这条线，那么相应的道岔就会移动到通往该线路的股道位置上。因此，在道岔和信号机之间、信号机与信号机之间，必须建立起一种相互制约的反联锁装置，确保一列列车只可进入规定的站位，而其他列车则决不允许进入。当该列车在车站端头道岔外进入时也决不允许另一列车在该区段开出，避免形成侧撞。这种联锁和反联锁装置在车站运行中非常重要，可实现在道岔开通时，信号机开放、列车可以通过；道岔闭锁时，信号灯变红，列车就不能通过的功能。这些装置的应用是列车安全运行和进入、开出的重要手段，这些精确控制与反控制的重要机电设备是信号远程控制、联锁控制的重要组成部分。

第三节 列车的空中供电线路

列车是在地上跑的，为什么天上还有它的线路呢？原来，这天上的线路是为电力机车提供动力的供电线路。那么电能是怎样接入电力机车的供电网的，电流又是怎样驱动机车的呢？

最早的电力机车并没有空中的供电线网,电流是通过两条钢轨间的第三条轨——汇流条进入机车的。这条位于地面上的带电的汇流条极易导致触电事故,于是出现了架设在空中的供电线路(图 3-15)。今天,只有地铁和轻轨还使用第三条轨(汇流条)供电,但使用汇流条时,应做好各项安全防范措施。

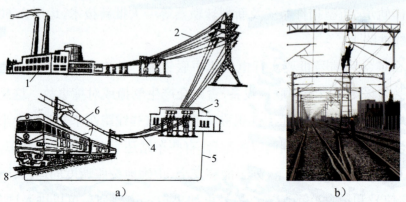

图 3-15 电气化铁路供电系统构成(左)及架设在空中的供电网(右)

1-发电厂;2-输电线路;3-牵引变电所;4-供电线;5-回流线;6-接触网;7-电力机车;8-轨道回路

我们在电气化铁路上可以看到轨道两侧上方的空中架设有密密的电网,机车顶上伸出一个"T"形的被称为"受电弓"的刷子与上方的电线移动接触,以获取机车前进所需的电能。图 3-16 为电气化铁路上的供电网和机车顶上的受电弓。

我们从使用家用电器的经验中得知,负载越高,所需要的电能越大。要使数以千万吨计的列车运行起来,可以想象所需的电能是十分巨大的。我国采用的 2.5 万伏单相工频(50 赫兹)交流供电制式给电力机车供电。图 3-17 为基本的直接供电方式,这是一种对牵引网中的接触网和作为牵引电路回路的钢轨不作任何防护的供电方式。由于钢轨与大地之间没有良好的绝缘,牵引回流经钢轨泄漏到大地中的回流分量较大,造成流经接触网的电流和流经钢轨的回流不平衡,产生对铁路沿线架空通信和广播电路的干扰。我国早期的铁路供电采用这种方式。

图 3-16 电气化铁路上的供电网和机车顶上的受电弓

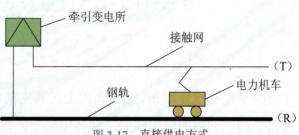

图 3-17 直接供电方式

由于直接供电方式存在回流电流流入大地带来的危险和电磁干扰问题,科学家们又开发出其他一些供电方式。其中,同轴电力电缆供电方式将其芯线与接触网相连,外线与轨道相连,组成两组供电回路。一组是接触网与轨道组成的直接供电回路,一组是同轴电缆芯线与外部系统组成的馈电系统。这是一种利用单向同轴电缆与接触网供电回路并联的供电方式,同轴电缆中的阻抗远小于接触网供电回路的阻抗,电流几乎全部从同轴电缆中流过。由于同轴电缆中馈电线与回流线在同一电缆中,间距很小,且电流方向相反,产生的电磁场相互抵消,从而消除了电磁干扰。无论何种方式的供电线路,均需架设空中的供电电网。

那么,电流是如何驱动机车的呢?每辆电力机车都有一个蓄电装置,电流进入机车的电动机,使电动机旋转,带动一系列的传动装置,最终带动机车的动轮转动,实现电能与机械能的转换。机车的启动需要很大的电能,它运动起来也会产生巨大的机械能。于是,人们想到了是否可以利用这一机械能。多年后,真的出现了利用列车车轮转动的机械能产生电能,并将其回送到供电系统中的机车。德国101型电力机车就是带有自发电装置的一种电力机车,车上的电磁式发电机与蓄电装置相连,当车轮转动时带动发电机内的磁铁绕金属线圈旋转产生电流,电流通过车上的存储装置回流到供电电网系统中。

一、特殊的变电所

我们坐火车时,稍微留意一下窗外就可以发现,每隔30～70千米就会出现一处布满电网的建筑,这就是电气化铁路的牵引变电所(图3-18)。它的主要功能是将从电厂电网引出的11万～22万伏三相高压交流电能进行变压、变相等处理后提供给机车使用。由于我国电力机车使用的是2.2万伏单相工频交流电供电系统,在变压与变相时会对主电网的三相交流系统产生负载不平衡影响,消除这种影响的任务也由铁路的牵引变电所完成。此外,电力机车在整个运行过程中的用电量并不是恒定的,而是随着线路的起伏、启动制动、减速加速等的不同随时发生变化。这种用电量的变化,在专业术语中称之为牵引变电所的移动负载。用电状况对变电所有特殊的继电保护要求。由于牵引变电所的间距为30～70千米,每个牵引变电所的供电臂长为15～35千米。如果出现故障,很难在短时间内修复,影响列车运行。因此,在牵引变电所之间还设置了多个分区所、开闭所等,用来对供电线路进行操控,提高

图 3-18 牵引变电所

供电线路的可靠性和安全性。分区所的主要功能是可实现对相邻牵引变电所的并联和分离供电,当一个牵引变电所发生故障时,另一个牵引变电所可迅速实施跨区供电。开闭所是带保护跳闸断路器等设施的处所。根据开闭所的功能不同,其可分为缩小事故与断电范围的开闭所、增加馈电线的开闭所和提高供电可靠性的开闭所等。

二、接触网与受电弓

细心的朋友在乘坐火车时会留意到这样一种现象:在电气化铁路两侧,电杆上悬挂着许多的长短不同、形状各异、材质似乎也不相同的线状物体,它们被固定在列车上方一定高度的空中,形成一张沿列车前进方向张开的"网"。到了列车编组站,这张"网"更是纵横交错,结构各异,并且密如蛛网,这就是给电力机车提供电能的电网,在专业术语中称之为"接触网"。前面已经谈到,列车需要的电能是采用空中的一条馈电线与钢轨回流线组成的供电电路。那么,空中只需一根馈电线不就可以了吗,为什么还有那么多的"线"呢?这就要从电力机车的受电方式说起。电力机车头上有一个伸向馈电线、前端带有弓形滑板的臂,这个弓形滑板就是"受电弓"(图 3-19)。受电弓被紧紧地压在馈线上,随着列车

图 3-19 动车组上的受电弓图

的移动,受电弓与馈线靠滑动摩擦力接触,并随列车的移动而滑动。可以想象,这样的接触方式是极不稳定的,因为接触网会受到气候、列车前进时产生的震动、运行速度等方面的影响,使得受电弓与馈线的接触忽而向上,忽而向下,导致列车的供电一会儿接通、一会儿断开,供电极不稳定,也会产生火花,烧坏供电线和受电弓,这种状况是非常危险的,必须加以克服。

经过试验研究,科学家发明了多种结构形式的接触网,通过设置张拉力可调节的补偿锚、承受馈电线及吊弦重量的长、短承力索等附属构件,将馈电线牢牢、准确、松紧适度地悬挂在一定高度的空中,从而使电力机车获得一个稳定、可靠的电力供应。列车的行驶速度越高,馈电线悬挂的质量标准越高。图 3-20a) 为电气化铁路

接触网的基本结构。图 3-20b) 为用于 300 千米/小时高速铁路的全补偿弹性链型悬挂结构。我们看到的那些长短不一、形态不同、材质各异的"线",就是这些使馈线悬挂质量"达标"的悬挂构件。

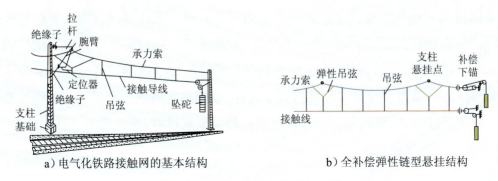

a) 电气化铁路接触网的基本结构　　　　　b) 全补偿弹性链型悬挂结构

图 3-20　两种电气化铁路接触网结构

📖 小知识

所有的铁路都有接触网吗?不是的,只有靠电能作为驱动动力的电力机车行驶的电气化铁路上才需要架设接触网。用煤炭做动力的蒸汽机车,用石油做动力的内燃机车等,线路上均不需要架设空中的接触网。电能是可再生能源,而石油和煤炭为不可再生能源,为实施可持续性发展战略,新建的铁路均应采用电力机车牵引,线路上均需要架设接触网。

第四节　线路勘测设计

新建一条铁路需要对铁路所经过的地区进行详细的勘测与设计工作。勘测设计工作是一项遵照建设程序而进行的由粗到细的渐进过程。

铁路建设项目的勘测设计需经过预可行性研究、可行性研究、初步设计与施工图设计 4 个阶段。**预可行性研究**是建设项目立项的依据,是解决修建铁路的必要性及可能性问题,是利用国家和行业有关地形、地质、社会、经济、气象等资源,经实地

调查与勘测后编制的技术文件。**可行性研究**是建设项目决策的依据,是解决线路修建的可能性及合理性问题,解决线路方案问题。在初测资料的基础上对线路进行更为详细的勘察后做出的技术文件,对工程数量和投资计算有较高精确度,环境保护、水土保持和土地利用的措施应达到规定的要求。**初步设计**是根据批准的可研报告和环评报告,进行定测后做出的技术文件,须满足工程招标的要求和施工重要的内容,如:土地征用、建筑拆迁、施工准备和设备采购等要求。**施工图设计**是专为施工需要形成的建设图表与技术标准的技术文件,以解决实施性技术问题和工程预算问题。因此,线路的勘测设计是一个从粗放向精准渐近过程,涉及政治、经济、自然、技术等,跨越多种专业领域。

一、线路方案的确定

选线是勘测设计的第一步。线路的选择是在国家铁路建设规划的基础上进行的。其作用是选定一条满足线路技术要求,满足经济、合理、安全、可靠的条件,有利于生态与环境保护的铁路路线方案。

线路方案是建立在对线路起止点间的社会条件和自然条件的调查和勘测基础上,经过比选与专题论证后确定的。由于线路设计所涉及的专业多,需要平衡各专业,因此,线路设计的总负责人常常是由线路专业人员担任。

线路应尽可能选择一条最合理的走向,因为它直接影响着沿线地区的社会发展和资源的开发,并关系铁路工程的投资和运营效益。调查与勘测工作的质量,直接关系线路方案的决策。以往,调查与勘测工作完全靠人力完成,效率低、风险高,劳动强度很大。线路方案多是沿河边绕行,很少出现穿越山岭的隧道与跨越沟壑的桥梁。铁路的路基两侧经常出现岩石崩落与滑坡,行车条件非常困难,列车速度因而很慢。直到20世纪80年代,我国隧道修建技术已达到较高的水平,一些新建、增建线路采用长大隧道将线路截弯取直,大大缩短了列车的运行时间。例如1989年成功修建的衡广复线大瑶山隧道段就是用长隧来缩短线路的选线。刚通车的贵阳至广州的线路,运行时间从21小时缩减到4小时,线路不再采用传统的上、下坡绕行方案,而采用截弯取直的方案,利用长隧道将线路缩短了800千米。其中,隧道长度占线路总长的80%。又例如,青藏铁路新关角隧道,截弯取直后的隧道长度达32.6千米,线路标高降低了300米,线路缩短36.8千米,车站减少6个,运行时间缩短2小时以上,运输能力和效率大大提高,使重重关山的青藏高原地区的人们出行"山不再高、路不再远"(图 3-21)。可以讲,没有先进的隧道设计、施工技术,就没有高速铁路的出现。

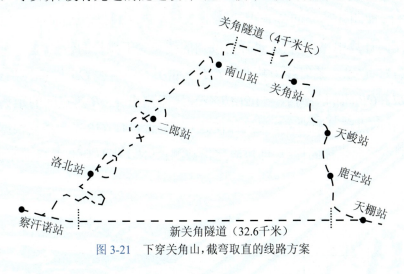

图 3-21　下穿关角山,截弯取直的线路方案

二、神奇的勘测

什么是勘测?勘测在英文里表述为 Reconnaissance and Survey,意思就是侦察与调查。铁路线路勘测就是对线路沿线的与建设有关的内容所进行的勘查、勘探和测量工作的总称。

勘查工作是用观察、辨别的方法对人眼可见的部分进行实地工程信息调查的方法。勘探则是对地下的工程地质、水文地质情况,采用钻探、探坑及一些现场试验和室内取样实验,来获取工程信息的方法。测量工作主要是确定地形地物的空间位置,需要采用专用的测量仪器进行测量。

首先来了解一下测量工作的原理与工作方法吧。以前勘测技术相对落后,人们使用简单的测量仪器对地形地物等内容进行测量。其中最基本的测量是基于水平视线的水准高程测量和基于两条放射线间角度的经纬测量。水准高程测量是利用水准仪提供的一条水平视线,直接测定地面上各点间高程的一种测量方法。如图 3-22 所示,B 点的高程等于 A 点高程加上 A、B 两点间水准尺上读数的差值。由测工在 A 点立塔尺,测量员测出,并进行高程计算的工作。我们知道,一个点的空间位置需要 3 个坐标才能确定,光有高程是不够的,其他两个方向的坐标靠经纬仪来完成。用于大地测量的经纬仪由望远镜、水平度盘、垂直度盘、水准器及基座组成。

经纬仪是测量被测体的水平与竖直方位和两点间的距离。水平与竖直方位由两个相互垂直的水平度盘与垂直度盘测出，棱镜与 B 点的距离 L 可由三角关系算出（图3-23）。这样，被测体的空间位置也就确定了。在早期测量中，两点间距离的计算是基于欧氏几何计算中小角度、大半径时圆周的弦长等于弧长的假设，是一种近似的计算（图3-24）。它以一条射线为基准线 OA，测量另一条射线 OB 与基准射线 OA 间的夹角 α，OA、OB 间的距离 $L = 1/2(AB \times \alpha)$，只需测出 A、B 两点间的距离 AB，即可计算出 A、B 两点距离测站（架设经纬仪处）的距离 OA、OB 了。然后根据几何学理论进行两测点平面坐标的计算，即可确定出被测点 A、B 相对基准点 O 的平面坐标了。

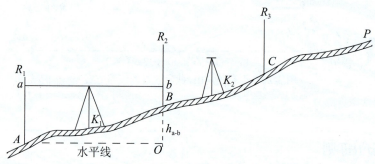

图 3-22　用水准仪进行高程测量

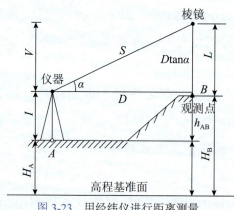

图 3-23　用经纬仪进行距离测量

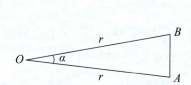

图 3-24　早期经纬仪进行距离近似测量

现在，测量工作已由先进的全站仪、地球卫星定位系统（GPS）、摄影测量技术等取代。以往数月完成的测量工作量，现在只需不到一个月的时间就可完成，测量工作的效率和质量得到极大提高。由于基于全站仪的地面测量方法应用在一些地势险峻的山区获得地形原始数据时，其工作量、工作难度以及危险性都很大，而将基于摄影测量技术的摄影经纬仪引入勘测中，可大大提高外业测绘的效率，尤其是在地形险峻的山岭隧道勘测中将有很好的应用前景。图 3-25 表示了摄影测量技术的应用现场实例。

图 3-25　摄影测量技术的应用现场实例

对于勘测技术，还有一类被称为"遥感"的技术，在线路勘探中发挥着神奇的作用。所谓"遥感（Remote Sensing）"，顾名思义，是指探测器不需接触被测体而感知被测体信息的一类技术的总称。在线路勘测中，用得最多的有卫星测绘和航空测绘，它们通过从卫星和飞机上对线路调查范围内的地面进行"摄影"，获取图片成果。卫星测绘和航空测绘技术的好处在于能够从空中的角度审视地面，获取从地面角度难以观测到的工程信息。如可通过专业人员对图片信息加以解读，确定线路中主要的地质分界面、大型地质构造、不良地质体单元、植被与水系分布、交通及经济信息等内容，在此基础上进行有针对性的地面勘测。遥感技术与地面测绘相结合的勘测方法，极大地提高了勘测速度。

铁路线路勘测中，遥感技术不仅用于测绘，还用于对地下不良岩体的"诊断"，这就是物探技术。我们最为熟悉的物探技术应用是地质雷达。地质雷达的发射天线向地下发射特定频率及功率的电磁波，让电磁波在地质体中"旅行"后返回到雷达接收器中，这些携带地质体信息的返回电磁波，在频率、相位、传播速度等指标上发生变化，经过专业人员的分析判断，就可给出不良地质体的工程信息。这里，专业人员就是医生，电磁波就是医生诊病的手段，而得出的结论就是医生给出的"诊断"。目前，根据探测原理的不同，用于工程地质勘探的物探技术有地震弹性波法、电磁波法、红外线法、超声波法几种，借助的先进仪器有浅层地震仪、地质雷达仪、高密度电法仪、管线探测仪、隧道超前预报仪、面波仪等。截弯取直的大瑶山隧道遥感图如图3-26所示。

图 3-26　截弯取直的大瑶山隧道遥感图

三、线路设计

根据线路方案进行的勘测工作完成之后,就要进行线路的设计了。线路的空间位置是由线路的平面和纵断面决定的,线路设计的主要内容是线路的平、纵断面设计。线路的平、纵断面设计必须保证行车安全与平顺,主要目标:不脱钩、断钩,不脱轨,保证运行速度及旅客乘车的舒适度等要求。线路上要修建桥梁、隧道、车站、路基、道口、支挡和防护等大量建筑物,线路的平、纵断面设计不仅关系这些建筑物的类型选择和工程数量,而且会影响其安全稳定和运营条件,这些要求反映在《铁路线路设计规范》(简称《线规》)的技术标准中,设计时应遵守《线规》的要求。

线路设计需要在技术要求和建设投资间进行权衡。在进行平面设计时,修建桥梁、隧道的建设投资比路基工程大。然而,起伏的山路会使列车的运行条件恶化,运行风险增大,旅客也不舒适。线路曲线半径太小,列车在转弯时的速度就不能太大,否则会引起列车脱轨;而曲线半径大,工程量和建设投资也会相应增大。在纵断面设计时,出于安全性考虑,列车安全走行不致倾覆的坡度有一个极限值,这就是极限坡度,线路的纵断面设计必须受到极限坡度的限制。此外,在转弯时,轨道的外轨需要高出内轨一定高度,以抵抗由列车重量产生的离心力,这些都是线路纵断面设计时需要考虑的因素。一个好的线路设计一定是根据线路的具体特点,在分析设计路段的具体情况,综合考虑工程和运营的要求,通过方案比较后,设计出性价比很好的线路。

第五节　线路检测与维护

线路修建好后经过一段时间的运营会产生质量下降的现象,涉及沿线的路基、桥梁、隧道、轨道及接触网等,需要及时进行检测和维修。铁路线路维修分为综合维修、经常保养和临时补修三类。

综合维修是根据线路技术状态变化规律,以恢复线路整体完好技术状态所进行的周期性工作。维修周期按每千米通过的运输总重量(万吨·千米/千米)来确定,不同的线路等级有不同的维修周期。综合维修分为大修和中修。如对于75千克/米无缝线路大修周期为900万吨·千米/千米,中修为300万~400万吨·千米/千米。综合维修主要对轨道弹性、几何尺寸进行调整,更换、修理失效部件。

经常保养是对线路全长进行的经常性养护。其主要工作内容是保持轨道的几何尺寸,更换及焊补钢轨、道岔及扣件,释放无缝线路温度应力,处理道床的翻浆冒泥,螺栓上油,道口铺面,标志及建筑设施的维修,整修防沙、防雪及排水设备,道床及边坡除草等日常性维护工作。

临时补修则是及时对超过临时容差管理值的线路及其他不良处所的临时性修理工作。以前,这些维修工作靠人力和简单的工具完成,费时耗力,作业人员工作条件非常艰苦。如今,采用一些大型维修装备进行作业,效率高、质量好,被广泛应用。让我们通过其中几个大型装备的工作特点,来看一看线路维修中涉及的一些问题吧。

一、线路综合检测车

综合检测车(图3-27)有三大功能、四大特点。三大功能是指其具有的查找线路设备病害、评价线路设备质量、预测质量安全趋势功能。该车具有综合性:设置八大检测系统(表3-2),可对各专业设备进行综合分析、评价;检测设备先进、实用,能及时把检测结果快速传输至地面数据中心;具有与列车同速进行检测,不影响运输秩序,检测速度快的特点。

图3-27 综合检测车

检测车各检测系统及检测项目　　　　　　　　　表 3-2

序号	检测系统		检测项目
1	综合系统		1. 时空信息发布及校准。向全车检测系统提供统一的时间、速度、里程定位信息。里程信息通过地面电子标签及轴头编码器实现，定位精度≤2 米 2. 关联专业同步型显示。实现轨检、网检检测波形同步显示 3. 超限大值管理。轨检、网检、探伤超限大值，伤损报警，发送信息 4. GIS 显示。在 GIS 系统显示列车运行地点
2	轨道检测	轨道几何参数	道岔高低、轨向、轨距、水平、三角坑扭曲、轨距变化率、曲线变化率、横加变化率、车体横向加速度、车体垂向加速度
		钢轨断面磨耗	钢轨的垂磨、侧磨、总磨耗
		钢轨波浪形磨耗	钢轨顶面短波不平顺
		轨道状态巡检	钢轨表面擦伤和扣件异常
		环境监视	对线路周边环境进行实时视频摄像
		建筑限界	测量线路全断面限界
3	路基道床		道砟厚度指数、道砟脏污指数、地层界面粗糙指数、地层界含水量
4	钢轨探伤		轨头、钢轨裂纹
5	接触网		非接触测量：导高、拉出值、导线磨耗、坡度、导线水平距离、垂直距离
			接触测量：导高、拉出值、硬点和冲击、接触力、网压、定位点
6	信号		补偿电容、左右轨电流及不平衡电流
7	无线通信场强		无线场强、服务质量
8	红外线轴温		地面红外轴温探测设备的测温精度和内外探头角度

二、线路养护车

　　首先，谈谈动力稳定机。列车在运行时会对钢轨产生动力冲击作用，冲击力随着列车运行速度的增高而增大，这就会引起轨道变形。已经测试，在直线段，时速每提高 10 千米，轨道横向力就增大 7.5 千牛。新建成的线路，或刚经过起拔道作业的线路，都会在一个时间段内产生沉降。因此，在这段道床沉降时间内列车需要限速行驶，等待轨道轧实。有没有什么办法可以缩短道床的沉降稳定时间呢？有，这就是轨道的动力稳定技术。这项技术是在轨道上行驶一种大型的养路机械，对道床进行夯实稳定作业，稳固路基，增强道床的横向稳定性。1960 年，西德温德哈夫研制了第一台有脉冲作用的道床夯拍机。1976 年由奥地利人在进行动载与轨道位移相互间关系的试验研究后，确定了轨道动力稳定原理。根据这一原理成功研制出第一台动力稳定机。至此，轨道的动力稳定状态进入了人为控制的时代。动力稳定机

（图3-28）在轨道上作业一次可达到使轨道下沉8～10毫米的效果，相当于通过10万吨的货运量所产生的轨道下沉量。轨道横向位移阻力可使轨道立即恢复到稳定状态。

在一般老线路的维护中曾产生不同类型的线路捣固车、清筛车、轨道打磨车、动力稳定车、配砟整形车等组成的大型机械化线路养护车组，已形成多功能、自动化、工厂化作业的机械化装备。当线路发生超量的几何变形时，通过捣固车进行起道、拨道及砟肩夯拍作业，使线路或道岔的水平、高低、轨向和三角坑扭曲等指标达到合格；钢轨的磨耗、焊缝凹陷及鱼鳞裂纹等病害，通过轨道打磨车进行打磨修复；道床板结和滑坍时，通过道砟清筛车（图3-29）对道砟进行彻底的清筛与更换，并捣固结实；动力稳定车跟进捣固车作业，可进一步增强道砟的密实度，提高道床的稳定性；配砟整形车则使道床的布砟均匀，并使道床成型。但组合后的大修车组，只能完成线路的换轨、换枕、清筛等大修任务。一般的分散式病害还需人工和小型机械快速修复，因没有过长的"开天窗"维修时间，因此，推广较难。

图3-28　作业中的动力稳定机

图3-29　作业中的道砟清筛车

三、线路救援车

在发生列车脱轨、颠覆和线路水害、塌方等事故时，铁路线路需要进行修复。装备了用以排除线路故障物、起复机车和车辆的专用列车被称为救援列车。为了迅速展开救援，每250千米线路长度应设置时刻准备救援的全套设备，并24小时值班。

为了保证事故发生后救援列车能迅速出动，救援列车被停放在固定线路上，要求两端均能开入区间。救援列车的编组由轨道起重机、平车（装载钢轨、枕木、拖拉机械等）、发电车、工具车、炊事车、宿营车、器材车、水罐车等组成。在动车组运行的区段，救援列车则配备与动车组相适应的救援设备。

为修复自然灾害或其他原因造成的信号和通信线路损坏而装备有工具和器材的专用车辆，可随时编入救援列车开往事故现场。

为修复电气化铁路发生接触网断线,电杆及铁塔倒伏,瓷瓶破损等情况而特设的专用车辆,也可随时编入救援列车开往事故现场。时速 160 千米的快速抢修接触网多功能综合作业车(高铁救援车,图 3-30),也按 250 千米间距设置在高铁车站附近。

图 3-30　高铁线路电网救援机车

为了使发生轻微脱轨的机车车辆及时起复,在无救援列车的编组站、区段站和二等以上车站也设有事故救援队,配备简易起复装备和工具。机车、动车、重型轨道车、大型养路机械上均备有复轨器和起复装备等维修设备。

20 世纪 50 年代～60 年代,救援列车起重机主要是蒸汽或内燃式的,采用机械传动构成的定长臂式铁路起重机。这种起重机救援方式救援效率低,在隧道内和下承式桥梁上无救援能力。20 世纪 90 年代,中国先后研究成功内燃驱动的全液压传动的 100 吨、160 吨伸缩臂式铁路救援起重机。目前在铁路服役的救援起重机是伸缩臂式铁路救援起重机,规格有 60 吨、100 吨、125 吨和 160 吨,基本满足救援工作的要求。

第六节　我国铁路线路博览

我国是一个拥有 960 万平方千米国土面积和 1.8 万千米大陆海岸线的国家。地形复杂和面积的广大使得铁路线路注定有着多样化的基础。让我们寻着历史的足迹,去追寻那些已淡出记忆的铁路线路往事,从中一观我国铁路中具有代表性的铁路线路奇观。

一、滇越铁路

滇越铁路是中国目前使用时间最长的一条越境高原既有窄轨铁路。铁路全长 854 千米,其中越南段长 389 千米,采用 100 毫米轨距,是我国唯一现存的米轨铁路。其在高原运行的长度、规模等方面居世界米轨铁路之首,代表当时铁路修建的最高水平。该铁路云南段长466千米,1904年动工,1910年4月1日全线通车。这条铁路在滇东南的崇山峻岭和瘴气弥漫的地区蜿蜒行进,工程人员经历了难以想象的艰难险阻,在中国近代史上留下了一段传奇。在20世纪上半叶的历史岁月中,滇越铁路几经修复和拆除,扮演着复杂而重要的角色,成为云南乃至中国半个世纪历史变迁的见证和缩影。

法国在1875年通过中法战争得到了越南,并成立了东京殖民政府。在此前后的许多年间以访问、布道、经商、探险考察等借口进入中国进行资源探查和情报收集,为法国政府提供了《云南矿说》、《云南铜矿》、《云南银矿》(这里的银矿指个旧的锡矿)等调查报告,为掠夺我国资源做好了准备。这些矿产要运回法国国内就需要开通一条出海的通道,于是法国政府打算修建一条通海的铁路。早在1897年由印支总督杜梅、法国驻龙州领事奥古斯特、桥梁与公路工程师尤利坚、矿产工程师吉勒莫多就对中越铁路进行考查与勘测。在法国的一本《滇越铁路》总结报告中,记录有这样一段文字,或许可以帮助我们了解滇越铁路的修建历史。书中写道:"云南真正的出海口不在东方,而是通向越南北部湾的方向,在没有一条铁路将东北部湾和南海连接起来之前,任何人也不能使云南成为有价值的地区。"由此可见,法国窥视中国资源已久。

滇越铁路修建之初,线路的勘测有"东线"与"西线"两个方案(图3-31)。为了寻求一条坡度不超过2.5‰、曲线半径不小于100米的线路,考察队进行了艰苦的勘测工作。其中次数最多的是对山高坡陡、高差很大的红河至蒙自间的新现河谷的勘测。新现河位于红河北岸,南岸是无量山。深涧深达两三千米,犹如天然开凿的天沟,两岸花木茂密,通视条件极差。这里猿猴、山猪等野生动物出没,自古只有马帮在此经过。从红河岸边到蒙自,直线距离不过40多千米,相对高差却达2000多米。在纵横交错的沟壑间,线路需迂回绕行。在开始的17千米地段展线就达45千米,而且需要架设巨大的高架桥,这在当时不仅技术难度大,而且工程量将成

图3-31 滇越铁路东西两条线路

图 3-32　滇越铁路在大山中盘旋绕行

倍增加,成为财政、工程专家望而生畏的一大难题（图 3-32）。经反复比较,考察队认为,从新现河进入蒙自是不现实的,因为这里的土质承载力不好,缺乏施工用的石料,且蛮耗至蒙自间的高差难以跨越。从而放弃了从新现河进入蒙自的方案,取道南溪河山谷,经芷村、碧色寨、宜良至昆明,这就是"东线"的线路。这种定线方案还有一段未解的秘密:在巴黎凡尔赛宫奥古斯特·弗朗索瓦（方苏雅）的地窖里,至今还保留着有关滇越铁路勘测的 4 套图纸,两套是用红线标出的始于河口,沿红河溯流而上,过新现河到蒙自,经建水、通海、玉溪、晋宁、呈贡至昆明的"西线"方案,另外两套为从河口沿南溪河溯流而上,经芷村、碧色寨、开远、小龙潭、巡检司、宜良至昆明的"东线"方案。在方案的确定过程中,龙里斯曾提出采用东线的南溪河段线路,与采用西线方案中的蒙自到昆明段线路的东西线相结合方案,这样可以使铁路经过人口稠密、物产丰富、地势平缓的平坝区,从而取得很好的社会与经济效益。然而最终却选择了避开繁荣、经济发达城市的"西线"北段方案,改走崇山峻岭、森林覆盖的"东线"南盘江,至今仍是一个未解之密。目前,泛亚大陆桥的南亚走廊即是与这一西线方案相近的方案。

滇越铁路云南段的施工是在最边远、最落后、最艰巨的地理与最恶劣的气候环境下修建的,用极其简陋的工具和人力开凿隧道（图 3-33）,这在滇越铁路云南段是屡见不鲜的事情。

滇越铁路所过之处,多为人烟稀少、瘴疠肆虐、山高谷深之地,工程艰巨。云南境内 466 千米的路段桥隧工程就有 3628 座,隧道 172 个,总长超过 20 千米,最长的隧道 657 米,最长的桥梁 136 米。许多路段桥隧相连,是滇越铁路全线的攻坚部分。建于波渡箐和倮姑间八岔河上的"人字桥"（图 3-34）是滇越铁路上最险、施工最难的桥梁。由于山高沟深,架设桥梁难度很大,修筑桥墩几乎不可能。于是法国工程师保尔·波丁设计了一座由上承式网格式桁梁与人字形拱架组合为一体的新型桥梁结构,这座桥梁跨度 55 米,矢高 15.6 米,全长 67.15 米,它凌空架在两山石壁间,没有一根桥柱,下面是百余米的深涧,建设过程中桥梁多次架起即塌,工程反复较大。工作面作业条件恶劣;陡峭的山崖令人望而生畏,一不小心便有葬身崖底的危险。以至法国人用高额奖励让筑路工人铤而走险,每打一锤给半个大洋,以此论数发奖。

"人字桥"的成功,成为当时世界上一座杰出的铁路桥梁,同时也是中国人民用血肉之躯构建的一块丰碑。滇越铁路上还设有用于机车转向的转盘,用人力即可推动转向(图3-35)。

图3-33 滇越铁路用简单工具和人力修建隧道　　图3-34 列车正通过滇越铁路上的"人字桥"

滇越铁路的开通,使云南与外界的交流速度大大加快,过去三四个月的路程,现在只需10天左右的时间就能到达。在滇越铁路53千米处,南昆铁路从百年滇越米轨铁路上方跨过,云南省首条高速公路从滇越铁路旁绕过,这些铁路的修建与运行反映了我国云南边陲的交通发展历程。

图3-35 滇越铁路上用于机车转向的转盘,用人力即可推动转向

二、京张铁路

京张铁路是我国第一条由国人设计修建的铁路,由著名铁路工程师詹天佑勘测修建。张家口位于长城居庸关之外,地处北京的西北方向,是通往内蒙古的通道,历史上一直是我国北方的军事重镇和南北商旅交易的要道。然而,当时关内外的铁路余利全部控制在中英公司手中,动用这笔钱需要中、英双方协商。清政府派道员梁如浩与其协商,而中英公司则以京张铁路是关内外铁路的延长线,必须由英国工程师来承办,否则不予拨款相回应,实际上早有控制这条通往蒙古的铁路,以对抗沙俄政府对此铁路控制的设想。而沙皇政府又以之前签订的"长城以北的铁路不得由第

三国承建"的条约为理由,要挟清政府:如果找外国人修建,就得由他们承包。这样三方争吵了很久,最终决定由中国人自行设计修建,关内外铁路进款余利项下划存6个月借款本息,其余为京张铁路之用。这样,当时京张铁路必须由中国人自己独立修建既成为对国人的一大挑战,各国工程界都关注着这条铁路的主持人选和动工时间。

1905年5月,清政府正式成立京张铁路总局和工程局,任命陈昭常为总办、詹天佑为总工程师和会办。消息传出后,詹天佑受到了来自多方的蔑视与嘲笑,不信任的目光、国人的担忧以及工程的艰巨,都向詹天佑的能力和信心提出挑战。

勘测工作持续了3个月,共勘测三条线路:第一条线路由北京西直门往西北,需翻越燕山山脉的八达岭一带,其中以关沟一带为最高,地方上称之为南口河谷到西拔子约二十千米的范围,坡度极陡,工程浩大。由于这条线路通过能力较低,运输量受到很大限制,在从张家口回测时,詹天佑开始寻找另一条避开关沟段的线路。绕避线路经怀柔、延庆、小张家口,经德胜口过山,经十三陵、黄土梁到北京。这条线路虽然绕过了关沟,但路途遥远,坡度也不小,工程并不比第一条线路简单。于是,又勘测了第三条线路:由西直门以西40千米,绕石景山、经三家店、沿永定河、从青石口到沙城附近的猪河口出山路线。这条线路的工程比关沟段还要艰难,但通过能力较高,运输量也增加数倍。但由于经费和工期的限制,最终不得不放弃这条线路,改用关沟越岭方案(图3-36)。这条当时被放弃了的线路就是今天的丰沙线。

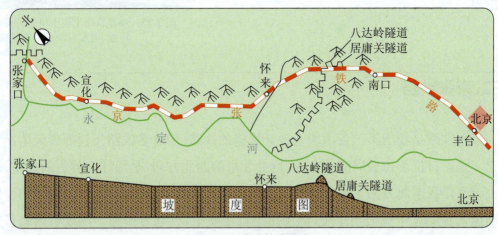

图3-36 京张铁路线路

为了加快施工速度,詹天佑采用南北两头同时向隧道中间点凿进的施工方案,并在隧道中部开凿两个竖井,分别可以向相反方向进行开凿,如此就有6个工作面同时进行,为缩短工期创造了条件。

1905年12月,京张铁路开始从丰台铺轨,全靠人力和小平车施工。第一天发生了工程列车挂钩断裂导致掉轨的事故,这一教训使詹天佑注意到列车挂钩的安全可靠性问题。经过认真研究,最终采用将美国人詹内发明的自动挂钩安装在每节车厢上,使之结合成一个牢固整体,从而使列车能安全可靠地翻越陡坡。这种列车挂钩连接方法很快传到国外并一直沿用至今。

京张铁路最难的一段是关沟一带的隧道工程,该工程需开凿总长为1645米的居庸关、五桂头、石佛寺、八达岭4座隧道,其中以1091米的八达岭隧道为最长,居庸关隧道次之。詹天佑勘测的关沟段线路采用"人"字形展线(图3-37),比英国人金达勘测的线路短了约2000米隧道,降低了工程投资,避免了修建长隧道。

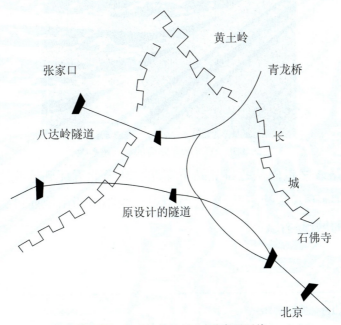

图3-37 詹天佑设计的"人"字形展线

詹天佑在勘测过程中经常勉励工作人员说:"全世界的眼睛都在看着我们,必须成功!不论成功或失败,绝不是我们自己的成功或失败,而是我们的国家!","技术第一要求精密,不能有一点含糊与轻率。'大概'、'差不多'一类的说法,不应该出自工程技术人员之口"。正是他以国家利益为重的精神、精深的技术与认真负责的工作态度,成就了京张铁路,使之成功建成,为中国人民争得了令世界瞩目的业绩,受到世界各国人民的尊敬。居庸关-八达岭(北京)属于经典之地,火车从这里穿过,在青龙桥车站可以看到人字形爬坡的线路(图3-38)和詹天佑先生的雕像(图3-39)。

图 3-38 老京张铁路"人"字形线路

图 3-39 青龙桥车站旁的詹天佑雕像

新京张铁路线路走向从北京北站下穿北二环至北五环到达八达岭汽车停车场下 40 米左右的地下八达岭车站,宏大而美观。线路向西出地面以路基和桥梁交替穿过环境复杂的城镇与山丘。

三、成昆铁路

成昆铁路全长 1091 千米,1970 年 12 月建成,是目前我国修建的地质条件最复杂的一条干线铁路。铁路沿线滑坡、危岩落石、崩塌、岩堆、泥石流、山体错落、岩溶暗河,高地应力、高地温、有害气体、软土等不良地质体种类多、数量大,被称为修建铁路的"禁区"。1000 多千米的线路,勘测工程量就高达 1.1 万千米,地质测绘 1.48 万平方千米,钻探 21.2 万米,物探 532 处,最终形成了成昆铁路三条线路方案(图 3-40),经过对 300 多个难点的比选后,最终确定西线方案,也就是现在运行的线路。

成昆铁路桥隧占线路总长的 41％,其中隧道 427 座,总长 340.99 千米,以长 6107 米的关村坝隧道为最长。当时隧道长度最多不能超过 7 千米,这是因为当时的建设技术需要6年才能打通,因此,这也是当时选线、展线的规定。从隧道建设可以看出,隧道长度是决定线路质量的主要条件,该条线路相比20世纪50年代修建的宝成线,当时是以小于2千米隧道作为展线条件的,所以,宝成线运量最高为900万吨/年,成昆线则为3000万吨/年。

成昆铁路是当时我国铁路隧道最多的线路。成昆线的桥梁991座,总长106.9千米,其中的金沙江大桥全长403.85米,是当时跨度最大的铁路钢桁梁桥。由于地势险峻,有1/3的车站不得不建在桥梁上或隧道内。为了克服巨大的地势高差,绕避不良地质条件,获得良好的施工场地,经过方案比选,采用了多种形式的展线方案。

图 3-40 成昆铁路的东、中、西线路方案

在牛日河上游的尼波至红峰站之间,直线距离仅7千米,而高差相差142米。为使火车爬上高坡,采用了长14.32千米的眼镜形展线(图3-41)。同时,配合修建了11座总长5532米的隧道和6座总长648米的桥梁,还增设了一个叫"乐武"的车站。

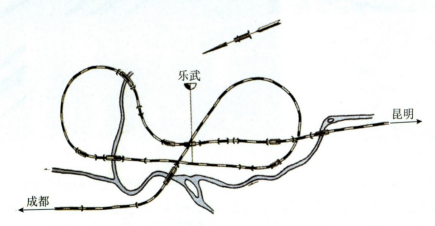

图 3-41 乐武眼镜形展线,以克服地势高差

从甘洛到喜德要越过岷江和雅砻江的分水岭,120千米的路段中4次展线、13次跨越牛日河,绕行50千米才升至海拔2200米。喜德南进入安宁河谷,8次跨越安宁河才下至海拔1000米的金沙江河谷,又经3次展线、49次跨过龙川江,才越过金沙江与元江的分水岭,经滇池地区的淤泥地带来到海拔1900米的滇中台地。

成昆铁路地质条件复杂、线路曲折,工程浩大,经历了过"火焰山"、闯"水帘

洞"等一系列不良地质地段,在技术相对落后的情况下,靠人力和小型机械成功修建,令世界瞩目。

四、京九铁路

京九铁路是我国一次建成里程最长的铁路,全长 2397.5 千米,跨越河北、河南、湖北、江西、广东及香港特别行政区(图 3-42)。在我国六大铁路干线中,京九铁路最长、投资最多、修建时间最短。1993 年动工,三年铺通、一年配套,只用了 4 年时间就建成通车,投入运营。合理工期、合理造价、合理方案、合理合同是该线的特点。从中央到地方各界领导对建设工程给予了极大的关心,吴阶平、程思远等领导,虽然年岁很高仍亲临五指山隧道工地慰问,体现了政府对工程的关心、对第一线建设者的尊重(图 3-43)。

吴阶平、程思远、费孝通、王兆国、雷洁琼、王光英、钱伟长等领导视察五指山隧道

图 3-42　京九铁路线路　　图 3-43　吴阶平、程思远等领导亲临五指山隧道工地视察

京九线路始于北京西站,经河北省的霸州、衡水,山东省的聊城、菏泽,河南省的商丘、潢川,湖北省的麻城,江西省的九江、南昌、向塘、吉安、赣州,广东省的常平、惠州、东莞、深圳,直达香港的九龙。就投资总量而言,仅次于长江三峡工程。

京九铁路全线共有特大桥 34 座,总长 46 千米,大中桥 417 座;隧道 106 座,总长约 30 千米。土石方工程 1.5 亿立方米。遇到的难点工程有软土路基,阜阳(图 3-44)和向塘两个枢纽站,歧岭、雷公山、五指山和矮岭头 4 座隧道。京九铁路创造了我国铁路建设史上前所未有的施工速度,攻克软岩隧道、软土路基、大跨深基桥梁、新型通信信号和自动化运营设备等重大难题，施工质量一流，成为优质、高效、快速建设铁路的典范。

京九铁路为京广、京沪两大干线铁路之间的第三条南北向干线铁路，在国家的路网建设中占据重要地位。对沿线 7 省市，特别是"老、少、边、穷"地区的经济与社会发展起到了巨大的促进作用。

图 3-44 当时国内现代化水平最高的编组站——京九铁路阜阳编组站

五、青藏铁路

青藏高原是世界上最年轻、仍在不断"长高"的高原。早在 2.4 亿年前，印度板块向北漂移俯冲挤压欧亚板块，致使昆仑山脉与可可西里地区隆起，经亿万年后形成如今的高原以及世界第一高峰——海拔 8844 米的珠穆朗玛山峰。由于海拔高、空气中氧气含量较低，人稍一运动就会感到疲劳。因为缺氧，人很容易患"高原病"，严重时将导致死亡。同样，由于海拔高，气温非常低。海拔每升高 100 米，温度就会降低近 1 摄氏度，数百千米的线路区段常年不会解冻。要在自然条件如此恶劣的地区进行线路勘测，困难之大可想而知。青藏高原铁路的勘测与研究工作持续了半个多世纪，花费了两代人的心血。

青藏铁路是世界上海拔最高的高原铁路，也是我国 2006 年 7 月 1 日青藏铁路通车前唯一一个没有铁路的行政区。铁路全长 1956 千米，全部位于海拔 3000 米以上的高海拔地区。其中海拔高程大于 4000 米的线路长度就达 960 千米，海拔 5072 米的唐古拉垭口为线路最高点。这条铁路西宁至格尔木段的 846 千米早已在 20 世纪 80 年代建成通车。时隔 20 年，为促进我国边境少数民族地区经济发展，我国政府将修建青藏铁路纳入国家铁路发展的"十一五"规划，"高原缺氧，多年冻土，生态脆弱"是青藏铁路建设的三大难题。2001 年正式动工修建格尔木至拉萨段的剩余 1142 千米，这段铁路中多年冻土的区段长达 547 千米。595 千米为冻融段，冻融会产生 1.5 米隆起和下沉。为确保正常运行，采用以桥代路，用桥基抵抗冻胀融沉，再用桥梁支座进行微量冻融值的调整。这是一大创举，确保了线路的稳定。图 3-45 是四条入藏铁路方案，图 3-46 是青藏铁路格拉段纵断面示意图。经过 5 年艰苦奋战，青藏铁路终于建成。开通运营以来，青藏铁路受到社会各方广泛赞扬。

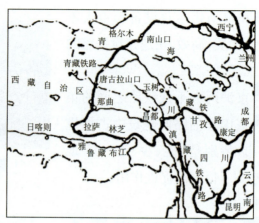

图 3-45 四条入藏铁路方案

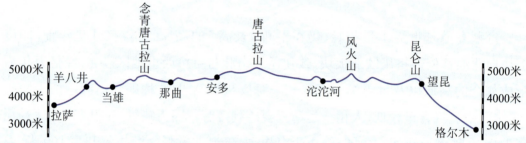

图 3-46 青藏铁路格拉段纵断面示意图

要修一条通往西藏的铁路,从哪里入藏呢?早在 20 世纪 50 年代就反复勘测论证的甘藏(四川甘孜—拉萨)、川藏(四川成都—拉萨)和滇藏(云南大理—拉萨)三条线路方案为何都没被采纳,而是选择了青藏(青海格尔木—拉萨)线路方案呢?原来要从经济、社会、技术和自然四方面进行多因素的方案比选,选择各项指标均较优的方案作为最终的实施方案。

从表 3-3 中可以看出,青藏方案工程地质条件较好,新建的线路长度短,投资少,工期短,进藏物资经过的路径合理,技术与经济均能满足当时技术经济的状况。其他线路,尤其是川藏、滇藏线路,面临许多新的重大技术问题,需开展科学研究加以解决,这绝非易事,需要耗费更长的时间,做大量的试验研究工作。因此,最终选择了续接格尔木到拉萨的线路方案(图 3-47)。

四条入藏铁路线路方案比选的主要指标　　　表 3-3

比较面	主要指标	甘藏方案	川藏方案	滇藏方案	青藏方案
经济	投资(亿元)	638.4	767.9	653.8	139.2
	造价(万元/千米)	3003	3985	3953	1289
社会	工期(年)	32	38	32	6
	距北京距离(千米)	4022	4063	5204	3952

续上表

比较面	主要指标	甘藏方案	川藏方案	滇藏方案	青藏方案
技术	线路长度(米)	2126	1927	1594	1118
	桥隧总长(千米)	438.69	819.24	710.65	30.6
	最长的隧道(米)	8800	19500	15300	1210
自然	施工条件	不具备自然施工条件	高差大,不具备自然施工条件	不具备自然施工条件	高差小,与青藏公路相邻,运输方便,无重大约束工期的工程
	地质条件	崩塌、滑坡、泥石流、地热、岩爆、雪崩等	崩塌、滑坡、高地震区、地热等	高地震区、泥石流、雪崩、崩塌、滑坡、高地温、高地应力、活动性断裂等	不良地质少,主要为冻土问题
	高原问题	缺氧、高寒、冻土、生态脆弱等	缺氧、高寒、冻土、生态脆弱等	缺氧、高寒、冻土、生态脆弱等	缺氧、高寒、冻土、生态脆弱等

a)长 11.7 千米的清水河大桥为野生动物提供了通道

b)我国修建的天路——青藏铁路

图 3-47

六、京津城际铁路

如果您乘坐过从北京南站到天津站的高速列车的话,一定会被它速度之快、乘坐之舒适所征服。120 千米的距离,仅用 20 分钟就可到达,整个旅程感觉不到列车的震动和刺耳的噪声,平稳而舒适。这就是我国第一条时速 350 千米的城际高速铁

路试验段——京津城际铁路。如果您一直关注车窗外,您会发现,好像列车始终行走在长长的桥上,很少有在路基上行走的时候。对了!这就是高速铁路线路设计的一个新理念,即以桥代路,少占耕地,也不影响百姓交通,使其可在桥下随意通过。这也是防止下沉简单可靠的方法。这条铁路桥梁总长达101千米,占线路总长的86%,几乎全线都建在桥上,其中跨北京环线、凉水河、杨村、永定新河、新开河5座大桥,最长的杨村特大桥(图3-48)就有35.812千米长。据统计,与路基相比,采用桥梁线路方式,每千米可节约44亩(0.03平方千米)土地,仅此一项,京津铁路节约土地就高达4590多亩(3.06平方千米)。

图3-48 京津铁路上的超长大桥——杨村特大桥

为了降低铁路沿线噪声,铁路科技工作者们研制出特殊的消音车轮和无缝长钢轨,有效减少了轮轨间的噪声。采用在中空的车体内填充隔音层,线路两旁人员密集的居民区设置高速声屏障隔音等措施,使列车即便在350千米时速下运行,仍不会感觉到很大的噪声。

京津城际铁路代表着我国高速铁路线路建设水平已迈入世界先进行列,自行研制并首次采用了满足350千米时速的简单链型悬挂接触网系统,CRTS Ⅱ型板式无砟轨道以及一批高速综合检测列车和桥梁系统。其中板式无砟轨道(图3-49)的轨平面、高程误差不超过0.2毫米,为列车在高速行驶下提供了重要技术保障,为京沪高铁建设提供了坚实的技术基础。

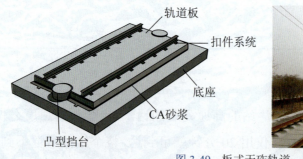

图3-49 板式无砟轨道

· 82 ·

第四章

桥 梁

桥梁是铁路线路跨越沟谷、河流,使线路得以延伸的线路附属结构物。那么,什么地方需要修建桥梁呢?桥梁由哪些基本部件组成,它们是如何工作的? 数千米不设桥墩的奥秘在哪?桥梁设计的主要内容是什么?桥梁常用的施工方法有哪些?最长的桥跨有多长?哪些因素会对桥梁产生致命的危害?本章我们就来谈谈这些问题。

第一节 桥梁的种类

现在我们能够数出来的交通运输类桥梁就有很多：仅供行人通过的人行桥、专供汽车通行的公路桥、专供火车通过的铁路桥，以及铁路、公路、行人共用一座桥的多用桥；有根据建造材料不同划分的木桥、石桥、混凝土桥、钢桥、钢筋混凝土桥和预应力钢筋混凝土桥；有根据桥长的不同划分的特大桥、大桥、中桥和小桥（表4-1）；还有将多条船用绳索绑扎在一起的浮桥，等等。

按规模划分的桥梁类型(m)　　　　　表4-1

桥梁分类	公路桥梁		铁路桥梁
	多孔跨径总长 L	单孔跨径 L	桥长 L
特大桥	$L>1000$	$L>150$	$L>500$
大桥	$1000>L>100$	$150>L>40$	$500>L>100$
中桥	$100>L>30$	$40>L>20$	$100>L>20$
小桥	$30>L>8$	$20>L>5$	$20>L$

桥梁的历史比铁路的历史要长得多。你能够想到拱桥来自于古人对石灰岩溶洞的启发，梁桥源于古人过河时的倒木成桥，而悬索桥则是受到山间几只沿藤蔓攀缘的猴子的启发而产生吗，如此等等。人类的智慧也在桥梁的技术变迁中得到了印证。

早在1825年世界上第一条铁路建成通车后的数十年中，铁路桥梁经历了从无到多的发展历程。铁路初现之时，由于缺乏桥梁结构设计的理论指导、缺乏适合承载火车巨大重量的建筑材料，再加上施工技术落后等原因，导致早期的铁路线路上很少见到桥梁的身影。直到19世纪末，伴随工业革命带来的科学技术革命，微积分理论、结构力学理论等科学理论从欧洲向外快速传播，大量的钢材供应和施工技术的进步，使得铁路桥梁建设迎来快速发展的时期。结构力学、弹性力学的内力分析方法被广泛运用于超静定承重结构的桥梁设计中。20世纪初，英、美等欧洲国家已能修建1000米跨度的桥梁，桥梁的形式出现了简支式、拱式、梁式、桁架式、悬索式以及多种简单形式组合而成的混合式等类型。新型建筑材料有钢材、混凝土、钢筋混凝土等。总之，桥梁是从桥梁跨度不断增长、桥梁形式不断丰富、桥身重量不断轻型化的过程中不断发展起来的。

第二节 桥梁的基本组成及力学形式

当铁路线路在高程上出现了不连续的地形时就需要修建桥梁,如线路经过深谷、河流、城市多条线路相交的道口、穿越海峡间的水面等低于线路高程的"负"地形时。修建桥梁就是使线路得以越过这些不连续的地形,形成无间断的铁路线路。

无论桥梁的外形怎样,都需要具有跨越障碍物和承载的功能。桥梁结构(图4-1)可分为上部结构和下部结构。上部结构是承担跨越功能的部分,它包括桥跨结构和桥面系两部分:桥跨结构为架设在空中、直接承受外部荷载的部分,桥面系则是保证桥梁的正常使用而建造的各种设施,如桥面防撞栏杆等附属结构。桥梁的下部结构担负着支撑上部结构荷载的功能,由桥墩、桥台和基础三部分组成。桥墩是多跨桥梁的中间支撑结构,发挥着支撑上部结构荷载,并将荷载传递到基础的作用。桥台则是指位于桥梁两端,发挥着支撑桥跨结构、连接桥梁与路基的功能。

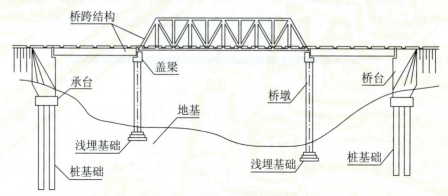

图 4-1 桥梁的基本组成部分

桥梁的结构形式很多,分类方法众多,但桥梁科学家们主要根据桥梁受力特征进行分类,其主要分为梁桥、拱桥、悬索桥和由上述三种基本形式特别设计而成的组合体系桥。

一、梁桥

根据桥跨结构的受力特征不同,梁桥可分为简支梁桥、连续梁桥、悬臂梁桥和组合梁桥四种基本形式。根据桥跨在结构构造上的不同,梁桥又分为桁架梁桥

(图 4-2)和实腹梁桥(图 4-3)。

图 4-2　桁架连续梁桥

图 4-3　实腹式连续梁桥

古老短跨的简支梁桥：简支梁桥是最古老、受力最合理、寿命最长的桥跨结构形式。它每一跨的桥跨结构是断开的,跨与跨间设置伸缩缝,梁直接放置在桥墩上。所受荷载通过桥墩顶部的支座传递到桥墩和基础上。这种结构内力不受地基变形和环境温度变化的影响,适用于各种地质情况。并且,简支梁桥制造的标准化程度很高,可以采用工厂化作业方式预制成各种不同截面形式和跨度的标准梁,造梁的成本低,质量易于保证。桥跨结构的各单元自成体系,容易更换。简支梁桥是铁路、公路中普遍采用的桥跨结构。我国以前普遍采用的铁路简支梁桥有 16 米、24 米、32 米的"T"形截面混凝土简支梁桥。目前,高速铁路及新建线路已采用 24 米、32 米的箱形截面混凝土简支梁桥。图 4-4 为简支梁桥跨结构受力示意图。

图 4-4　简支梁桥跨结构受力示意图

近代大跨连续梁桥：随着混凝土技术的发展,为了跨越更大的空间,桥梁建设采用了一种称为连续梁的桥跨结构形式。图 4-5 描述了这种结构的受力示意图。这种桥由多个桥跨组成一个梁单元,每个单元的梁在结构上是连续的。梁在桥墩顶部没有伸缩缝,伸缩缝只在两个相邻梁的单元间设置。这种结构由于接缝少,平顺度较高,火车行进时运行速度较高。并且,由于连续梁的横截面多采用变截面设计,这样做可以比简支梁桥节约材料。但连续梁结构的内力会因桥墩下基础的变形和环境温度的影响发生劣化,变化较大时则会影响结构的稳定和安全,易在桥墩处开裂,失去连续梁的优势。因此,连续梁桥多适用于地基坚固、温度变化不大的地区。铁路上使用的连续梁桥跨度为 40～120 米,而公路桥则由于其承受的荷载小于铁路桥承受的荷载,跨度可达到 160 米。

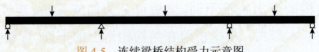

图 4-5　连续梁桥结构受力示意图

悬臂梁桥：悬臂梁桥的桥跨结构中的梁就好像人的两条手臂伸展开的形状。水平方向的梁在中间位置处通过支座与竖向的桥墩相连，两端的悬臂则担起跨越空间的跨径作用。悬臂梁多是变截面的，因其内力比同样跨径的简支梁小，因此悬臂梁比同样跨径的简支梁具有较好的跨越能力。但在荷载作用下悬臂端的竖向变形和转角较大，不利于行车，在重要的桥梁工程中已很少使用悬臂梁桥跨结构。悬臂梁的桥跨结构及其受力弯矩如图 4-6 所示。

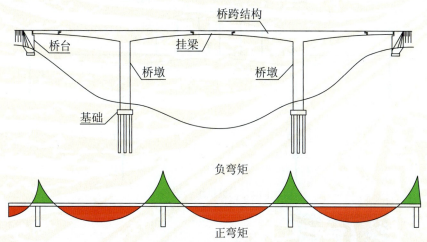

图 4-6　悬臂梁的桥跨结构及其受力弯矩图

组合梁桥：根据不同的使用用途，工程师们会根据实际情况，将不同的梁结构用于一座桥梁的设计中，形成组合梁桥。图 4-7、图 4-8 为两种常见的组合梁桥形式。

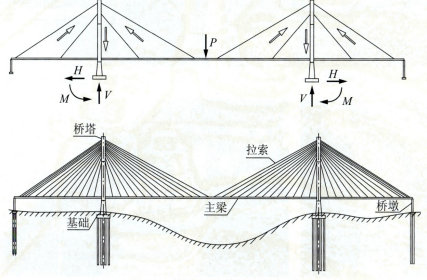

图 4-7　梁和拉索组合成的斜拉桥

较为典型的梁桥如图 4-9～图 4-12 所示。

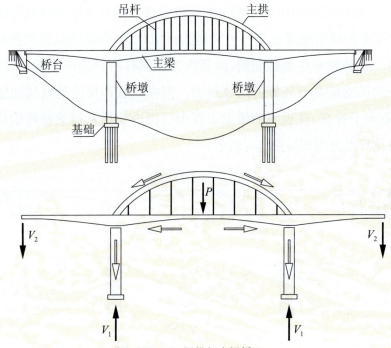

图 4-8　梁拱组合梁桥

图 4-9　兰州悬臂木梁桥——握桥

图 4-10　1833 年西安多跨石柱木梁的灞桥

图 4-11　1151 年建成的福建泉州石墩石梁的安平简支梁桥

图 4-12　1937 年中国自主设计制造的首座公铁两用桥——钱塘江大桥

· 88 ·

二、拱桥

拱桥是带有拱形结构的一种桥梁,也可以说,拱桥是用弯曲的梁修建的桥梁,拱结构在自重作用下相互挤压,具有均匀分担与传递外界压力的特征。拱桥由桥上结构和主拱圈组成。拱桥的桥上结构直接承受车辆的荷载,并将荷载经主拱圈传递到桥梁的下部结构上。根据桥上结构在主拱圈上的位置不同,其可分为上承式拱桥、中承式拱桥和下承式拱桥三种类型(图4-13)。根据一座桥上拱形结构的数目,又可分为单跨拱桥和多跨拱桥。

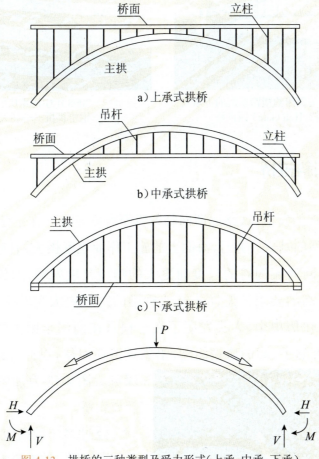

图 4-13 拱桥的三种类型及受力形式(上承、中承、下承)

拱桥的主拱圈受力与梁桥不同,在竖向力的作用下,拱圈将产生竖向和水平方向两种内力,在拱脚处,如果拱脚与基础固定,还会产生支承弯矩。拱桥的两端基础必须牢固,不允许有下沉,拱桥桥式合理,尤其在山区应用较多,效果很好。武汉长江第一桥(图4-14)在长江百座大桥中是第一座钢桥,已有60多年历史,其强度、刚度、稳定性不减，被评为世界遗产桥。图 4-15～图 4-17 为国内外典型的拱桥图。

图 4-14　武汉长江第一桥

图 4-15　1815 年英国赛文河上的单跨铁拱桥
　　　　——科尔布鲁克代尔桥

图 4-16　1916 年美国纽约横跨东河的下承式
　　　　赫尔盖特（Hell Gate）钢拱桥

图 4-17　2008 年中国重庆的 552 米主跨的
　　　　钢桁拱桥——朝天门大桥

三、悬索桥和斜拉桥

随着社会经济的发展，铁路逐渐向临海直至海峡延伸。在茫茫的海面上，很难找到适合建设桥墩的基岩。并且，海面上的施工作业难度极大，有时甚至是难以实施的。从跨越内陆河流沟谷的尺度向更大的跨度尺度发展，对铁路桥梁跨越的空间跨度有了更高的要求。怎样才能使桥梁的跨径更大呢？于是索桥诞生了。在漫长的人类进化历史中，人类发明了在一根系在两岸牢固大树上的绳索构成的索道上，利用人的手、脚的协调运动，沿索道滑向对岸，以此方式跨越高山中的深壑。图 4-18 为加拿大温哥华卡佩兰奴索桥。

经过多年的研究与试验，工程师们形成了一种新的靠拉索承载的理念，进而发明了加入拉索基本元素的桥梁受力结构形式，悬索桥就是其中的典型代表。这种桥在荷载量小的汽车公路桥上经常应用，但寿命短，经常

图 4-18　加拿大温哥华卡佩兰奴索桥

不能全天候应用,尤其在台风、海风的作用下,风浪很大,影响悬索桥的使用,更不能在铁路上应用。

悬索桥是用柔性缆索作为主要承载结构的一种桥梁结构形式,主要由主梁、主缆、吊索、鞍座、桥塔和主缆锚固结构组成(图4-19)。作用在主梁上的荷载通过吊索作用于主缆,经桥塔和桥墩传到基础。由于主梁受到吊索的弹性支撑,主梁的内力并不大,荷载主要由主缆承担。主缆用高强度的钢缆制成,具有很大的承载能力。悬索桥是目前世界上跨越能力最大的一种桥梁。根据主缆锚固位置的不同,悬索桥又可分为自锚式和地锚式两种。地锚式悬索桥通过设置大体积的锚锭,或将主缆直接锚固在桥台旁的岩体内,以承担主缆强大的拉力;而自锚式悬索桥则是将主缆锚固在桥梁自身的主梁上。由此可见,自锚式悬索桥的跨越能力不如地锚式悬索桥。

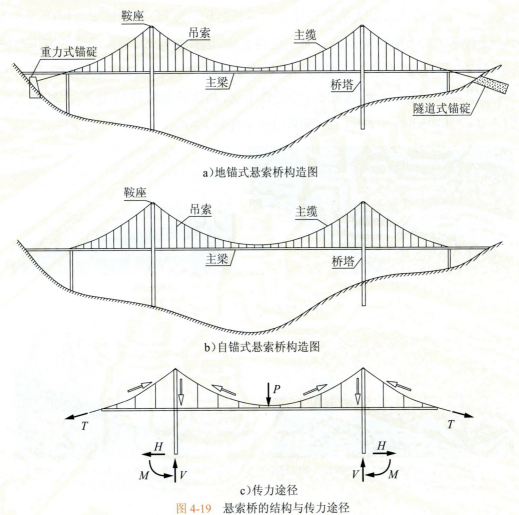

a)地锚式悬索桥构造图

b)自锚式悬索桥构造图

c)传力途径

图4-19 悬索桥的结构与传力途径

斜拉桥是由索桥与梁桥组合形成的一种组合体系桥,缆索的一端锚固在主塔上，另一端锚固在主梁上，属于悬索桥的自锚体系。由于斜拉索对主梁的弹性支撑作用，斜拉桥主梁受到的弯矩基本上与跨度无关，而与拉索的间距有关。这一发现为建造更大跨度的斜拉桥提供了可能。我国于2008年建成的苏通长江大桥就是一座跨度为1088米的斜拉桥，该桥成为当时世界上最大跨度的斜拉桥。斜拉桥具有优越的经济性，已成为跨越能力仅次于悬索桥的主要桥梁结构。但索的寿命、桥的刚度和横向稳定性是致命的弱点。

以拉索和锚固系统为特征的跨越结构形式的诞生，使得桥梁的跨越空间大幅扩大。桥梁合理跨度的极限在哪里，需要认真研究。

有人预言，对于钢材而言，桥梁的最大跨度可达18千米（11英里），而对于其他更好的材料，跨度更大。建造超过千米以上的斜拉桥是完全有可能的。随着桥梁的建筑材料、工艺技术以及人类建设理念的不断创新与发展，新的桥梁结构体系将会带给我们更加宏大的桥梁作品。对于铁路大桥，因载重量大，斜拉桥的下沉值与钢轨桥头安全衔接难度很大，必须慎用。悬索桥的横向稳定性很差，在铁路上更不能轻易应用。从安全、寿命、可靠性、经济性考虑，高铁桥梁以钢桥为主，大胜关大桥［图4-20a)］和柳州维义大桥［图4-20b)］很具有典型特色。

a）大胜关大桥

b）柳州维义大桥

图4-20 以拉索和锚固系统为特征的跨越结构

图4-21 1909年，美国曼哈顿大桥首次将"挠度理论"用于悬索桥的设计

图4-22 2005年，中国人首次独立设计建造的千米悬索跨度的润扬大桥

第三节　桥梁的勘测设计、施工与维护

一座桥梁的诞生需要经过哪些建设程序？投入使用后，又是如何维护与保养的呢？建造一座桥梁都有哪些主要的施工技术？下面将向大家解答这些疑问。

通常一座桥梁的建设，需要经过勘测、设计、施工、运营维修4个基本建设程序，它是一个具有先后次序、符合科学规律的建设序列，不应随意更改。

一、桥梁的勘测设计

桥梁的勘测设计是桥梁建设中最重要的建设程序，主要设计内容是选择桥位，设计桥梁的纵、横断面，选择桥梁的结构形式，设计桥跨、桥台、基础等结构，最后确定施工方法。

选择桥位，就是选择建桥的具体位置。影响桥位选择的主要因素有交通流量和增长率，车辆的荷载等级，车道及人行道的数目与宽度，建桥地区建筑材料的来源与水质、运输条件，历史水流及洪水情况，地形地貌等因素。需要采用各种技术手段，对这些因素进行调查与实地测绘。为了提供多个可供选择的桥位资料，通常需要进行多个可能的桥位勘测，以供比选。

桥梁的纵、横断面设计，就是对桥梁的纵向（沿铁路线路方向）断面和横向（垂直于铁路线路方向）断面进行设计。纵向断面设计的主要内容是确定桥梁分孔、桥面标高及桥梁纵坡坡度，需要综合考虑通航需求、两侧线路的连接、地质与环境影响等因素后才能确定纵向断面。横向断面设计的主要内容是确定车行道、人行道、自行车道的宽度及其在桥梁横断面上的分布，以及各通行道间分隔带的设置。

桥梁形式的选择，即选择桥梁的结构形式，也就是选择采用梁结构、拱结构、悬索结构，还是几种基本结构组合而成的组合体系结构。桥梁的结构形式选择的基本原则主要是安全、适用、经济、美观。安全性既保证各桥梁构件在制造、运输、安装和使用过程中有足够的强度、刚度、稳定性和耐久性；适用性是指桥梁应满足交通运输的要求，建成后的桥梁应保证达到设计的使用年限，便于检查和维修；经济性是指桥梁建设过程中与使用后维护的经济指标,根据国家经济发展状况,经济性指标会随之发生变化。通常来说,选择梁式钢桥和拱桥结构形式寿命长(百年),也经济,维护费用低。美观,是指桥梁建筑与周围景致的协调性。一座桥梁,特别是特大桥往往是一个地区的标志性建筑,除其具有的使用功能外,还应具有美化环境的作用。

桥梁结构的设计,是对桥梁的各结构部件进行尺寸、材料和施工方法的设计。其主要方法是通过结构计算和结构材料的选择,确定各结构部件的具体形状和尺寸,满足其在强度、刚度、稳定性和耐久性等方面的要求,并达到经济、合理的目的。

桥梁的施工方法有很多,设计工程师根据桥梁的结构形式、桥梁所处环境、施工周期及经济性等进行选择。工艺、施工方法设计必须和施工单位共同进行。

二、桥梁的施工

桥梁施工是将桥梁设计付诸实施的建设环节。按设计图施工是桥梁建设目标的顺利实现的前提条件,桥梁的施工必须以批准的设计为依据。桥梁施工分为基础施工和梁桥施工。

(一)基础施工

基础施工是指建造支撑桥梁上部结构及桥墩基础的过程。根据基础的类型不同,采用有针对性的施工技术,该技术主要有沉井基础施工和桩基础施工两大类。

沉井基础施工,采用特殊的施工工艺,将双壁柱形的桥梁基础下沉到水下基岩上,并与基岩牢固地连接在一起的施工技术。其工艺过程是先就地制作第一节井筒,将井筒精确放在基础位置上,使沉井在自重作用下克服土的摩擦阻力而下沉,同时采用适当的方法从井筒内取土。随着井体的下沉(图4-23),逐步加高井筒,直至沉到设计标高后,用吊筒将浇筑混凝土封底。为了减少下沉时井筒侧壁的摩擦阻力,沉井的竖边多采用台阶形。一般情况下多采用水下机械挖土的施工方法,待沉到预定深度后,再进行抽水、下井检查和处理。沉井施工如图4-24、图4-25所示。

图4-23 井体沉放

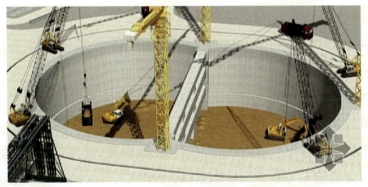

图 4-24　从沉井内挖土

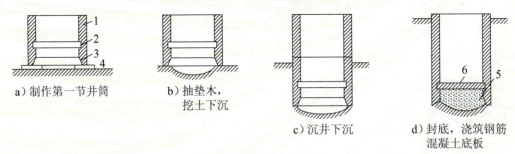

a）制作第一节井筒　　b）抽垫木，挖土下沉　　c）沉井下沉　　d）封底，浇筑钢筋混凝土底板

图 4-25　沉井施工步序

1-井壁；2-凹槽；3-刃脚；4-垫木；5-混凝土封底；6-钢筋混凝土底板

桩基础施工。桩是受力传力结构，支撑桩的桩孔要插入基岩 2～3 米。摩擦桩靠桩周产生摩擦力。目前，桩基础施工有挤压桩、扩大桩等形式。根据成桩的方式不同，又可分为打入桩和钻孔桩。打入桩是采用汽锤式打桩机或振动打桩机将桩群直接打入（或沉入）到水下基岩中的打入式基础施工工艺；钻孔桩则是利用钻机在桩基位置处成孔，然后用吊机向成孔中放入预先制作好的钢筋笼，再向钢筋笼中灌注混凝土成桩的基础施工工艺。基础做好后就可以进行桥墩和上部结构的施工了。水上沉桩施工、武汉长江大桥桥墩施工分别如图 4-26、图 4-27 所示。

图 4-26　水上沉桩施工

图 4-27　武汉长江大桥桥墩施工

（二）梁桥施工

当桥梁的基础做好后，接下来就是对桥梁的桥墩、桥台、桥跨及桥面结构与设施进行建造。视梁桥施工使用的构件是否在桥位原址上制作及拼装，梁桥的施工方法可分为预制拼装和现浇混凝土两大类。

顶推法是在桥梁桥台后的线路中心线上，或适当的桥位处设置顶推平台，分节段预制桥梁主梁，然后，用专用的顶推设备沿桥梁轴线方向将梁段向另一侧推进，直至主梁完全就位的施工方法。大家知道吗，顶推施工方法的发明者正是修建巴黎埃菲尔铁塔的欧洲杰出桥梁设计师古斯塔夫·埃菲尔（Gustav Eiffel）。悬臂浇筑法和顶推法均不需要架设支架，前者可实现多跨梁同时施工，后者则有利于减少高空作业的风险，适用于等截面梁桥的施工。另外，整体梁采用旋转法，将现场制作好的梁进行旋转，直到所需跨越的河谷和重要通道上（图 4-28）。用顶推法施工的世界最高的桥梁如图 4-29 所示。

图 4-28　世界上最重的转体桥——我国山东邹城 30m 上跨铁路立交桥，转体质量达 2.24 万吨

图 4-29　用顶推法施工的世界最高的桥梁——法国米卢大桥（平均高度 270 米）

（三）拱桥施工

拱桥的施工方法主要有支架浇筑（或砌筑）、无支架吊装和转体施工三类。支架浇筑法已逐渐被其他两类施工方法所取代。

无支架吊装施工法是指在桥梁两侧架设扣索设施，利用扣索将预制好的拱肋逐段吊运至安装位置并进行临时固定，直至拱肋合拢，然后调整拱肋轴线，安装拱上结构，最终形成拱桥的施工方法（图 4-30）。

图 4-30　大桥拱肋的无支架吊装施工场景

转体施工法是指将主拱分成两个半拱，在桥头预先将拼装（或灌筑）的两个半拱拼装完成后，再利用位于支座处的旋转机构，将两个半拱旋转到桥梁轴线方向，形成拱桥的施工方法。转体施工法多用于不便于直接架设支架的环境条件下，如在跨越深谷、横跨城市交通要道的桥梁施工中应用转体施工法，可以减少高空作业和吊装设备，避免因施工时间长而干扰道路交通。旋转施工法工艺简图如图 4-31 所示。

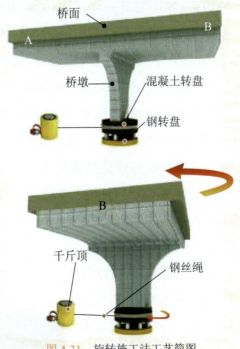

图 4-31　旋转施工法工艺简图

（四）索桥施工

本章第一节介绍了悬索桥有自锚式和地锚式两种结构形式，它们在施工方法上

图 4-32　某地锚式悬索桥主梁的吊装

基本相同,只是在施工顺序上有些差别。

地锚式悬索桥在锚锭和桥塔施工完成后,首先进行主缆的架设。主缆的架设有空中纺线法和预制束股法两类。

自锚式悬索桥由于其主缆锚固在主梁上,因此,主缆的施工是在主梁施工完成后进行。主梁的架设与梁桥施工的方法相同,如采用支架法、顶推法、悬臂法等;而缆索的施工方法与地锚式悬索桥施工方法相同。斜拉桥属于自锚式索桥,其主梁的施工多采用悬臂施工(图 4-32)。在主梁节段安装完毕后,进行相应节段的斜拉钢索的安装和钢索张拉。

三、桥梁的维护

桥梁在建成以后,即可投入运营,服务于社会。正如人会生病一样,桥梁在长期的服务过程中会产生各种病害,如伸缩缝损坏、桥面铺装损坏、混凝土结构开裂、钢构件锈蚀、支座变形等,这就需要对桥梁进行健康诊断与维修。

在桥梁建设的早期,诊断与维修工作全靠人眼观察、简易器具检测,凭经验对桥梁的健康状况进行判断,开出诊断"处方",对发生病害的地方进行维修。这种方法需要大量的人力、物力,工作效率低、检测周期长,实时性差是其主要的弊端,难以直接、有效地应用于大型桥梁的损伤识别和健康状况评估。

科学技术的发展为桥梁健康诊断与评估技术插上了飞翔的翅膀(图 4-33)。桥梁的安全稳定是桥梁健康的标准,人们如何才能科学合理地评价它,需要哪些评价指标,如何用这些指标检测,并用合理的理论给出用于评价的数值……这一切涉及结构的振动理论、传感技术、测试技术、系统识别理论、信号分析处理、数据通信、计算机技术、随机过程和可靠度等多门学科知识。桥梁的健康诊断与评估是一个复杂的系统工程,受到许多不确定因素和工作环境的影响。目前,应建立桥梁健康诊断制度,用量测仪器全天候地进行桥梁的变位、应力等检测,以实现提前预报、及时维修的目的。

图 4-33　桥梁检测车在进行健康检测

第四节　桥梁的设计理论起源与材料变革

铁路桥与公路桥、人行桥的最大不同就在于它要承担更大的火车重量,并满足高速运行的要求,这就需要用更加结实的材料来建造桥跨结构。需要更加细致的设计与施工技术相配合,来应对更加复杂与巨大的荷载。下面就一起来简单回顾一下铁路桥梁结构设计理论的形成及材料变革。

一、桥梁结构设计理论的起源

理论是人类在实践中认识自然规律后进行的理性思考,得出的系统性结论,它是指导后来者理性实践的基础。然而,它的理解、完善直至很好地应用,往往需要几代人的刻苦钻研与实践。

希腊的伽利略对悬臂的研究,开创了用力学的观点分析结构的先河。他用图形的方式将悬臂结构的受力模型描绘出来,阐述了悬臂的条件,并将问题简化为几个可以测量和控制的关键参数。简化过程完成后,伽利略试图用传统的力的几何学分析方法进行力的计算,遗憾的是,他对材料特性了解不够,错误地认为只要发生了变形,材料就会破坏,没能正确地把握悬臂的支点位置,以至于最终没能达成研究目标,直到1713年,法国数学家安东尼·帕朗(Antoine Parent)运用微积分的方法找到了正确答案。1638年,第一部关于结构分析理论的书籍《有关两种科学的对话》正式出版,伽利略在书中讨论了计算框架结构内力的基本原则和简单梁中拉力的分析方法。

英国试验科学家罗伯特·胡克(Robert Hook)提出了举世震惊的胡克理论,说明了弹簧的拉力与其变形成正比,这就是著名的胡克定律。胡克定律在以弹性理论进行的桥梁设计中被广泛使用。之后一系列关于桥梁结构受力的量化信息的理论著作相继问世。

关于将力学定律用于桥梁的结构计算,还有一个需要解决的难题,这就是如何解决按某种具体形态连续分布的结构内力计算问题。英国数学家艾萨克·牛顿(Isaac Newton)和荷兰哲学家高特弗里德·莱布尼兹(Gottfried Leibnitz)发现并建立了微积分学,为解决连续变化的结构内力计算问题提供了数学方法。至此,以数学公式计算为基础的结构设计才成为可能。

悬索桥的数学分析最初是针对悬索进行的,较著名的是1691年伯努力(J Bernoulli)提出的沿缆索均布荷载作用下的链线理论,以及1794年富斯(N Fuss)提出的沿水平方向均布荷载作用下的抛物线理论。在这一时期,欧洲形成了一种意识,即数学是工程技术设计及其发展的基本手段。1823年法国人纳维尔(L Navier)发表了有关柔性悬索桥的活载解析结果的文章。

数学与力学理论的发展为桥梁结构设计理论的形成奠定了科学基础,而无数工程实践的经验与教训又促使这些理论被进一步认识与完善。如:1940年11月被风摧毁的美国华盛顿塔科马大桥(图4-34)。由于当时人们对柔性结构在风作用下的动力响应的认识还不深入,该桥的加劲梁形式极不合理(板式钢梁),导致在中等风速(19米/秒)下结构就发生了破坏。今天的桥梁设计理论正是在这样的实践与理论的循环过程中逐渐发展起来的。

图4-34　1940年11月被风摧毁的美国华盛顿塔科马大桥

表4-2为世界跨度位居前列的桥梁概况,从中可以看出我国桥梁修建水平已居世界前列。

世界跨度位居前列的桥梁概况　　　　　　　　表4-2

结构类型	序次	桥　名	地 理 位 置	修建年代	跨度(米)
梁桥	1	福斯湾(Forth)	英国苏格兰	1889	521
	2	Orleun Greater New	美国路易斯安那	1958	480
	3	港大桥	日本大阪	1974	510
	4	康莫得(Gommodore J J)	美国宾夕法尼亚	1974	501
	5	魁北克(Quebec)	加拿大	1981	549

续上表

结构类型	序次	桥　　名	地理位置	修建年代	跨度（米）
拱桥	1	奇尔文科(Kill Van Kull)	美国宾夕新泽西	1931	510
	2	悉尼港(Sydney Harbour)	澳大利亚悉尼港	1932	509
	3	新河谷(New River Gorge)	美国西弗吉尼亚	1977	518
	4	卢浦大桥	中国上海	2003	550
	5	朝天门大桥	中国重庆	2008	552
悬索桥	1	大带桥(Great Belt)	丹麦	1997	1624
	2	明石海大桥(Akashi Kaikyo)	日本神户—鸣门	1998	1991
	3	亨伯尔桥(Humber)	英国英格兰亨伯尔河	1981	1410
	4	润扬大桥	中国江苏扬州—镇江	2005	1490
	5	西堠门大桥	中国浙江舟山—金塘	2008	1650

二、材料变革

铁是自然界中最多，也是最经济的一种金属材料。由于冶炼技术的原因，一直没有用于建筑材料，直到18世纪早期，用轧钢机将铁制成建筑用材料的试验开始后，铸铁、熟铁随之出现，人们开始用这些材料修建桥梁，铁路桥多采用桁架作为桥跨结构。然而，不幸的事情发生了：

1877年12月的一个雪夜，一辆从美国纽约西行的火车在行至用生铁建造的何什塔比拉桥的桥梁中部时发生了惨烈的塌桥事件，尽管司机采取了全速通过的措施，仍有数节车厢坠入深谷，造成90人遇难。在美国塌桥事故发生两年后，英国又发生一起相似的事故再次震惊了世界：1879年12月29日夜，天空刮起了每小时115.9～128.8千米(72～80英里)的狂风，大桥的13个桁架桥跨垮塌，一辆经过的客运列车冲向河中，车上一百多名乘客无一人生还。这两个事故只是较为典型的代表，实际的事故率更高：美国在19世纪的70—80年代间，铁路上的桁架桥的事故率约为25％，即每8046.7千米（5000英里）的铁路上就有一座大桥垮塌，事故使美国铁路公司放弃了用生铁建桥，开始尝试用更加轻质的材料建桥。同时，对桥梁设计的专业化更加重视。

在用生铁和熟铁建造的铁路桥上发生的一连串事故，以血的代价促使人们对材料性能的重新认识，从而人们提出了采用质量更轻而硬度更高的材料——钢，来作为桥梁的建筑用材。之后，性能更优的各种合金钢以及结构铝材相继用于桥梁建筑结构中。如经过高压热处理的钢材比普通钢材的强度提高3倍，高压热处理杆眼技术被用于悬索桥的悬索部件内,取代了钢线索。结构合金的强度比钢材高,而重量仅为钢材的1/3。这些性能为建造更大跨度的桥梁和旧桥的扩能改造提供了可能。

混凝土技术也为桥梁的建筑增添了亮色。水泥的发明使松散的砂石得以凝结成坚如磐石的混凝土,混凝土结构可承受极高的压力而不会破坏,因此多用于受压的构件中。而桥梁的一些结构不仅要受压,有时也要承受拉力。于是,人们研究发明了钢筋混凝土和预应力混凝土,取得了良好的经济性和承力性能。

钢筋混凝土的发明与花匠、泥瓦匠和律师有关。约瑟夫·莫里(Joseph Monier, 1823—1906)是法国巴黎的一个花匠,他希望他的花盆既轻便又不失强度,于是将一些铁线以适合的角度彼此交叉,编织成网格的形状,再用混凝土浇筑成型并达到理想的效果(图4-35)。美国的威廉·E·沃德是一个泥瓦匠,为自己成功建造了一座用钢筋混凝土作材料的房子(该房子如今仍可在康涅狄格州格林尼治西部的一座山上见到)。而正确分析钢筋混凝土梁的压力问题的第一人是美国纽约的律师撒迪厄斯·海厄特(Thaddeus Hyatt,1816—1917),他用梁和板进行试验研究,并于1877年出版了《硅酸盐水泥混凝土与铁的结合,作为建筑材料的实验记录》一书。

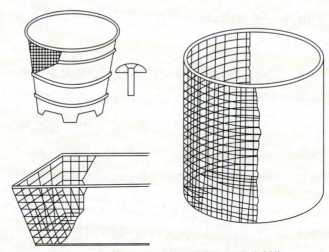

图4-35 钢筋混凝土结构工艺起源于花盆制作

预应力混凝土的发明源于法国的尤金·费雷西内(Eugene Freyssinet)和比利时的古斯达夫·芒内尔(Gustav Magnel)的一项关于在钢丝嵌入混凝土前先将其拉伸的不同方法研究。从上面第一节梁桥的受力特性可知,梁在受到重力的作用下会产生弯曲,此时梁的横截面中线上部的材料受压而下部材料受拉。混凝土是一种抗压能力极强而抗拉能力极弱的材料,当梁需要承受更大的拉力时,就需要花费更多的材料,造成极高的建设成本,同时使梁的自身重量大大增加,加重了基础的负担。而钢材则是一种比混凝土材料更贵的材料,大量使用太不经济。预应力混凝土就是解决材料的受力特性与经济性相矛盾的绝好途径。通过合理地配筋——在梁的受拉区设计比受压区更多的钢筋,以充分发挥两种材料各自的物理力学性能,从而实现经济、实用的目的。

根据施加预应力的先后顺序,预应力混凝土施工工艺分为先张法和后张法两类。先张法通过在施力钢筋上预先施加一个拉力 P 并保持不变,然后浇筑混凝土,等混凝土固结后松解预拉应力 P,从而在混凝土内部产生一个数值相等、方向相反的压力 P(图 4-36)。后张法则是直接张拉预制好的梁。通常使用高强度钢缆,钢缆穿过预留在混凝土梁内的纵断面内、呈略微向下弯曲的缆孔,并在端部固定。对钢缆施加计算的拉力 P,混凝土内部也产生反向的压应力,向下弯曲的钢缆将混凝土向上托起,增加了其受力的能力。用预应力混凝土的方法修建的桥梁比单独采用钢材或混凝土要节约许多钢材和混凝土。

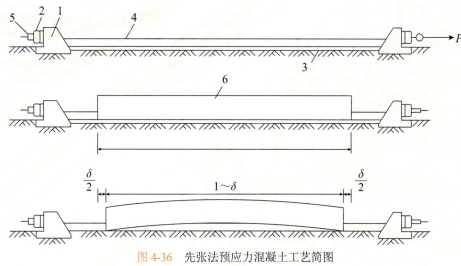

图 4-36 先张法预应力混凝土工艺简图
1- 台座承力结构;2- 横梁;3- 台面;4- 预应力筋;5- 锚固夹具;6- 混凝土构件

第五章

隧　道

　　大自然为我们创造了美丽的山川与河流，当我们乘坐火车游历其间，观赏着窗外的美丽景色时，有时会突然眼前一黑，伴随着轮轨的轰鸣声，火车一头钻进了神秘的地下长廊中，这就是铁路隧道。愚公移山的故事是中华大地上家喻户晓的典故，它不仅描述了开凿大山的艰难，更表达了从古至今大山里的居民对修筑一条通往山外世界道路的世代渴望。与修建大桥跨越深谷、河流等地形不同，隧道是用于克服线路高程障碍，穿越挡在线路前面的高山、湖海与河流，在地层中，在海、河、湖水下修建的另一类重要的建筑。铁路线路上修建隧道是为了降低线路坡度、避免绕行，进而缩短列车的运行时间，提高铁路的运输能力。由于其修建难度较大，长大隧道往往成为整条线路的控制性重点工程。

　　隧道由哪些基本部分组成呢？隧道除了作为铁路线路穿越高山的用途外，还在哪些领域可以看到隧道的应用？修建隧道难在何处？隧道勘测设计与施工的主要方法有哪些？哪些铁路隧道令我们难忘……

第一节　隧道的基本组成与形态

隧道由主体建筑物洞门、洞身、明洞及根据不同用途而设计的其他附属建筑物所组成。对于铁路隧道而言，这些附属设施有洞口处的天沟、边坡、仰坡、明洞及缓冲遮光结构等（图5-1）；洞身处有避车洞、上（下）行联络通道、拱圈、仰拱或底板、防排水设施、电缆槽及通风设施等，在长大隧道洞身段，往往还设有便于施工和运营后维修与救援的竖（斜）井和平行于主运营隧道的较小断面的隧道（也称平导）。

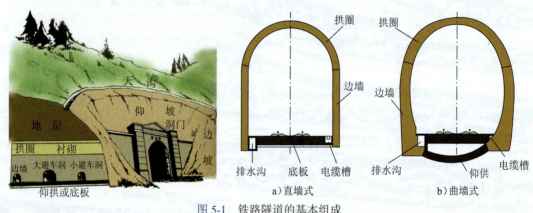

图 5-1　铁路隧道的基本组成

一、主体建筑物

洞门是进出隧道的门户，它的作用是支挡洞门背后山体传向仰坡和两侧路堑边坡的推力，拦截仰坡上掉落的石块，引导水流远离洞门，保证洞口结构安全稳定。洞门也是隧道唯一展示在自然界阳光之下的窗口，洞门建造的最高境界是将洞门建筑艺术与大自然完美结合，做到天人合一，和谐共生。近年来，隧道工程师们建造了大量优美的隧道洞门（图5-2），采用早进晚出的设计理念，大大减少了洞门仰坡与边坡的开挖，保护了自然环境。

洞身的作用是形成一个具有各类附属设施的稳定空间。所有供列车运行的基础设施都能在洞身中找到它们的踪影。例如：电力机车取电用的接触网、放置轨道的道床、通信与信号用的电缆槽、避车用的避车洞……工程师们根据隧道衬砌结构建造方式的不同,将隧道分为无支撑隧道、钢或木支撑隧道、砖石衬砌隧道、喷锚衬砌隧道、复合式衬砌混凝土(或钢筋混凝土)隧道、装配式衬砌隧道(图 5-3)。

a) 正切式洞门　　　　　　　　　b) 斜切式洞门

c) 倒切式洞门　　　　　　　　　d) 弧形挡墙式洞门

图 5-2　多种多样的隧道洞门

a) 无支撑隧道　　　b) 木支撑隧道　　　c) 砖石衬砌隧道

d) 喷锚衬砌隧道　　　e) 装配式衬砌隧道

图 5-3　不同方式建造形成的隧道

明洞是隧道的一种特殊形式,其特殊性就在于明洞是修建在地面上而非修建在地下的隧道。明洞通常修建在隧道洞门前,其主要作用是保护隧道洞门段的行车安全,减少洞门刷方,保护自然环境。明洞多用于洞门附近有落石及与其他既有结构(如沟渠、公路、铁路等)立交的环境下。明洞的结构形式主要有拱形明洞和棚形明洞两类(图5-4)。

a)拱形明洞

b)棚形明洞

图 5-4　拱形明洞和棚形明洞

二、附属建筑物

避车洞是建在隧道洞身中洞壁两侧的马蹄形洞室,是一种附属结构。断面小的避车洞中心高2.2米、宽2米、深1米,用于隧道维修人员躲避列车。断面大的避车洞中心高度2.8米、宽4.0米、深2.5米,用于存放维修用的材料和工具。现行的《铁路隧道设计规范》规定:避车洞应交错设置在隧道两侧的边墙内,每间隔300米(无砟轨道为420米)设置一个大避车洞;两个大避车洞间,每间隔60米设置一个小避车洞。

防排水设施是为了满足洞内电力、通信、信号、照明等设备正常运行和行车安全,对影响隧道功能范围的地表和地下水而设置的防排水系统(图5-5)。它包括洞顶和洞口的截、排水,衬砌防水层及排水管网(图5-5),施工缝及变形缝的防水(图5-6),洞内排水沟、积水井等。

电缆槽是用于安置通过隧道的通信、信号和电力电缆用的建筑物,其作用是避免电缆受到损坏。根据电缆槽是否与排水沟设置在隧道边墙的同一侧以及与水沟的相对位置不同,电缆槽又分为甲、乙、丙三类。甲类电缆槽设置在水沟异侧,乙类与丙类设置在水沟同侧,但前者电缆槽设置在水沟边墙上,而丙类电缆槽设置在靠近隧道边墙一侧。电缆槽均设有盖板,盖板顶供人行走。为保证电缆槽不受水浸蚀,沿隧道纵向每隔3～5米设置一个与排水沟相通的流水槽排水。

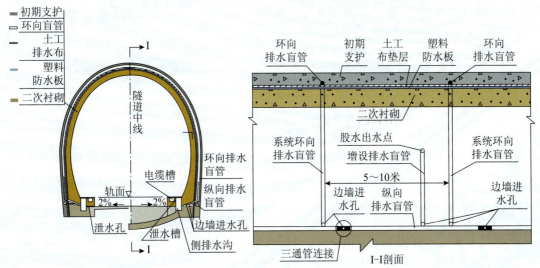

图 5-5　铁路隧道内的防排水系统

运营通风设施是为了保证隧道内的空气质量达到卫生标准,保证人员健康,同时也为减少有害气体、潮气和高地温环境对隧道内设施的危害而设计的一种隧道内附属设施。早期的隧道通风设施是采用洞口风道式机械通风,这种通风方式是在隧

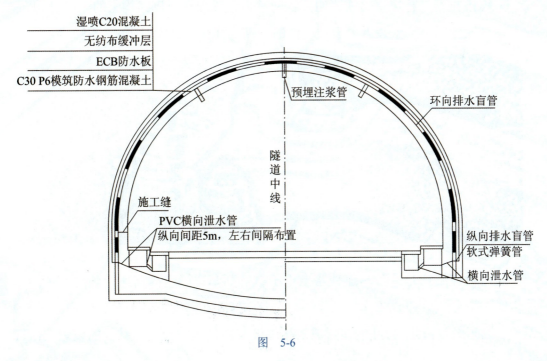

图 5-6

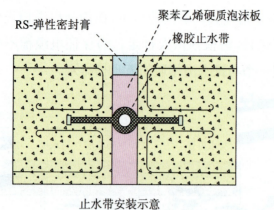
止水带安装示意

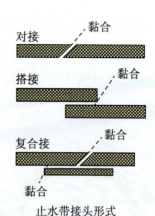
止水带接头形式

图 5-6 隧道内的变形缝设置的橡胶止水带或 BW 遇水膨胀止水条

道洞口设置通风机房和风道,通风机向风道内鼓风,风道将风送到隧道内的不同位置段上。这种方法通风效率较低。20世纪80年代后,采用了先进的射流通风技术,从射流风机出风口高速射出的风流,使隧道内射流风机周边一定范围内的空气沿射流线方向产生气流,进而带动周围空气产生流动。人们沿隧道纵向间隔设置射流风机,就可将这种空气的流动性适时增强,起到中继的作用,直至整座隧道内的空气均流动起来。射流风机直接安放在隧道的顶部或侧墙上,直接向隧道内送风。这种通风方式取消了隧道口的风机房和风道,通风效率得到极大提高。图 5-7 表示了洞口堆放式射流纵向通风设备。

下锚段衬砌是将电气化铁路的接触网承力索锚固在衬砌结构上的一段衬砌,专业上称这段专门用于安装承力索预埋件的衬砌段称作下锚段衬砌(图5-8)。

图 5-7 洞口堆放式射流纵向通风设备

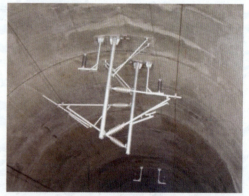

图 5-8 下锚段衬砌

洞口缓冲结构是一种高速铁路上用于缓解列车在隧道内高速行驶时产生的一种叫作"微气压波"的空气动力学现象,而专门修建在隧道洞口的附属结构。图 5-9 表示了列车经过隧道时,在洞口形成的压缩波与微气压波。缓冲结构的设置按微气

压波压力 <50Pa，结构长 50m 变断面设置。

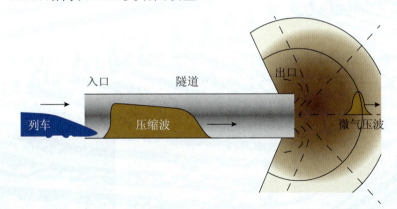

图 5-9　列车通过隧道时，在洞口处形成的压缩波与微气压波

列车进入隧道时，前方的空气受到压缩，而列车尾部进入隧道后会形成一定的负压，因此产生压力波动过程。这种压力波动以声速传播至隧道口，大部分发生反向，产生瞬变压力；而另一部分则形成向隧道外的脉冲状压力波辐射，这就是微气压波。这些隧道内空气产生压缩波并随列车的前行向前移动，在洞口处形成的微气压波会使列车运行的空间条件在驶离隧道的瞬间产生声响和骤变，给乘客带来不舒适的感觉。缓冲结构就是为了减少微气压波影响的结构，其形状多为喇叭形，根据缓冲结构周边是否设置开口，又分为开口式（图 5-10）和无开口式两种。

图 5-10　高速铁路隧道的开口式洞门缓冲结构

平行导坑、斜（竖）井及横通道是为了降低施工风险，加快工程修建速度而专门设计的隧道。平行导坑（Pilot Tunnel）是紧临主体隧道并与之平行的、断面积较小的隧道。平行导坑的作用有：一是用于超前探测主隧道前方的不良地质段，为施工方案的制定提供依据；二是与横通道一起作为主体隧道施工期的运输通道；三是运营期用于隧道维修、救援物资存放和人员疏散的通道。斜井和竖井主要是为长大隧道增加施工工作面、加快隧道建设速度而设置的隧道。在施工期间和施工后，也可作为运输和通风的通道。横通道则是连接平导与主体隧道的断面较小的隧道，主要起联络通道的作用。

三、隧道的断面形状

隧道的断面形状各异(图 5-11),有圆形的、马蹄形的、矩形的、近椭圆形的、连拱形的、格栅形的,等等。采用什么样的隧道形状,与隧道所处的地质条件、自然环境条件、施工方法、隧道的用途以及设计思想等因素有关。

a)马蹄形断面隧道

b)光面爆破直墙隧道

c)矩形断面隧道

d)圆形断面隧道

e)扁平断面隧道

图 5-11　形态各异的隧道断面形状

第二节　隧道的种类与社会应用

隧道又称隧洞、隧硐,英文称 Tunnel,日本称为地下道,百科全书中将隧道解释为地下通道。总之,它是修建在地面以下的地层中,用于满足人类交通或其他生活需要的穿越地下空间的一种建筑物。隧道也是人类改造自然,利用自然的又一例证。

一、隧道的种类

隧道的种类很多，根据隧道的使用目的不同，可分为人行隧道、车行隧道、铁路隧道、输水隧道、排水隧道、电缆隧道、采矿隧道（巷道）等；根据隧道修建的地理位置不同，可分为山岭隧道、过江隧道、海底隧道、城市地下隧道等；根据施工方法的不同，可分为明挖隧道、浅埋暗挖隧道、盾构隧道、TBM 隧道、钻爆隧道、沉埋隧道、悬浮隧道（目前还未应用）等。在实际工程中往往是多种类型合用。根据隧道的规模不同，可分为短隧道（长度小于 500 米的铁路隧道）、中长隧道（长度 500～3000 米的铁路隧道）、长隧道（长度 3000～10000 米的铁路隧道）、特长隧道（长度大于 10000 米的铁路隧道）；根据埋置的深度不同，可分为深埋隧道和浅埋隧道。

二、隧道的社会应用

隧道是地下空间开发利用的基本结构形式，隧道在社会上的应用范围很广，涉及水利、采矿、交通运输、军事防御、核电、石油、城市地下空间利用等众多领域。可以说，我们的生活已与隧道建立了千丝万缕的联系，隧道已成为建筑业的一支地下建筑大军，随着地面空间日益紧缺，地下空间的开发利用进程将加快，隧道也将在其中得到更加广泛的应用。

城市地铁是用于缓解城市交通压力的一种轨道交通工具，其区间通常由隧道构成。我国许多城市都修建了地铁，英国伦敦是最早修建城市地铁的国家。

引水隧道是水利行业运送水的隧道，我国正在修建的辽西供水隧道长 230 千米、辽西大伙房供水隧道 84 千米已建成。120 千米长春供水工程、78 千米引汉济渭供水工程也已开工。

采矿业是最早使用隧道的行业之一。由于采矿业用于挖掘深埋在地下的矿产，因此其隧道具有立体交叉、网状分布的特点。世界上最深的矿井位于南非的兰德金矿，井深超过了 4000 米。

用于交通运输的隧道有公路隧道和铁路隧道。近年来，铁路上隧道的比例在增加，尤其是山岭地区，有的铁路隧道的长度已超过线路总长的 50%，甚至达到 70% 的比例。目前已建设的隧道有 7000 多千米，在 116 条铁路线上开工。

军事用途的隧道多见于地下军事用途的洞库（图 5-12），用于隐藏士兵、军械和防御设施。

图 5-12　飞机地下洞库

水电行业对隧道的应用在于：水电站建设要修建大量的大型地下厂房（图 5-13）；核电站常修建取水隧道，用于对反应堆进行冷却降温，我国台山核电站等多座核电站均设计了伸向海中的取水隧道；反应堆也转入地下。

石油行业对隧道的应用形式主要是大型地下液化储气洞库（图 5-14）：经高压液化后的烷类，利用一套专门的密封技术，将其储存在地下洞库中。

图 5-13　水电工程大型地下厂房　　　　图 5-14　黄岛地下甲烷储气洞库

城市地下空间的开发利用，对隧道的应用（图 5-15）更为广泛。常见的有地下过街道、地下停车场、地下共同沟（一种放置各类城市地下管缆的建筑物）、地下商业街、防空洞、地下垃圾处理场等。

a) 城市地下共同管沟　　　　b) 城市地下铁道（石家庄六线四站台铁路进城，地下停车）

图　5-15

c）城市地下排水隧道

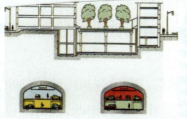
d）地下停车场

e）地下商业街

图 5-15　城市地下空间利用的各类隧道建筑物

第三节　隧道的设计、施工与维护

一座隧道的诞生需要经过哪些建设程序？隧道设计的主要内容有哪些？隧道工程为什么是高风险的工程？隧道投入使用后，是如何维护与保养的？建造一座隧道都有哪些主要的施工方法和技术？本节既是对这些问题的一次探究。

通常，一座隧道的建设，需要经过勘测、设计、施工、运营维修四个基本建设程序，这一建设程序具有先后次序、符合科学规律，不应随意更改。

一、隧道设计的内容

隧道的勘测设计比桥梁要复杂许多，是隧道建设的第一建设程序，主要任务是确定隧道及辅助通道的位置，确定洞门位置、设计洞门结构、确定隧道平面与纵断面布设、确定隧道横断面、确定支护结构、进行工艺设计、建议施工方法和辅助工法、提出隧道所经地段可能出现的地质灾害。

隧道位置的确定是在勘测的基础上进行比选的结果。隧道勘测的主要内容是对隧道所经地段的地质条件、气候条件、建筑材料、生态条件、道路交通状况、地形及水文条件、地震烈度以及历史极端天气与洪水等资料进行收集与实地勘测，做出多种隧道及辅助通道位置方案，以供比选。勘测资料为隧道和施工方法提供依据。一般来说，线路一经确定，隧道的位置就已基本确定，只能在小范围内进行上、下、左、右微调。特殊情况下,当线路中有长度很长、规模很大的具有控制性特征的隧道时,线路的走向则需要以隧道的位置为优先考虑,线路位置选择需服从于该控制性隧道。

隧道洞门位置的确定。洞门是隧道进出山体的门户,由于山体的表层通常是受到不同程度风化的堆积体,稳定性较差。因此,洞门应设置在地形开阔、地层稳定的位置,并应坚持"早进晚出"的原则。

隧道洞门的结构设计体现隧道设计者设计理念与水平,隧道的形象也通过洞门的设计展现在世人面前。现代洞门的结构设计除考虑承担的山体压力、避免落石、防水与高速铁路的缓冲等外,还将洞门的景观设计引入洞门的结构设计中,使得隧道建筑以一个崭新的面貌呈现在铁路沿线,让我们在乘火车旅行时有机会领略隧道建筑与大自然和谐共生的优美景象。

理念的创新是设计创新的基础。"早进晚出"的洞门设计新理念是在经历了惨痛的洞门设计教训之后才诞生的。在新中国诞生之初,我国隧道设计学习苏联"等价点法",洞门位置确定的设计思想是采用修筑洞门前边坡每延米造价等于隧道每延米造价时的刷方位置作为洞门位置。这种设计方法带来了洞门前山体的大量刷坡,不但极大地破坏了自然生态环境,还使得隧道洞门有了很高的仰坡和两侧的高路堑,增加了施工坍方和运营落石的风险。这些早期修建的隧道,有的建成后为了规避这类风险,不得已又增设了明洞,使得工程的造价由于愚蠢的洞门设计理念而增加,使人们做了一些劳而无功的工作。可喜的是,现在人们的认识已发生了转变,许多既美观又实用的新型洞门展现在我们面前(图 5-16、图 5-17)。洞门前不再有深路堑出现,洞口实现了美观、安全、环保的要求。

图 5-16　法国大西洋上的 Vouvray 隧道洞门

图 5-17　我国台湾某高铁隧道格栅支挡的绿化洞口

隧道的平面及纵断面曲线的确定是根据铁路线路的平面曲线以及隧道两侧的洞口标高确定的,主要考虑线路等级、列车运行的速度等因素。通常隧道不设在曲线上,我国《铁路隧道设计规范》规定,高速客运专线的隧道内曲线半径不应小于7000米。

隧道纵断面曲线设计主要是确定隧道轴线方向的坡度,隧道纵向坡度的选择主要考虑两端洞口标高控制、隧道内排水需要,以及施工和维护的便利。反坡施工会使开挖工作面(掌子面)积水,给施工带来困难,而顺坡施工则有利于排水和施工。隧道纵坡的设计要考虑铁路线路限制坡度的因素。为了保证列车的安全运行,铁路的纵坡均有一个最大值,既限制坡度。限制坡度与铁路的等级、牵引机车的类型以及地形有关。通常,Ⅰ级铁路的限制坡度小于Ⅱ级,Ⅲ级限制坡度最大;平原地区限制坡度小于山区;蒸汽机车限制坡度小于内燃机车,内燃机车限制坡度又小于电力机车。最大的限制坡度不大于2.5‰。在一些特殊的区段,限制坡度段还需进一步减速缓行。线路的纵向坡度不大,这主要是由于火车运行时附加空气阻力较大,且轮轨间的黏着系数随列车运行速度的增加而降低,为了保证行车安全而设置坡度控制值。铁路隧道的限制坡度一般不超过20‰。当进、出口高差大于80～100米、用电力牵引时基本不设纵向通风,靠自然风和活塞风即可满足通风要求。

隧道的横断面设计主要是确定隧道的横断面、支护结构及附属结构。隧道断面受到建筑限界的控制。所谓的建筑限界是指隧道建筑物不得侵入的空间的限界。铁路隧道建成后,需要进行各种通信、信号、照明、供电等设备的安装。这些设备占用的隧道空间称为基本建筑限界;机车装载普通尺度的货物后停在平直线路上时的空间称为机车车辆限界或基本货物装载限界;在基本建筑限界和基本货物装载限界之间,预留出一个最大超限货物装载限界,用于满足运输大件设备的需要。图5-18为国家发布的标准铁路的隧道建筑限界。当隧道轴线为曲线时,隧道的横断面还需要加宽,隧道的外轨需要加高。外轨加高是为了平衡离心力的作用,而横断面的加宽则为了预留出由于列车在转弯时产生的横向偏移的空间,以保证列车在弯道上行驶时不会侵入建筑限界(图5-19)。

隧道的结构设计包括主体结构设计、防排水设计和地层的预支护设计。主体结构设计是在选定的限界断面下,对支护结构的类型进行选择。预支护设计主要是针对隧道穿越的不良地质段而进行的特殊设计,以保证施工安全和主体结构的稳定。如超前预支护结构的设计、超前地质预报的设计等。

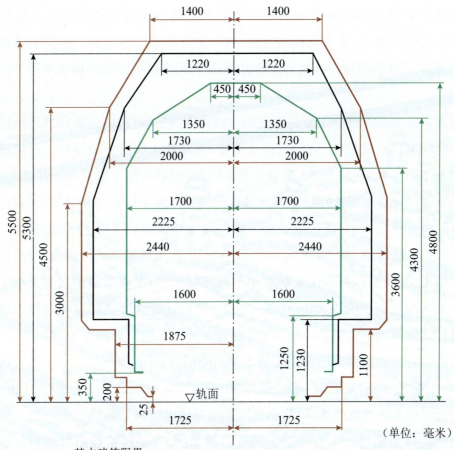

基本建筑限界
最大级超限货物装载限界
基本货物装载限界（机车车辆限界基本轮廓）

图 5-18 隧道建筑限界

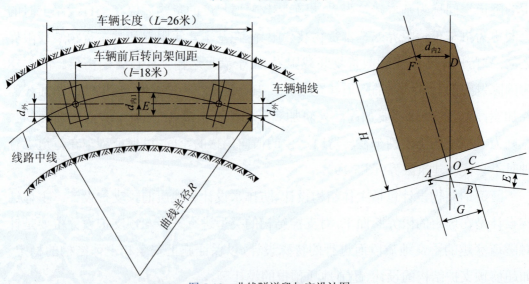

图 5-19 曲线隧道段加宽设计图

主体结构设计主要考虑隧道所处的地质条件,分别选择无支护、喷锚支护、复合式支护等类型。无支护设计用于围岩条件极好的地质条件下,由于围岩的自稳能力很好,不需要任何支撑就可以保证隧道的空间不垮塌,这种隧道是最经济的隧道;喷锚支护结构采用向开挖后的围岩表面喷射一层混凝土,再在隧道洞壁等地层软弱、节理多的部位安设锚杆和钢拱架联合支护结构,抵抗围岩向隧道内净空方向的压力,保证隧道的稳定。复合式支护结构则是在喷锚支护结构与衬砌混凝土之间,设置一层防水隔离层,起到防水和分隔喷锚层(通常称为一次支护)与衬砌混凝土层(通常称为二次支护),避免在其间产生剪力,产生衬砌开裂的作用。

防排水设计。隧道内的水会对隧道结构和运营产生危害,为保证隧道使用的安全性和结构的寿命,修建隧道时需要设计隧道的防排水系统,它包括洞门和洞身的防水设计。在复合式支护结构的隧道,防排水系统主要由隧道壁外侧的围岩注浆减渗区和喷混凝土层表面铺设的纵、横向盲管、排水沟、积(抽)水井的部件,再加上抗渗性能很高的自防水混凝土衬砌及其各种结构接缝上的众多止水密封部件组成。

预支护设计是指为了稳定开挖面而在开挖面前方先期施作的、旨在加固地层的一类支护结构(如超前小导管、长管棚、旋喷桩),以及一些辅助施工技术(如降水、注浆、超前地质预报等)。

施工建议和灾害估计。隧道的勘测设计成果还要对施工方法和可能出现的不良地质问题和位置作出建议和估计,以指导施工。由于隧道所经过的地质复杂,因此必须采用信息化设计、信息化施工、信息化动态管理的方法,那种"包死"管理的方法是不科学的,要实事求是。

二、隧道设计理论的不足

人们期待着隧道的结构设计能够像桥梁等地面建筑一样,可以精确地进行结构计算。然而,这一愿望目前还未能实现。隧道的结构设计还处在以经典的工程力学理论为基础,以以往的建设经验为主导,边施工、边设计的状态。隧道设计是在施工图设计的基础上,通过施工现场对支护结构与地层的变形(或内力)量测的结果,进行反馈与修改的动态设计。那么,为什么不能用地面建筑的设计理论进行隧道结构设计呢?原因就在于两种建筑物所处的环境介质不同,结构受到的荷载种类以及结构的受力状态不同。因此隧道建设的设计尚未达到精准的程度。

地面建筑物除基础外大部分建筑构件处于空气中,会受到空气气流的相互作用影响,流体力学理论为地面建筑的荷载计算提供了理论基础,建筑结构各部件受力明确,计算理论已较成熟。而隧道修建于地层中,隧道结构会受到来自地层的应力作用,这种作用目前还不能被清晰地认识和精确计算。隧道结构受力条件不明确,结构受到的地层荷载在分布和量值上均难以准确计算。因此,隧道的结构设计还不能像地面建筑那样被事先准确地设计。地面建筑与隧道两者所处的介质环境不同,介质与结构的相互作用影响也不同,因此设计理论也自然会很不相同。

隧道设计理论上的不足,主要反映在我们对隧道所经过的地层还不能清楚而详细地进行勘测,对隧道的开挖和支护过程在地层中产生的力学影响,以及这种影响的发展规律和量值还不能很好地掌握和精密地量测。在克服地层的不均匀性、各向异性以及地下水对隧道围岩的损伤与危害等方面还缺少可靠的计算理论支持。一切设计似乎都笼罩在多变性和经验的迷雾中,隧道设计的安全性和经济性可以从现场量测管理确定,但提前预算是不可能的。因此,众多的不确定性使得隧道工程施工的风险较大。

人们对隧道开挖形成的二次应力场的分布、量值及其变化规律方面研究的认识转变,经历了漫长的过程。各国科学家在理论的研究中辛勤工作着,提出了以发挥围岩自承能力、保护围岩为核心的"新想法"。以中国提出的一次支护承担全部荷载,二次衬砌作为安全储备的复合式衬砌,配合变位速率减少法为收敛稳定的判据,中国浅埋暗挖法的理论应用于大量的工程实践,使隧道修建技术取得了长足的进步。中国已成为世界上隧道最多、隧道穿越地层最复杂、隧道施工速度最快的国家。隧道修建长度已不受技术限制,这解决了我国建设高速铁路时面对的长大隧道修建技术难题。经我国自主研发得到以提高围岩自承能力为宗旨的辅助工法和监控量测为基础的"浅埋暗挖法",人们的认识正在逐步趋向同一个方向,隧道设计理论经历了单纯的围岩压力理论,围岩与支护相互作用理论,到围岩、支护、施工时空效应过程控制理论的转变。人们开始认识到被称为围岩的隧道周围的岩体是具有一定结构和构造的特殊材料,其力学性状和行为与施工过程中人们给它施加的作用和时间有着密切的关系。围岩已不再只是隧道结构的荷载,围岩已更多地成为参与隧道建设的一种建筑材料和建筑结构。以围岩和支护结构的变形监测为特征的隧道施工监控量测,已成为现代隧道施工安全中不可缺少的手段,也为建立完善的隧道设计理论提供了可靠的基础数据。相信不久的将来,隧道设计的成熟期定将到来。

三、隧道的施工

隧道的施工方法很多,这里只介绍常用的五种方法:钻爆法、浅埋暗挖法、沉埋隧道法、隧道掘进机法和辅助工法。

钻爆法是最古老,也是最经济、最灵活的隧道施工方法。它是以打眼爆破或采用小型机械进行岩体开挖为特征的一类隧道施工方法。这种方法按一次开挖的断面面积不同,可分为全断面开挖和分部开挖两类。当隧道的断面较大时,为保证工作面的稳定,将隧道的设计开挖断面分解成若干个小的断面,分别进行开挖和支护,最终形成一个完整的隧道断面。根据划分的断面数量和施工顺序的不同,又派生出许多分步开挖方法。钻爆法由光面爆破开挖作业线、装运作业线、一次支护监控量测作业线、二次衬砌作业线四条主线和辅助工法作业线(通风作业线、注浆作业线、防排水作业线),组成一个完整的隧道修建施工方法(图 5-20)。

a)施工测量

b)埋设于围岩内部及支护上的应力量测器

c)施工通风

d)人工和机械钻孔爆破作业线

e)装载机与汽车组合方式出碴

f)输送机运输出碴

g)一次支护喷射混凝土

h)模板台车模筑二次衬砌

图 5-20 钻爆法施工的主要作业线

浅埋暗挖法（图 5-21）是王梦恕院士在北京首次创新开发出来的一种方法，彻底改变了传统明挖法的地铁施工，为地铁、铁路等的施工提供了灵活、安全、方便的新方法。它以超前管棚加固围岩的辅助施工技术为前提，在其形成的加固后的地层中进行正台阶挖掘与初期支护。它以不扰动地层、保护加固围岩自承能力为建设理念，强调开挖时的"18 字方针"："管超前、严注浆、短开挖、强支护、早封闭、勤量测"的做法，保证了围岩自承能力的发挥。开挖与支护的施工作业管理方面，在施工全过程用监控量测方法对围岩变形与支护结构内力的监测管理标准加以控制，从而保证了隧道结构的稳定。这一方法成功地在我国首都北京地铁一号线和复兴门折返线工程中获得成功，并迅速在全国各地的地铁、铁路建设中推广。至此，城市地铁不能采用暗挖法修建的魔咒被打破。

a）双侧壁导坑法开挖

b）掌子面预留核心土台阶开挖

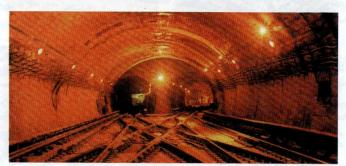
c）第一次采用"浅埋暗挖法"建设城市地铁
　——北京地铁复兴门折返线

d）单线隧道不良地质施工技术
　（小导管超前注浆）

图 5-21　浅埋暗挖法开挖

沉埋隧道法是由荷兰人发明并建造成功的一种水下隧道的修建方法。它的隧道主体结构是在陆地上靠近线路水域的干坞（有时也选择船坞）内采用预制的方法将隧道管节预制好；通过设在干坞临江一侧的坞门向干坞内注入江水，使管节浮起；再经过浮运系统将管节浮运至线路沉放位置上，经过沉放、对接和回填等工序，将分段制作好的隧道管节依次埋设并连接到水下预先确定的隧道位置上，最终形成隧道的施工方法。我国已在广州、南京、宁波和舟山等地修建了一批沉埋隧道。沉埋隧道主要施工工序如图 5-22 所示。该工法管段越长越好,在底部有岩石时不能使用。

a）隧道管段在岸上干坞内预制　　　　　　b）管段在干坞内起浮

c）管段浮运　　　　　　　　　　　　d）管段沉放

 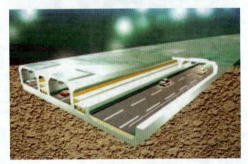

e）管段对接　　　　　　　　　　　f）管段回填形成隧道

图 5-22　沉埋隧道主要施工工序示意图

隧道掘进机法（TBM）是一种工厂化的隧道施工方法。它以高度自动化的集挖掘和支护于一体的巨型机械为特征,就像一列火车一样穿过等待开挖的地层,机械经过之处隧道就已建好。根据机械的工作原理和适用的地层不同,掘进机分为开敞式和护盾式两类。前者多用于山岭硬岩隧道;后者也称"盾构",用于城市地铁,地面平坦、荷载不变的地段。隧道掘进机及主要结构如图 5-23 所示。

开敞式掘进机适用于自稳能力很好的硬质围岩,前端的刀盘上装有很多硬质合金钢制成的滚刀,刀盘由强大的电机驱动,岩层在刀具的旋压下碎裂,落入刀盘下方的砟仓中,由铲斗收集起来转运到洞外。刀盘前进的支撑力由水平支撑靴撑在隧道侧壁上而获得。开挖一环后,掘进机的后配套设施就开始施作初期支护,二次混凝土衬砌一般在围岩开挖完、一次支护稳定后再施作。

护盾式（盾构）掘进机适用于围岩自稳能力不太好的地层,机械的主要部分被保护在钢制的护盾下,以避免被掉落的岩石损坏,因此,护盾式掘进机又被称为盾构机。盾构机的"盾"最简单的形式就是一个圆柱形的筒,称之为盾壳。盾壳比隧道的直径略大,能在隧道壁面上滑动。盾壳的前端可以插入地层,人们可以在护盾的保护下开挖地层、安装衬砌。当一环衬砌安装完成后,盾构才向前推进。因此,盾构机实质上就是软土隧道掘进机,它既可以采用机械开挖,也可以采用人工开挖;它既是一种施工机械,又是一种强有力的支撑结构。采用盾构法施工,具有地层扰动小、不影响地面交通等优点,很适合于城市地下铁道的修建。盾构机设备及施工的有关图片如图 5-24～图 5-26 所示。

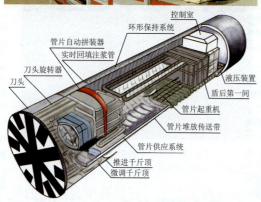

图 5-23　隧道掘进机及主要结构

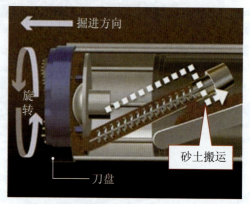

图 5-24　盾构机在地层中掘进示意图

根据盾构机用于平衡开挖面前方土体压力方式的不同,盾构机又分为土压平衡盾构和泥水平衡盾构。

用盾构法施工,先要修建一座竖井,盾构机的部件从竖井运送到井底,进行拼装、形成盾构机,之后再向前推进。衬砌使用的拼装管片也需要从竖井运送到工作面上,挖出的碴土也从竖井运出。泥水平衡式盾构施工,地面还需设置泥浆处理设备,配置所需的泥浆。

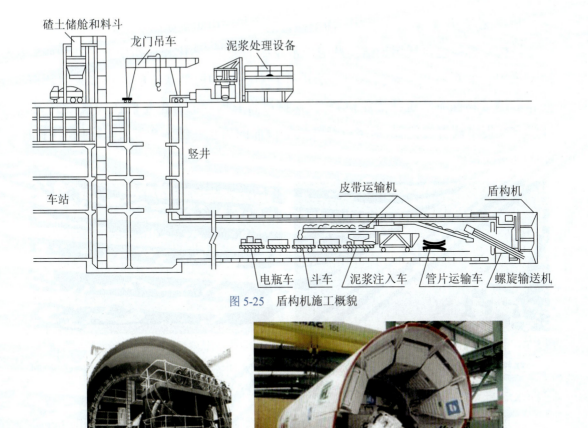

图 5-25　盾构机施工概貌

图 5-26　采用人工开挖的网格式盾构（左）和反铲式盾构（右）

四、隧道的维护

隧道的维护有赖于对隧道结构及附属设施的健康诊断。隧道健康诊断的主要内容有净空检查、结构变异检查、环境状态检查三类。隧道表观及内部的结构系统是否出现"病灶"？它会危害隧道"机体"的哪些部分？疾病的严重程度如何？需要怎样的"处方"医治？这些就是隧道健康诊断要回答的问题。

净空检查是对隧道的建筑限界是否满足标准的检查。采用安装在检测车上的三维激光扫描仪对隧道断面进行扫描和成像，扫描的成果与标准的净空断面尺寸进行比较后即可得出隧道净空是否满足要求。整个检测与对比过程完全由计算机程序控制,自动完成,检测效率很高。净空检查的工程应用实例如图 5-27 所示。

结构变异检查包括圬工结构及防排水系统的缺陷、劣化和损伤检查。结构变异检查采用表面观察和仪器探测的方法进行。对于结构内部状态的检查多采用超声波和雷达等物探方法进行探测检查,物探探测将有问题的部位呈现在成果图上,为维修方案提供病害的位置、形态以及性质等方面的信息。结构变异检查应用实例如图 5-28 所示。

图 5-27 激光扫描仪进行隧道净空检测的三维成果图

图 5-28 高铁隧道中检测车在检测隧道衬砌

环境状态检查包括运营隧道内的照明与通风状态的检查,主要采用观察、小型检测仪表进行检查。

隧道内的照明根据用途不同可分为 3 种类型,即指示照明、作业照明和检查照明。指示照明安装于避车洞内,为巡道人员检查轨道提供照明。我国规定指示照明在轨面上的照度不得低于 5 勒克斯;作业照明用于隧道的维修作业,作业照明的照度在作业范围内不得低于 15 勒克斯;检查照明安装在近轨道处,用于检查线路的轨距、水平、三角坑及轨道部件的照明,其照度在距检查对象 1 米范围内不得低于 200 勒克斯,3 米内不得低于 15 勒克斯。在高速客运专线上的隧道内还设置了应急照明,以应对突发事件时的人员疏散和救援行动的照明需求。

隧道内的通风环境检查主要针对有害气体浓度进行检测(图 5-29)。国家对运营隧道内的有害气体浓度有严格的限制,如蒸汽机和内燃机牵引的线路上,隧道内空气中的一氧化碳浓度不得高于 30 毫克/立方米,氮氧化物浓度不得高于 10 毫克/立方米;电力机车牵引的线路上,隧道内的湿度不得大于 80%,温度不得高于 28 摄氏度,臭氧浓度不得大于

图 5-29 隧道内有害气体检测装置

0.3毫克/立方米,二氧化硅粉尘浓度不得高于10毫克/立方米。

隧道的水害是隧道病害中非常突出的问题,也是隧道维修量增大的重要原因之一。隧道建成后水害频发的原因很多,隧道发生了水害后,常用的方法是向漏水的部位注入各种材料的浆液,以封堵渗出的地下水。也可与引排方法相配合,排堵结合、以排为主,实现可靠、经济的目的。

第四节 变幻莫测的地质

隧道所穿越的地层,其工程力学性质是决定隧道建设方法和投资的重要基础性资料。大自然在亿万年的变迁过程中,在地壳中造就了形态各异的地形地貌。如阴冷的巨大地下暗河和溶洞,热气腾腾的火焰山,空气稀薄、常年结冰的高寒山区,陡峭的崖壁,深邃的山谷,湍急的河流,浩渺的海洋……在这些地貌下面,隐藏着被历次造山运动留下的断层、褶皱和裂隙,并孕育出许多工程力学性质极为特殊的地层。如含有瓦斯或放射性物质的地层、遇水体积膨胀的膨胀岩层、岩层中蕴含着巨大能量的高地应力的岩爆和大变形岩层,无自稳能力的流砂地层和岩堆体地层、随着季节温度的变化产生冻胀融沉的地层、极度破碎的断层带、具有很高压力的承压水地层等,被称为不良地质地层。

一、围岩的级别

面对工程力学性质各异的地层,隧道建设过程中是如何加以区分的呢?人们根据承担荷载能力的不同,将自然界中的岩体划分为6个等级:Ⅰ级最好,可设计较弱的支护结构;Ⅵ级最差,需要设计较强的支护结构。世界各国对于围岩等级的划分方法不尽相同,采用的指标也各异。我国国家标准《工程岩体分级标准》(GB/T 50218—2014)是我国各行业岩体分类的基本标准,也是隧道设计的基本标准之一。但这一标准只是作为一种岩石分类手段,以便于宏观区分。

二、不良地质带来的麻烦

隧道在修建过程中遇到不良地质时,稍有不慎,往往就会引发事故(图5-30)。如在水量丰富的岩溶地区易发生突水、突泥特大事故,造成隧道坍塌,人员、机械被泥石流淹没的严重事故;在瓦斯地层中易发生瓦斯爆炸或燃烧事故,造成严重的人员伤亡;在具有放射性物质的地层中,人员会受到射线的照射,患上放射病;在高地应力地层中,隧道开挖面的石块会像子弹一样飞出,对人员和设备造成伤害。而当高地应力发生在软岩地层中时,则表现为大变形,造成岩层大量挤向隧道内的空间,不断地挤占隧道净空,虽经反复挖掘仍然不能遏制其发展;在高原缺氧的地区,则使人员和机械的工作效率降低,严重的会患上高原病……

a)宜万线马鹿箐隧道中的一大型溶洞与暗河

b)隧道支护结构在高地应力下严重变形

c)地温达到70摄氏度(云南绿劝铝矿引水隧道)

d)高寒地区冻土带来诸多建设问题

e)瓦斯爆炸损毁的隧道

f)涌水使隧道变成了河道

图5-30 变幻莫测的地层给隧道的修建制造了一个个麻烦

三、工程师的智慧

面对变幻莫测的地质条件,隧道工程师们创造出许多对付不良地质的办法(图5-31)。他们用长度不等的钢锚,将开挖的围岩牢牢地锚固在稳定的岩体上;用注浆的方法将松散、不坚固的岩层或土体固结成一个坚固的整体;用预留核心土的方法稳定掌子面;用临时的钢架,将分部开挖的空间支撑起来;用降水技术抽干隧道经过地层中的水,使开挖变得容易,等等。工程师们用他们的智慧和辛勤劳动,进行超前预报地质灾害,为隧道的安全开挖与掘进提供保障。

a) 地质雷达进行超前探测

b) 用锚杆锚固隧道洞壁

c) 格栅钢拱架支护软弱围岩

d) 用于超前支护的管棚

e) 分块开挖(CRD工法等)及临时支撑

f) 降低地下水位

g) 注浆加固围岩

图 5-31 工程师们对付不良地质的方法

第五节 铁路隧道大观

人类的智慧在隧道的修建中得到了最好的体现。面对错综复杂的地质条件、面对大量的不确定因素影响,人们总能开凿出一座座隧道,创造出一个个令人惊叹的隧道奇观。

一、中国台湾狮球岭隧道

1890年建成于台湾的狮球岭隧道（图5-32）是我国第一座铁路隧道，是全长261米的直线形、坡度38.5‰的单线隧道。线路轨距1067毫米，为半圆拱形断面，拱部是采用砖砌衬砌，边墙则用石料砌筑；隧道采用木材作临时支撑，经历过坍方，历时2年建成。由于当时测量技术比较落后，隧道贯通时，两端洞口标高相差4.27米，这个测量的错误成就了洞中洞的奇观。

图5-32 狮球岭隧道（北口）及其砖石拱

二、中国八达岭隧道

1908年建成的京张铁路八达岭隧道是我国自主设计修建的第一条隧道，全长1091米的直线形2.15%度的单线隧道。首次采用钻爆法施工，预制混凝土砖衬砌，衬砌厚度25～60厘米。为增加工作面，在隧道中部设计了一座竖井，从竖井下去，在线路高程上向两侧洞口方向同时施工，从而加快了工程进度。竖井在隧道建成交付运营后，被作为通风井使用。八达岭隧道由詹天佑工程师设计督造。他创造的青龙桥"人"字形展线方法（图5-33）和前拉后推双机车牵引方案，使列车得以爬上更高的山坡，使八达岭隧道的修建长度比英国人设计的长度缩短了三分之

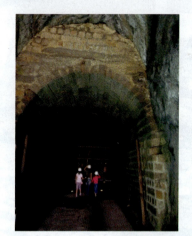

图5-33 青龙桥的"人"字形线路

· 130 ·

二。他的发明为后人广泛采用。詹天佑成功修建京张铁路的历史,彻底打破了当时国际上"中国工程师不能独立设计修建艰险山区铁路"的偏见,至今仍为中国隧道工程师引以为荣。

三、中国凉风垭隧道

1960 年建成的川黔铁路的凉风垭隧道是我国首次采用平行导坑设计、修建的隧道。隧道全长 4270 米,为两端各有 80 米的小半径曲线的直线形单线隧道。两端洞口高差达 70 米,断层发育,岩层破碎,地下水极为丰富,最大出水量达到每昼夜 1993 吨。由于隧道较长,通风与施工风险较大,于是首次在主体隧道洞口两端位置旁设计了两条总长 3437 米的平行于主体隧道的断面较小的平行隧道。这两条小断面隧道先于主体隧道施工,担负着勘查地质,服务于施工与运营的重任,起到辅助坑道的作用。因此,行业内将其称为平行导坑,以突出其引导作用。平行导坑的使用,有效解决了隧道的通风难题,改善了施工环境,大大加快了施工速度。

四、中国关村坝隧道

1966 年建成的成昆线关村坝隧道是山区铁路采用长隧选线方案的成功案例。该隧道成为控制全线 6 年建成的关键工程,关系全线运量的提高(宝成线 900 万吨提高到 3000 万吨,使我国铁路运输标准提高)。关村坝隧道也是我国首次出现较严重岩爆的隧道。隧道全长 6107 米,是具有 0.4% 的坡度,374 米曲线、其余为直线的单线(出口段为双线)隧道,采用矿山法施工。成昆线金口河至道林子一段线路,原设计沿大渡河左岸而行,但沿线河道弯曲,地质复杂,且需占用大量农田,经方案比选,最终决定采用修建一条长隧道的方案,即关村坝方案(图 5-34)。该方案避开了不良地质段,改善了施工及运营条件,节约了建设投资和运营费用,成为我国弯曲河段隧道选线的成功案例。

由于关村坝隧道最大埋深达 1650 米,地层大多为石质坚硬的巨厚层石灰岩,岩石极限抗压强度达到了 120~140 兆帕,隧道开挖时发生了较严重的岩爆,岩石自动从岩壁上弹射出来,或裂开或掉落,同时伴随着爆裂声响和烟雾,造成了人员伤害和设备损坏。岩爆是如何产生的呢?原来,由于坚硬完整的岩体内部在地质时期中集聚了大量的内能,当隧道开挖后,形成的隧道空间为这种能量的释放提供了条件,隧道壁面上的岩石发生破裂,导致岩爆的发生。破裂的方式,是弹射出来,还是掉落或裂开,则取决于内部地应力和岩体的强度。现在,在岩爆地区的隧道施工采用向岩面浇水软化岩体,打设应力释放钻孔等方法,来弱化岩爆的危害。

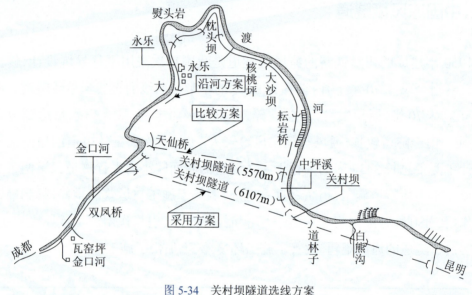

图 5-34 关村坝隧道选线方案

五、中国大瑶山隧道

1988 年建成的京广线衡广复线大瑶山隧道(图 5-35、图 5-36)是当时长度最长的单洞双线铁路隧道,全长 14.295 千米,纵坡呈"人"字形坡度,铺设 60 千克/米重型耐腐蚀钢轨。是我国首次采用新原理、新方法、新结构、新工艺、新设备、新仪器,第一次取消木支撑,采用大断面、深孔光面爆破、监控量测、喷锚支护、复合衬砌原理大规模修建的第一条隧道。它改变了我国百年隧道施工方法的历史,王梦恕院士在中铁隧道工程局的支持下,在雷公尖隧道进行全工艺试验研究并取得成功后,在大瑶山隧道正式推广应用。创造的 5 米深孔光面爆破技术,实现了全断面一次爆破成型、喷锚支护技术、监控量测与信息反馈技术、复合衬砌结构、防水板铺设工艺的应用,以及大型的钻、装、运机械的配套作业线的使用,使我国隧道勘测设计与施工技术达到了一个前所未有的高度,是我国铁路隧道建设史上的一座里程碑。原来 8 年的工期 6.5 年建成,提前了 1.5 年。死亡率降至 0.58%/千米的世界水平,创造了 10 大配套技术,攻克了 34 个技术难点,1992 年被评为国家科技进步特等奖,将落后于国外 30 年的我国隧道修建技术迅速提升到世界先进水平。

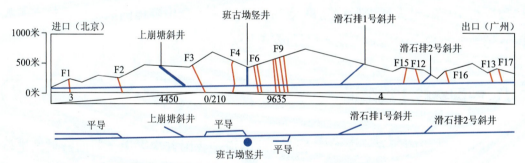

图 5-35　衡广复线大瑶山隧道的辅助坑道增加了开挖工作面

图 5-36　大瑶山隧道通车

六、中国家竹箐隧道

1996 年建成的南昆铁路家竹箐隧道是我国隧道有史以来瓦斯最严重的一座铁路隧道。隧道全长 4990 米、最大埋深 404 米。除洞口段局部曲线外，其余为直线。高地应力、高瓦斯和丰富的地下水成为家竹箐隧道的地质难题。隧道采用复合式衬砌，钻爆法施工。其中煤系地层为 1157 米，瓦斯最大压力达 1.58 兆帕。施工中曾发生高压力瓦斯带着水汽从钻孔中喷出达 30 余米、高地压使得钢架严重变形、喷混凝土开裂掉块的情况。1995 年雨季的一场大雨引发的隧道涌水淹没了 650 米的隧道，工程之艰巨与危险前所未有，因此家竹箐隧道被称为"天下第一险洞"。

七、中国燕山隧道

燕山隧道（图 5-37）是张唐铁路上的一座隧道，线路设计为国铁Ⅰ级双线电气化重载铁路，为开行时速 120 千米的万吨级重载列车。年运量在 2 亿吨以上。燕山隧道全长 21.15 千米，是新中国成立以来我国建设的第三长铁路隧道。全隧穿越断层破碎带 19 条，最大涌水量达到每天 20 万立方米。燕山隧道的成功修建标志着我国复杂地质条件下隧道施工技术已经成熟。

八、中国秦岭Ⅰ线隧道

2000 年建成的西安—安康线秦岭Ⅰ线隧道是我国首次采用全断面隧道掘进机（图 5-38）修建的铁路隧道。相距 30 米与之平行的另一条小断面平导隧道采用钻爆法施工。隧道全长 18.456 千米、最大坡度 11‰、最大埋深 1600 米，除出口有 500 米曲线外，其余为直线。隧道采用德国维尔特公司制造的 8.8m 直径的开敞式全断面掘进机施工，掘进机全长 256 米，重 1750 吨，装有 73 把用于掘进的滚刀，掘进过程全部用电脑监控，平均月进度 286 米。该隧道最终快速、优质建成，隧道施工成果被评为国家科技进步一等奖。平导超前掘进为 TBM 保驾护航，Ⅰ线运营后，将平导扩大为Ⅱ线。

图 5-37　张唐重载铁路燕山隧道

图 5-38　秦岭隧道掘进机施工

此后，掘进机隧道施工技术迅速在国内山岭隧道中广泛使用。如广—深—港客运专线穿越珠江口的狮子洋水下隧道，全长 10.49 千米，双线，断面 65 平方米，双洞单线隧道，有 23 条横通道连接。其采用 4 台泥水平衡式掘进机盾构，仅用 41 个月就建成。近年来，我国各大城市铁路的修建都位于地下，区间隧道广泛采用盾构法施工，中国 32 个城市地铁区间隧道施工应用盾构台数近 300 多台。

九、中国新中梁山隧道

新中梁山隧道（图 5-39）是一个典型的山体立交隧道，隧道长约 4120 米。在与既有线互通交叉中,该隧道与既有隧道构成了同一山体内的"路在路下、隧在隧中、洞在洞上"的"立体式"交通枢纽。除正线外,新中梁山隧道还引出4条联络线,与正线在山体内形成交叉。其采用钻爆法和浅埋暗挖法施工。

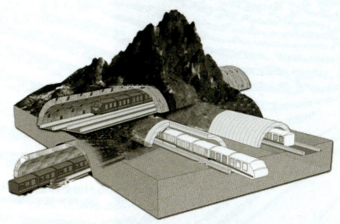

图 5-39　新中梁山山体立交隧道

十、中国林城隧道群

林城隧道群(图 5-40)位于贵阳市区北部,由贵开线、东北环线、长昆线隧道组成,为面呈"帚"状分布的"五洞八隧"隧道群。其中林城一、五号隧道为贵开线单线隧道,林城二、四号隧道为东北环线与成贵线双线隧道(运行 200 千米/小时列车),林城三号隧道为长昆线双线隧道(运

图 5-40　林城隧道群

行 250 千米/小时列车),隧道群连接贵阳东站的洞口端采用合修端墙式洞门结构,宽度 162 米、高度 23 米,为我国国内最大规模的洞门结构。其采用钻爆法施工。

十一、中国待开工的海底隧道

1. 渤海湾海底隧道

渤海湾海底隧道(图 5-41~图 5-43)全长 122 千米,为单洞双线高速铁路隧道。跨海通道若建成,从大连到烟台最多只需要 40 分钟。跨海通道两端分别是辽宁大

连和山东烟台。这一跨度也将使得渤海海峡跨海通道远超日本青函海底隧道（约54千米）、英吉利海峡海底隧道（约51千米），成为世界最长的海底隧道。

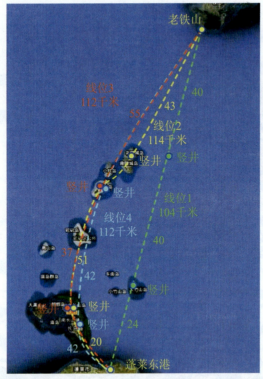

该工程对我国东北地区的发展意义重大，经济效益突出；是利在当代，功在当秋的工程。推荐线位3方案，采用TBM法和钻爆法施工，快速施工，十年建成。

图 5-41 渤海海峡跨海工程隧道线位方案

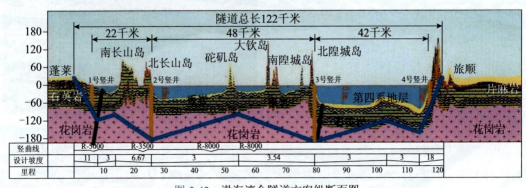

图 5-42 渤海湾全隧道方案纵断面图

图 5-43 渤海湾隧道横断面（250千米/小时运行速度）

· 136 ·

2. 台湾海峡隧道

台湾海峡越海通道北线方案采用长隧道穿越台湾海峡。隧道总长约 135 千米，为平潭—牛山岛—新竹（图 5-44）。隧道穿越地层主要为晚第三系砂页岩，该地层具有很好的自稳能力和隔水作用。除牛山岛和台湾端各设有一个通风井外，海峡中部的两个人工岛上各设一个通风井（图 5-45）。主隧道需满足 200 千米/小时客车铁路运输限界、汽车背负式运输限界，疏散救援通道限界，缓解空气动力学现象等要求；服务隧道要具有防灾通风、救援功能。台湾海峡隧道纵、横断面如图 5-45、图 5-46 所示。隧道建成对发展两岸经济、提高百姓生活意义重大。

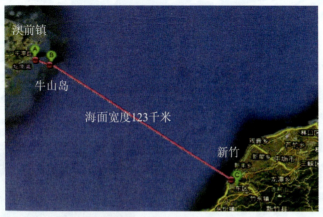

图 5-44 台湾海峡越海通道北线方案位置图

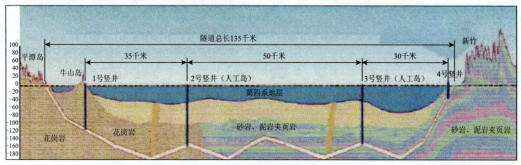

图 5-45 台湾海峡隧道纵断面图

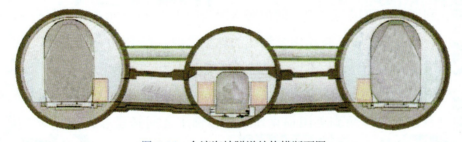

图 5-46 台湾海峡隧道结构横断面图

十二、瑞士哥达基线隧道

世界上最长的铁路隧道——哥达基线隧道（图 5-47），长约 35.4 英里（约合 57 千米）。隧道穿越瑞士阿尔卑斯山脉，埋深达到 2000 米，连接意大利和瑞士两国 (5-47)。其采用钻爆法为主的施工方法，工期很长。隧道贯通后，开行客运和货运火车，成为欧洲高速铁路运输系统的重要组成部分，意大利与瑞士两国之间的铁路旅程也缩短了 1 个小时。

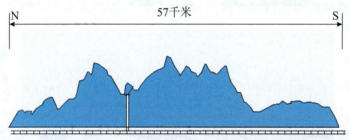

图 5-47　隧道从阿尔斯卑斯山下穿过，埋深达到 2000 米

哥达基线隧道（图 5-48）于 2010 年 10 月 15 日全线贯通，成为地球上最长的铁路隧道。哥达基线隧道造价约 6.24 亿英镑。该工程共挖掘出大约 4.59 亿立方英尺（约合 1300 万立方米）的土石。而在大约 20 年前，瑞士通过一系列的公民投票表决，最终确定开挖这一隧道，该国公民平均每个人捐献 800 英镑用于支援哥达基线隧道工程建设。说明人民对铁路的执着。

图 5-48　哥达基线隧道

十三、英法海峡水下隧道

英吉利海峡是英国与法国之间由海水阻隔的天然屏障，最小距离仅有 32 千米，水深 60 米左右，是建设一条跨国交通线的理想之地。自 1800 年法国就设想建造一条海底隧道，由于战争影响，建设海底隧道在当时成为一个梦想。

1850 年法国地质与土木工程师加蒙（Thome' de Gamond）通过地质测量，设想的线路是从法国格湟角到英国福克斯通和多佛尔之间修建总长 33 千米的海底隧道。英吉利海峡中设一人工港口，沿途设 3 个竖井用于通风。对隧道主体结构的设想是采用铸铁管片加内衬砖的结构。

联结英吉利海峡的隧道是欧洲已建成的最长的跨海隧道,其于1994年建成通车。英法海峡隧道的建成,对世界跨海隧道的修建产生了重大影响。

英法海峡隧道工程由3条51千米长的平行隧道组成,两边为直径7.6米的单线主隧道,中间为直径4.8米的服务隧道(图5-49)。3条隧道每隔375米有一条横通道相连,作为通风和安全通道。在英、法两侧距离隧道洞门分别为7.8千米和12千米的位置处,均专门设计了2个长160米、高11米、宽18米的道岔区段,用作将2条主隧道的列车相互转移到另一条隧道内。当需要时,可封闭其中一条隧道,以进行隧道或列车的维修。

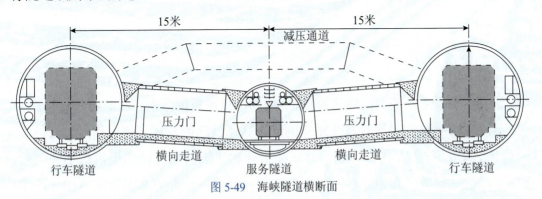

图 5-49 海峡隧道横断面

隧道的净空断面建筑限界既符合英国列车限界标准,也满足法国的列车通行所需的净空要求。图 5-50、图 5-51 为英法海峡隧道的净空以及主隧道内的主要设施图。

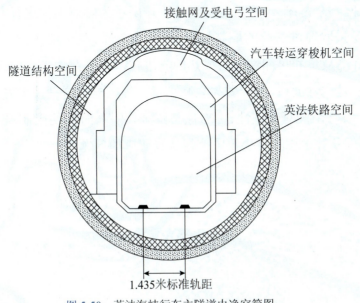

图 5-50 英法海峡行车主隧道内净空简图

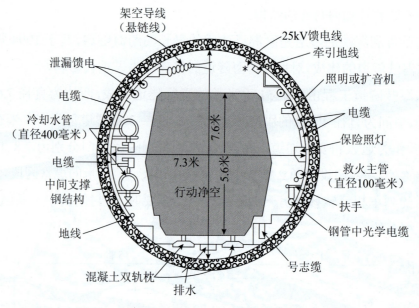

图 5-51 英法海峡水下隧道建筑限界及内部主要设施

施工主要采用全断面的隧道掘进机，局部不良地质段采用传统矿山法修建。

英法海峡隧道的建设对建立统一的欧洲高速铁路网发挥了重要作用，为包括法国、德国、西班牙、意大利和其他国家正在设计和建造的高速铁路提供借鉴的模板，形成了巴黎—伦敦—布鲁塞尔—阿姆斯特丹—科隆—法兰克福及北欧五国（法国、英国、比利时、荷兰、德国）的高速铁路网。

英法海峡隧道给我们的启示之一是它在技术上的方针是要求可靠、先进。但可靠与先进之间不总是统一的，海底隧道几乎排除了为隧道工程进行专门创新设计的可能性，而是采取经过试验的成熟技术，并在各个部分精心选取不同国家的标准设计，以确保其高质量和可靠性。将成熟的先进技术在复杂的工程中成功地加以综合应用，本身就是一种创造，这样做大大减小了工程风险。这种技术方针和理念，值得我们借鉴。如何在权衡先进性、可靠性与资金、环保、时间的限制关系，找到一个合理的"度"，是各种工程项目决策中值得认真研究的问题。

第六章

火车站

火车站,又称铁路车站,是供铁路列车停靠的地方,用以搬运货物或让乘客上、下火车。火车站是伴随着铁路的诞生而产生的。作为铁路的服务设施,火车站集中体现了投资者、经营者和乘客间的一种平衡关系。火车站也是城市与外界交流的窗口,往往成为城市的重要地标。

第一节　火车站的组成与发展

火车站通常建在铁路边,由站台、站房、信息指示牌和提供商业用途、机车服务、线路维护等的附属设施组成。如果不考虑天气变化、治安和残疾人士的需要,火车的班次频繁且准时,在这样的理想环境条件下,一个车站的组成是非常简单的:只需要几个上、下车的站台,一些标明方向和时刻表的标志,售票亭、候车室和几处零售小商品的货亭或机器就可以了。而除此之外的任何设施都是为了克服环境因素、系统的不可靠性、乘客的不确定性以及方便行动不便者所设计的设施。

火车站的基本功能包括四个方面:客流组织、运营、标志和商业。客流组织是提供乘客上、下火车的通道;运营则是满足服务功能的设施;标志是火车站在地面上的标识和形象展示;而商业则是为了通过优质的服务设施、高质量的服务标准和良好的车站形象展示,来增加财政收入的一个综合性功能的开发领域。车站的设计过程就是实现每个领域功能的过程。

欧美国家现存的铁路车站大多建于19世纪,这些车站反映了当时的建筑风格。它们规模宏伟,美轮美奂,是铁路公司乃至整个城市的瑰宝。铁路车站的建筑风格由尽显宏伟的巴洛克式风格,到实用主义及现代主义风格都有。

火车站的发展,经历了从简陋到华丽,从功能单一到功能多样化的变迁历程,实现了与各种交通工具互联,并集中了现代化。就拿德国柏林来说,19世纪上半叶,当人们到达火车站时,便在站前广场上租赁一辆马车换乘到达最终目的地。1865年后,出现了用马作动力的轨道交通,人们通过乘坐畜力轨道交通离开火车站(图6-1)。1881年,马匹被电力所取代,诞生了世界上第一辆有轨电车,各火车站间通过有轨电车相互连接。自1902年开始,人们已经可以乘坐地铁穿越整个柏林城了(图6-2)。

我国最早的火车站当数已有百年历史的碧色寨火车站(图6-3)。它位于云南省蒙自县碧色寨,居犁耙山东麓,占地2平方千米,是中国最早的火车站之一,也是滇越铁路与个碧石米轨铁路❶交会换装的一个车站。它靠近海关和个旧锡矿的地理位

---

❶　个碧石米轨铁路:个旧—碧色寨—石屏的铁路,轨间距为600毫米。个旧是云南省红河州的一个县级市;石屏是云南省红河州的下辖县之一。

置优势,使其成为滇越铁路的世纪车站。1987年12月21日,碧色寨火车站被公布为云南省重点文物保护单位,现在还保存原貌。

图6-1　19世纪末德国火车站前马车换乘场景

图6-2　1881年德国柏林第一辆有轨电车

我国的铁路建设历史已有百年以上,火车站发展经历了从无到有,从简陋到位居世界前列的转变,进入20世纪,尤其是高速铁路建设使我国的铁路车站建设产生了质的飞跃。西安北站、郑州东站、上海虹桥站、南京南站、广州南站、北京南站等一大批国际一流的大型车站向世界展示出我国车站建设的技术水平和惊人速度。

图6-3　中国云南滇越铁路上的碧色寨火车站

第二节　火车站的种类与等级

作为火车停靠的服务处所,火车站的建筑规模与服务设施有很大的差异,需要根据规划与设计将它们确定下来。

按主要服务对象的不同,火车站分为客运站、货运站、编组站和客货功能兼备的客货运站4类。按作业性质不同,火车站可分为编组站、区段站、中间站等。按照服务功能和所处位置的不同,火车站又可分为城市中心终点站、国际客运终点站、轨间换乘站、公路—铁路换乘站、机场—铁路换乘站、航运—铁路换乘站、停车换乘站、郊区车站、轻轨站、地铁站等。其中,城市中心终点站是服务功能最强,技术最先进,也是投资最大的车站类型。

客运站:主要从事客运业务和客车行车与整备作业。根据需要设置若干到发线和站台,以及客运站房。在大型客运车站还配备有检修和清洗列车等作业的整备场。

货运站:主要从事货运业务,包括货物承运、装卸作业和货物列车的到发作业。根据需要设置若干到发线、编组线和货物库场、库房等设施(图6-4)。

a)作业中的吊车　　　　　　　　b)用于装卸货物的翻车

图6-4　货运站

编组站:专门从事列车的编组和解体,以及车辆与列车的其他技术性作业。它配备有机务段和车辆段、到发线、调车线、牵出线和驼峰等设施(图6-5)。

图6-5　我国拥有 CIPS 综合集成自动化系统的武汉北编组站

区段站:设于牵引区段分界处的车站,主要从事列车技术检查、机车的换挂、区段零担摘挂列车和小运转列车的改编等作业,配备有机车段、车辆段,以及到发线、调车线和牵出线等设施。

中间站:主要从事单线铁路列车的会让和双线铁路的越行作业,配备有到发线、货物线和牵出线等主要设施。铁路车站的发展趋势为作业集中化,设备、设施现代化和操作自动化。

城市中心终点站：很多城市中心终点站都是线路的终点，列车需要在此调头，旅客需要快速地集散到城市的各个区域。一个高效的做法就是修建服务功能强大的地下车站，满足建设区域各种服务需求，将城市中心具有很高商业价值的土地用于商业开发。法国的巴黎，英国的伦敦，德国的法兰克福、莱比锡，我国的北京、上海、南京、西安等大城市都修建了这类集各种交通工具换乘与现代化服务设施于一身的终点火车站。

国际客运终点站：它是旅客在另一国度看到的第一道风景，起着展示国门形象的作用。同时还需具备与所在国地面交通连接的能力，增设办理出入境业务等方面的设施。虽然这类车站数量不多，但投资却是巨大的。

轨间换乘站：这类车站主要解决不同线路类型之间的换乘问题。如快车线路和慢车线路间的换乘、长途列车与城市地铁间的换乘，长途列车与有轨电车之间的换乘等。

公路－铁路换乘站、机场－铁路换乘站、航运－铁路换乘站：这类车站具有不同交通工具间换乘的服务功能。

停车换乘站：这类车站在欧美国家较为多见。这类车站距离公路干线和高速公路距离较近，且建有上千个泊位的停车场。如英国的布里斯托尔、爱丁堡、斯蒂夫里奇等地的停车换乘站。

郊区车站：这类车站以提供两三种基本功能为特征，包括车站的设施、售票类型和员工的配备。随着互联网售票系统的使用，和基础设施材料坚固耐久性的提高，这类车站趋向于进行标准化的生产和大规模的重建，而不是维修。在欧美国家，这类车站的间距一般为 1000～2000 米。

轻轨站：这类车站是为满足都市巨大的客流需求产生的，它的承载能力远大于公共汽车，同时建设成本较低。既可以在公路上行走，也可以在轨道上行走，从而减小了列车运营对环境的影响，降低了堵车的风险。这类车站紧凑简洁，设计有供行动不便人士乘车的无障碍设施，一般无须配备专门的工作人员和相关设施。它们通常沿着高速公路和铁路沿线布置，规划时可进行综合考虑。轻轨站的间距较近，欧美国家通常为 500～1000 米。

地铁站：这类车站是高密度客流城市为缓解地面交通压力而开创的地下铁道交通方式。地铁站的修建耗资巨大，并且改造也十分困难。因此，设计时需有较长远

的规划,并预留今后一段时期内改、扩建的空间和附属设施费用。在大都市,一些地铁站被赋予了城市中心终点站的功能,而其复杂程度和技术难度远远超过了同样功能的地面车站。地铁站的间距通常为1000～1300米。

为衡量车站客货运量和技术作业量大小,以及在政治、文化、外交、运输布局中的地位不同,我国将铁路车站划分为特等站、一等站、二等站、三等站、四等站和五等站六个等级(表6-1)。

我国火车站等级划分　　　　　　　　　　　　　　　　表6-1

等级	编组站	客运站	货运站
特等站	日均办理有调作业车在6500辆以上	日均上下车及换乘旅客在6万人以上,并办理到达、中转行包在2万件以上	日均装卸车在750辆以上
一等站	日均办理有调作业车在3000辆以上	日均上下车及换乘旅客在1.5万人以上,并办理到达、中转行包在1500件以上	日均装卸车在350辆以上
二等站	日均办理有调作业车在1500辆以上	日均上下车及换乘旅客在5000人以上,并办理到达、中转行包在500件以上	日均装卸车在200辆以上
三等站	日均办理有调作业车在500辆以上	日均上下车及换乘旅客在2000人以上,并办理到达、中转行包在100件以上的	日均装卸车在50辆以上
四等站	办理综合业务,但按核定条件,不具备三等站条件者		
五等站	只办理列车会让、越行的车站		

第三节　火车站的规划、设计与施工

火车站具有使用周期长、耗资巨大、规模和功能随需求的变化而不断演变和发展的属性。车站必须设施齐全,便于维护,使其达到预期的寿命,并反映良好的运营状况。在火车诞生的国家——英国,有约12%的火车站已存在了100年以上,超过半数的车站已有半个世纪的历史。

不同需求的火车站,其规模和功能相差非常大。车站位置和规模大小决定运营速度,一般县级行政区设小站、市级行政区设大站。如城市中心终点站在世界上多数城市中都有着悠久的历史,经历了不同时代的改建,使它往往集中了车站的所有功能:可提供城际列车与本地列车间的换乘,提供铁路与公交、出租车和地铁的换乘,甚至可提供铁路与国际线路和机场铁路的换乘,车站还提供商店、餐厅、行李寄存处、候车室、厕所等设施与服务。多层结构的车站建筑使火车站的规模变得很大,而商业化开发使得车站与城市建筑间界线变得模糊,车站被淹没在城市其他建筑中。图6-6为瑞士一个小镇的火车站,车站只有一个很小的站房用于提供购票和乘客候车,乘客可直接走进月台购票,实时列车信息显示在控制室的屏幕上。

火车站的建设程序同样需要经过立项、可行性研究、设计(初步设计、方案设计、施工图设计)、施工、验收几个建设阶段。

图6-6 瑞士英特拉肯无人值守火车站

立项阶段:提出问题和解决问题的建议。回答如出现了什么问题,如何做得更好,包含了设备的哪些领域(只是车站,或是铁轨的交汇处,指示牌,火车管理方法和市场销售等与立项涉及的一些内容),解决的途径可能付出的代价是什么,并给出一个参考工程的部分或整体数据。

可行性研究阶段:对问题的深入论证阶段,为项目决策提供依据。首先是确定问题的特征,从物质、技术、组织和资金等方面进行分析和论证。最后明确问题并给出一个或多个可能的解决方法,并为接下来的工作做出预算。

设计阶段:一个不断精细化和成本逐步逼近实际的过程。首先,它对初步设计提出可能的几种设计,对每种设计估计大致的成本。同时,收集类似工程案例,测试其是否可行,之后给出哪一种设计值得进一步研究的结论。当进行一些大型的重要项目设计时,还应该有一个"总体规划"。其次是方案设计,制订出一个或多个解决方案,并对初步设计进行加工。这一阶段,设计资料应尽可能地准确。随着设计的进展,任何的变动都会导致昂贵的成本和设计的中断。如果开始不能确定所有的因素,那么设计应有兼容性,以最大限度地减少后来的变化所带来的影响。方案设计的成本精确度约达到实际值的3/4。最后是详细设计。从车站的人员配置、维护和更新所需要的成本而言,详细设计对将来整个使用的影响最大。这个阶段是根据要求提供一个全面、细节的陈述,以使设计师能全面地设计车站。这一过程同样需要

重新估计成本,其精确性已接近实际成本,相差在10%左右。完成后的设计需要经过批准方可进入下一建设阶段。

一、规划

　　火车站的规划是对车站在整个运营期内的运作进行的策划。规划过程决定了需要何种类型的车站,怎样建造车站和建在何处等问题。它限定了随后设计工作的环境因素。规划活动也极大地影响着车站的运作、建筑费用和施工时间,结构的潜在寿命和结构形式,以及车站整个使用期的维护费用。规划过程包括确定目标并使之更加明确,决定实现目标所需要的表现形式,并得到相关的许可证以实施工程。

　　目标的确定需要对未来的需求作精确的预测,并了解铁路管理者所遵循的商业政策。必须处理好经济增长、人口变动、道路堵塞、车费水平、竞争方式的成本、旅行时间等不确定因素的影响。为了使预测能建立在一定和理性的基础上,人们开发出许多模型用于这类预测,尽管如此,预测工作仍然只是一个粗略性的结果。

　　拿到许可证的过程既费时又复杂,审批机构会涉及地方当局、政府机构、铁路部门、安全部门、土地资源部门、消防部门、质检部门等,需要根据所在国家和地区的有关法律法规和管理制度去履行相关手续。

　　车站地点的选择是一项艰巨的任务,需要车站、服务、商业开发和经营,甚至政府等方面的合作来完成。许多因素都会对选择造成限制,需考虑的主要因素有:是否会增加投资或经营成本,是否会延长施工时间或引起施工过程中的混乱,是否会降低车站的效率(如步行距离太长或视线受遮挡等)。一个高质量的设计是对各种制约因素发挥创造力和技术运用的结果。车站的建设是百年工程,给后代应留下遗产和享受。

二、设计

　　火车站的设计主要有站房设计、站台与轨道设计、设施设计三类,它们涉及运营、服务与安全三个领域。新型大中型火车站站房由高架层、站台层、出站层三个基本平面层组成。高架层一般用于为旅客提供宽敞舒适的候车环境;站台层多用于旅客进站、售票等,可容纳、缓冲大客流,进站大厅多设计成高大空间;出站层多为旅客出站通道及设备安放点。火车站站房有着与办公楼、酒店、药厂等建筑不同的建筑结构,因而其空间的构成、设施的配置以及空调与照明的需求均有独特的特点。火车站的设计肩负着既能满足使用要求,又能解决商业问题,同时具有艺术作品展示的重任。

(一)站房设计

站房是火车站最具文化标志性,且最富于变化的重要建筑物,它蕴含着历史和文化的氛围。作为重要的铁路运输建筑,火车站站房有繁有简,最简单的火车站站房甚至只由几间房屋组成,而大型火车站的站房则由多种功能各异的房间,如进站大厅、候车室、售票室、车辆用房、办公室、车间,以及为旅客服务的建筑等组成。这些房间各有不同的服务对象和工作职能,因而对环境的要求也各不相同。

站房设计即是对空间、尺度和光的设计,同时也是一项艺术性很高的建筑作品设计的过程。它是对设计师设计能力和艺术造诣的考验。

空间规划与客流组织。适当的空间对车站的良好运作是必要的。车站中有许多空间,如穿越的空间、候车的空间、售票的空间、安全疏散的空间等。空间还可以通过平静、祥和的氛围来影响人的精神。一旦产生围合,空间也就产生了。

车站的空间规划有三个主要原则:一是避免拥挤;二是适应客流的变动和应对车站服务瘫痪下的混乱;三是具有良好的疏散能力。一种开敞空间的理念应该在设计中体现,这不但可以获得良好的视野,减少步行距离和视线死角,同时也为将来可能增长的交通量而进行的车站扩建提供便利。例如:使公共道路能与不同的区域和站台直接相连,梯子、自动售票机、电梯等硬件设施的位置和大小应考虑对周围客流的影响,道路的容量应和它的长度相适应,步行线路上不应有障碍物。宽敞的车站内部通道设计不宜设门,以便于人群疏散(图6-7)。德国斯图加特高速铁路车站设计了通畅的空间,并采用了与屋顶支撑结构结合的屋顶采光(图6-8)。

图6-7　宽敞的车站内部通道设计

图6-8　德国斯图加特高速铁路车站的设计

车站可能会遇到各种紧急情况,如火灾、水淹、煤气泄漏、水管破裂、停电、火车出轨等危险情况。流线型的结构设计和正确的材料选择有助于控制这些灾害。尤其在位于地下且封闭的区间或车站,防灾应急设计十分重要。例如:建筑材料应是阻燃的;煤、水、气、电等管线应相互分离并预留能容纳可能的泄漏空间,同时做好专门管理;每个车站都应设计不少于两个逃生出口和通风系统,以保证火灾发生时排出烟雾;监视系统和消防设施也必不可少。钢结构组成的车站,净空应大于12米,不准设置吊顶结构,以避免伤害人员。

在设计车站的运行容量时,估计不同区域的客流密度和客流速度是设计的一项基础工作。通过它可以计算出车站内客流线上各点、线、面的合适尺寸。表 6-2 为伦敦地铁的服务容量分级标准。

伦敦地铁的服务容量分级标准　　　　　　　　表 6-2

区　　域	服务水平	量化指标
站台	C	0.8 平方米 / 人
综合大厅和售票厅	C	0.8 平方米 / 人
单向步行通道	D	50 人 /（分钟·米）
双向步行通道	D	40 人 /（分钟·米）
单向楼梯	D	35 人 /（分钟·米）
双向楼梯	C	28 人 /（分钟·米）

客流组织可分为水平向和垂直向两种,水平向的客流组织由通道和自动步道实现。在交通繁忙的车站使用单向流线可以提高效率并便于管理。自动步道适用于距离较长或使用频繁的道路,用于节省旅客的体力和时间。自动步梯通常用于比较平缓的地势（伦敦地铁允许 1/12 的坡度）。垂直向客流组织主要采用自动扶梯、垂直电梯、斜坡和楼梯。即使客流再少也不应使用太窄的楼梯。因为上、下楼梯时人的速度会比平时慢,所以楼梯的宽度应比水平道路的宽度宽一些,伦敦地铁规定双向交通的楼梯宽度不少于 2.4 米。在标高相差很小的地方可以设计铺装有防滑材料的坡道,这样可以使客流更加顺畅。自动扶梯通常用于垂直高差不小于 5 米的地方,它可以使大量客流不费力地到达另一楼层,一个繁忙的自动扶梯必须有足够的宽度能同时容纳 2 个人并肩行走（通常 1 米左右）,这样每小时可运送 6000 多人,如果站满不走动的话则可容纳 7200 人。扶梯在斜线上的运行速度为 0.3~0.9 米 / 秒。在位于地下且封闭的车站内,自动扶梯都需要设置专门的防火分隔以便于紧急情况下隔离火和烟。垂直电梯在地下车站和双向垂直客流的组织中具有优势,它快捷而占用空间不大,对于深埋的车站,位于站台正上方的垂直电梯给行动不便的乘客提

供了最大的方便。在一些客流容易拥堵的区域还要设计缓冲区。

尺度的掌握。车站的设计有两种尺度可以选择。对于仅供客流快速通过的车站或客流不多的偏远小站,只需要采用宜人的较小尺度就可以了。而一些大型车站,都采用巨大的尺度,乘客比较喜欢在大尺度的空间停留而不感到局促和压抑。纽约中央车站和伦敦尤斯顿站的巨大中厅以及巨型的建筑体量,给人留下深刻印象。对于货运站,尺度的设计主要考虑货物与运营设备的尺寸。

照明。照明设计最好采用自然光,但车站在晚上也要运行,尤其是地下车站,照明就是必不可少的。灯光的基本作用是保证乘客进出方便和安全。一些特殊的地方如售票口、援助处、信息咨询处、站牌、楼梯和地铁入口处、站台边缘等需要加强的灯光照明。光线强弱的层次差别可以帮助人们辨别方向。为了使闭路监视系统有效地工作,照明既要足够明亮又要相对柔和。所有的车站都需要备用的照明电源,这在地下车站是必不可少的,在紧急情况下它们必须能够维持足够长的时间直到人群完全疏散。

荷兰鹿特丹市布拉克车站是一个巨大的"玻璃盖",光线由楼梯和自动扶梯引入地面车站,在自然光无法到达的地方则使用灯具补充照明(图6-9)。

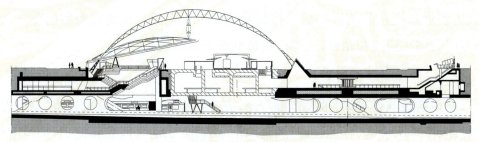

图 6-9　鹿特丹市的布拉克车站纵断面

（二）站台与轨道设计

站台分为岛式站台和侧式站台两种,侧式站台列车只能停靠在站台一侧（图6-10）,而岛式站台则两侧均可以停靠列车（图6-11）。站台的宽度应能满足最大的设计聚集人数。英国地铁侧式站台和岛式站台的最小宽度分别为3米和6米。如果有高速列车通过,则这一宽度还将更大,达到4.5米和9米。站台上的各种构筑物与站台之间有最小距离要求,以方便旅客往来。楼梯或电梯（沿站台纵向布置）距站台边缘的最小距离为2米,站台上其他结构物距站台边缘的最小距离为3米。站台的长度应与停靠的列车长度适应,并留有一定的停车误差。条件许可时应避免曲线站台,因为在站台两端需要增加站台与列车间的距离,同时,曲线站台还会带来遮挡视线等安全隐患。应尽量减小站台与列车之间的距离。屏蔽门不宜在地铁车站,尤其是大多数地下车站中使用,因为它不能利用隧道中列车运行时产生的"活塞风"来调节车站内的温度,非常消耗能量,这种做法很不好。

图6-10　侧式站台

图6-11　岛式站台

轨道的设计决定了从不同方向进站的灵活性,以及火车之间产生冲突的概率。一个灵活的设计可以允许邻近站台的列车同时到达和离开,而不需要等待。在较大和较繁忙的车站,通常会采用地下铁道或立交桥(有时也会采用环线)来消除冲突,以提高站台的利用效率。

随着双头列车和单端集中动力列车的出现,列车的调头作业变得异常简单而高效,只需要通过道岔和相应的信号控制系统就可以完成。在交通密集的车站,还需设计专门的调头侧线和站台,以保证直达列车不受延误。

(三)设施设计

车站内的设施种类多,涉及范围广泛,有安保设施、售票与检票设施、卫生设施、暖通设施、供排水设施、标志设施、通信与信号设施、消防与应急设施、养护与维修设施、商业设施等。根据车站需求的不同,所配备的设施也有很大差异。但应尽量简化不必要的设施。

三、模块装配式设计与施工

车站的设计正向着结构模块化、人性化,信息与标志多样化,设施现代化与节能环保的方向发展。这可以加快车站的建设速度和促进质量的提高。

模块化车站的施工流程由六个步骤组成,分别为:系统设计、地基设计与施工、模块化构件预制、运输、安装、竣工。系统设计阶段主要进行车站功能的结构设计,根据业主提出的需求,结合具体工况条件由业主、设计和制造商三方合作进行,这种合作会持续到工程结束。地基设计是运用已有的模块化施工系统为单体地基寻求解决方案。模块化构件预制是在供应商的工厂进行制造,构件在工厂加工成形,且完成检验并得到业主的认同(与此同时,工地现场的基础已完工)。然后是运输和安装。将预制好的构件运输到工地现场,进行模块化构件的安装。安装工作多采用吊车来完成,每块构件的重量只有几吨,所以使用可移动的公路起重机就足够了。最后是竣工。相邻的构件需要连接在一起,各系统之间也需要相互联系。后者可通过将组装构件插在一起来完成。完成后的建筑要与当地设施和铁路通信系统连接起来。检验完工后,车站就可以交付使用了。

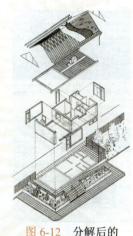

图 6-12 分解后的 VSB90 站

图 6-12 为英国地铁一个成功采用模块化(标准化)设计的小站。各种功能区域由被模块化的设计组合构成,售票厅、厕所、站台、坡道和踏步、雨棚甚至零售摊一应俱全,这使车站得以在很短的时间内建成。

明挖法施工的车站可以采用模块化拼装法。

第四节 著名火车站

一、中国北京南站

中国北京南站共设 13 座站台,24 条到发线,3 个客运车场。从北往南依次为普速车场(设 5 条到发线,3 座站台)、客运专线车场(设 12 条到发线,6 座站台)和城际铁路车场(设 7 条到发线,4 座站台)。它承担京津城际铁路列车的到发任务,还是京沪高速铁路等客运专线列车在北京到发的客运站。

北京南站拥有强大的交通系统(图 6-13),总共 5 层,由地上两层、地下三层以及高架环形车道组成。环绕中央站房和两侧雨篷建有环形高架桥,全长 2.8 千米。高架层主要通行出租车和社会车辆,旅客进站可直接进入高架候车大厅。高架桥在东南西北四个方向建有立交,实现了铁路站房与市政交通的连接。乘坐公交车的旅客可以选择地面乘车或到地下一层换乘。地面层主要通行公交车辆,以及旅客进站。

地下一层是换乘大厅、停车场以及旅客出站系统,并且预留了与城市铁路连接的车站。北京南站公交车站紧邻站房南北侧,北侧建成下沉式广场,设有公交车始发和出租车停靠站,南广场设有公交停靠站。地下二层是北京地铁4号线,地下三层是北京地铁14号线。

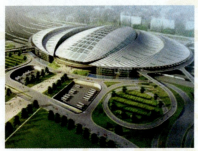

图 6-13　拥有强大交通系统功能的北京南站

二、中国南京南站

2011年6月28号正式开通运营的中国南京南站(图6-14)是亚洲最大的高铁四层结构枢纽火车站,连接京沪、宁通、宁杭、沿江高速铁路,宁安、宁启、宁合城际铁

a) 车站内部自动化扶梯及多层站房

b) 宏伟的车站外观及有序的换乘环境

c) 宽大的月台顶棚设计,呈现了列车在房中跑的景象

d) 南京南站宏伟的地面建筑

图 6-14　中国南京南站

路和宁蓉铁路 8 条高等级铁路。拥有 15 座站台、28 条轨道。南北长 417 米，东西宽 456 米，高 59.96 米。地下一层为地铁层，地面一层为到达层，二层站台层距地面 12.4 米，三层出发层距地面 22.4 米。总建筑面积 45.8 万平方米。钢结构做成的 7.2 万平方米镂空滑移屋顶，使阳光得以进入站房大厅。屋顶设计了年发电量在 7.17 兆瓦的太阳能光伏发电系统，对站房的动力用电、照明用电进行补充，屋顶可自动开启的电动门窗，使自然风和室内空气可以自由交换。从出站口到指示牌，从百叶吊顶到无柱雨棚，站内设施的装修风格处处充满了现代感。通过 128 部电梯，乘客可以便捷地在地铁层、地面公交层以及候车大厅等四个楼层之间转换。

三、中国西安北站

西安北站（图 6-15）是西成、大西、徐兰、西银四条快速铁路交会站，拥有 18 座站台，34 条轨道线，设有郑西、西宝场；西成、大西场；西银、关中城际场三个站场。远期年设计运送旅客达 1800 万人次（单向）。站房面积 33.66 万平方米，设南、北双向客运站房和站前广场。客运站房采用高架候车、线下出站的布局，客流组织采用"上进下出"的立体分离集散方式，互不干扰。地铁 2 号线引入北站地下层，与国铁实现了"零距离换乘"。

a）西安北站俯视

b）西安北站宽敞明亮的候车大厅

图 6-15　中国最大的枢纽火车站西安北站

四、中国深圳福田地下车站

由于福田位于深圳市中心，为了不破坏环境，将整个福田站及两端的区间全部入地，地面仅看见车站的候车厅及站台，车站地下结构长 1023 米，宽 78.68 米，两侧大楼基础距离车站施工的基坑 14～18 米，基坑安全等级很高，大楼高 200 米左右，

其中两条地铁线和车站垂直交叉换乘(图 6-16、图 6-17)。

图 6-16　福田枢纽车站

图 6-17　福田车站地下站场

五、中国广州南站

广州南站(图 6-18)为地面高架车站,共五层:地上三层,地下两层。第一层为旅客出站厅,地面层是停车场以及出租车上客区,第二层为站台层,第三层为旅客候车区域,地下一层为停车场和地铁站厅层,地下二层为地铁站台层。车站设 15 座站台、28 条到发线。

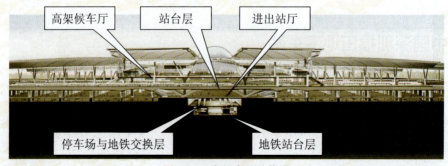

图 6-18　广州南站结构图

六、英国利物浦路车站

世界上第一个真正的铁路车站是 1830 年开通的英国利物浦至曼彻斯特铁路（Liverpool and Manchester Railway）上修建的利物浦路车站。现在在曼彻斯特,利物浦路车站被保留作为科学博物馆(图 6-19)。

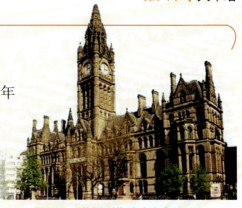

图 6-19　英国利物浦路火车站

七、美国纽约中央火车站

1903 年建成的美国纽约中央火车站,不仅是全世界最大、最忙碌的火车站,更是全世界最大的公共空间。车站拥有 44 座位于地下两层的站台以及 67 条轨道。其主要提供纽约上州与康乃迪克州和曼哈顿之间的铁路交通,每天迎来送往的旅客约 12.5 万人,年运送旅客 4500 万人。

美国纽约中央火车站（图 6-20）最吸引人的就是其挑高的候车大厅和人车分道设计。候车大厅里的主楼梯按照法国巴黎歌剧院的风格设计,大厅的拱顶由法国艺术家黑鲁根据中世纪的一份手稿绘制出黄道 12 宫图,共有 2500 多颗星星,星星的位置由灯光标出,一通电源便满目生辉。

图 6-20　美国纽约中央火车站

八、英国伦敦滑铁卢火车站

坐落在泰晤士河南岸的滑铁卢火车站是为 20 世纪最大的土木工程——英法海

底隧道铁路服务的车站(图 6-21),是英国第一个国际列车终点站。它拥有一个由钢和玻璃制成的巨大弧形屋顶,净跨 48.5 米,将 400 米长、四层的站房盖住。其拱顶的骨架由 36 个长度为 32.7～48.5 米不等的桁架支撑,构成每个拱的两个三角形构架上共有 1680 块玻璃,有 229 种不同的大小。它的站台位于地面上方的三层,结构承受来自五列 400 米长的火车的净重以及加速和制动时产生的巨大纵向力,并且还需调节屋顶的重量和空气动力。进站口和出站口设在不同的楼层,出站大厅位于地面层,国际进站大厅位于地下层,需乘垂直电梯和自动扶梯才能到达。不同方向的客流通过电动隔断门分开。出站的乘客沿斜坡下到地下一层进行移民检查和海关检查,之后乘电梯就可通往出租车、公交站和地下铁道站台。作为英国最大的火车站,滑铁卢火车站面积达 24.5 万平方米。它是连接伦敦和英国西南地区的列车站,同时也是"欧洲之星"的始发站和终点站。

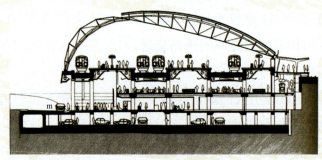
a) 火车站结构

b) 宽大的内部房顶

图 6-21　英国滑铁卢火车站

九、德国柏林中央火车站

2006 年 5 月 26 日,被誉为世界上最漂亮的火车站的德国柏林中央火车站落成剪彩。这座历时 10 年、耗资 130 亿欧元建成的五层钢结构玻璃建筑,占地 1.5 万平方米,成为柏林继帝国国会大厦和勃兰登堡门后的第三座地标性建筑。车站地面轨道长 320 米,地下月台长 450 米,拥有 80 多家商店。连接巴黎和莫斯科的东西线列车从高于地面 12 米处进出,而连接哥本哈根和雅典的南北线则在地下 15 米深处通过。

从空中俯瞰,柏林中央火车站呈现出中文草字头结构。草字头的一横,是东西走向的铁轨。轨道两旁 450 米长的站台上是带有太阳能发电装置的拱形玻璃屋顶。草字头的两竖,则是南北方向长达 160 米的五层玻璃钢建筑。中间的三层是"购物世界",有

80家商店,购物面积达 15000 平方米,全天 24小时营业。车站里面可以说是应有尽有,包括了人们生活的方方面面。从吃穿用到图书和报刊,从名牌产品到普通的文具用品商店,从邮局到旅游服务中心等,一应俱全。

它是目前欧洲最大也是最现代化的中转车站。每天可以接纳 30 万乘客,能够停靠 1100 次列车。其中远程列车 164 列,地方铁路区间车 314 列,城市快速交通列车 600 列以及今后可能还要增加某些线路的地铁列车。车站内安装了 54 座滚动式电梯,34 座直升式电梯(图 6-22)。

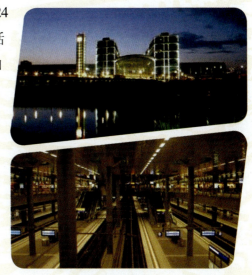

图 6-22　夜幕下的德国柏林中央火车站及设施先进的站台

十、新西兰但尼丁火车站

在 20 世纪初,但尼丁是新西兰的商业中心。但尼丁火车站是专为服务这里建立的,启用于 1906 年。但尼丁火车站是一座佛兰德文艺复兴风格的建筑,以黑色的玄武岩为原料,采用白色的奥玛鲁石灰石为装饰面。

1 千米长的主站台是新西兰国内最长的站台,每年的 10 月,南岛上主要的时装秀都会在这里举办,这里可以称得上是世界上最长的 T 型站台。现在,只有一条豪华旅游线路在使用这个火车站。火车站一层大部分是饭店,二层主要是美术馆和体育名人纪念馆。人们走在洁净的地上,参观火车站的外部装饰,然后漫步站内,欣赏其华丽的内部装饰(图 6-23)。

 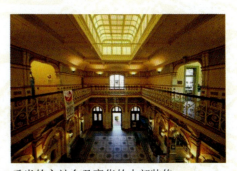

图 6-23　新西兰但尼丁火车站长达 1 千米的主站台及豪华的内部装修

第七章

机车与车辆

  我们的探秘之路来到了在线路上奔跑，将人们和货物运往四面八方的运输主角上，这就是列车。列车由哪些部分组成？它巨大的能量来自何方？列车前行与制动的原理是什么？为什么人们已不再使用蒸汽机车？列车司机闯红灯后还能继续行驶吗？城际列车有多快？动车的车头在哪里？为什么列车比汽车更加环保？世界上都有哪些有趣的列车……本章即以上述问题为主线，对埋藏于列车内部的科学道理来一次揭秘之旅。

  所谓列车，顾名思义，就是指多节车厢排成一列纵队，沿铁路线移动的交通工具。列车由提供动力的机车和提供装运空间的车辆组成。这里机车是指提供牵引动力，控制列车运动，并带动其下部被称为动轮的车轮转动前行的独立车辆；而车辆通常是指不提供牵引动力，车底安装从动轮，挂在机车后被机车拖动前行的车辆。

第一节 机车的工作原理

机车的分类主要有用途分类和能源分类两种。机车根据用途不同分为客运机车、货运机车、调车机车。客运机车和货运机车是铁路上的干线机车,而调车机车用于铁路站场内或专用线上车辆的编组、解体、拉出、转线等调车作业,一般不跑长途。机车根据其使用的能源不同,分为蒸汽机车、电力机车和内燃机车。蒸汽机车"吃"煤、内燃机车"喝"油,电力机车则使用环保、可再生的电能。下面就分别谈谈这三种机车是如何将煤、油和电转化为牵引列车前行的动力,了解其中的科学道理。

机车是一个巨大的钢铁设备,通常重量都在百吨以上,而车辆,每节自重也在数十吨,一列火车通常由多节车辆编组而成。机车是怎样拉动装满乘客和货物的列车的呢?这样巨大的动力是靠怎样的方法实现呢?我们说,机车就是一个巨大的能量与动力的转换器,不同类型的机车,其能-机转换的原理不同,能源的利用效率也不同。下面我们就来说说蒸汽机车、电力机车和内燃机车的能-机转换原理。

一、蒸汽机车

蒸汽机车是靠汽-机转换原理产生牵引动力的。蒸汽机上的锅炉将水加热后产生的水蒸气进入下面两侧的汽缸,推动汽缸活塞做往复运动,带动连接与活塞一端的一套机械传动机构——汽机运转,从而实现操纵机车前进、后退的功能。图7-1为蒸汽机车汽-机工作原理示意图。汽机由汽室、汽缸、活塞组、摇杆、连杆和一套阀装置组成。一系列支配汽室内的气阀与汽缸内的活塞协调动作的配汽机构,用来调节进入汽缸的蒸汽量,从而调节牵引力,并实现机车的前进、后退。它由司机手把来控制。

蒸汽机车的运行需要煤和水,为了保证足够的水和煤使蒸汽机车持续运行,铁路沿线会设很多站

图7-1 蒸汽机车汽-机工作原理示意图

· 162 ·

点,储备大量的煤和水提供给需要的机车(图7-2)。此外,机车还要经常清洁和维修,因此它的运行成本不菲。

世界上公认的最早的蒸汽机车是1825年乔治·史蒂芬森研制并运行于英国斯托克顿至达林顿间21千米铁路的"旅行号"蒸汽机车(图7-3)。由于蒸汽机车能源的利用率低,能耗为电力机车的5倍,且污染严重,自20世纪60年代,西方发达国家已停止使用蒸汽机车。1952年7月,中国第一台蒸汽机车在"四方"机械厂诞生,命名为"八一号",机车重92.07吨,运行时速80千米。我国于1998年12月21日停止生产蒸汽机车。蒸汽机车完成了其大运力铁路交通动力鼻祖的历史任务,带着其近代工业文明发展史上里程碑的荣耀,进入了铁路历史博物馆(图7-4、图7-5)。它占据着百年牵引独领风骚的列车机车始祖的位置。

图7-2 早期蒸汽机车上驾驶室内的锅炉及控制阀

图7-3 乔治·史蒂芬森1825年制造的蒸汽机车

图7-4 1952年中国第一台"八一号"蒸汽机车

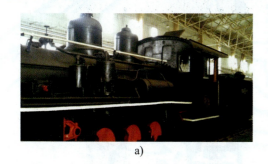

a)

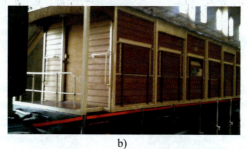

b)

图7-5 我国滇越窄轨铁路上的蒸汽机车及木质车厢

二、内燃机车

内燃机车靠车载的柴油作为能源,柴油机是其实现油-机转换的核心部件,汽缸结构如图7-6所示。柴油机通过在汽缸内燃烧空气与柴油组成的燃油混合气体,产生膨胀气体压力,推动汽缸内活塞作往复运动,活塞通过连杆带动与列车动轮相连的曲轴转动,从而完成油 - 机转换功能。图 7-7 为四冲程柴油机工作原理示意图。

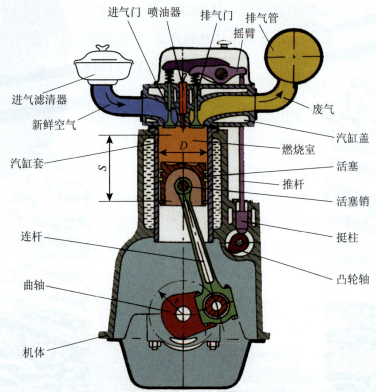

图 7-6 内燃机的心脏——柴油机汽缸结构

S- 活塞行程;D- 汽缸直径

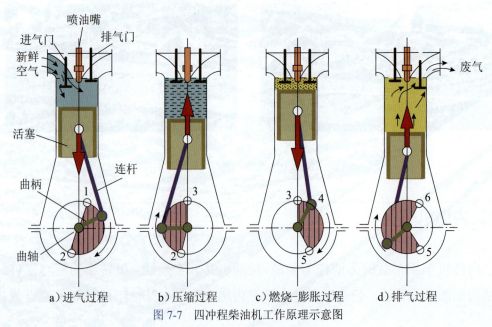

图 7-7 四冲程柴油机工作原理示意图

四冲程柴油机的工作过程由四个进程组成一个循环。第一行程为进气过程。活塞下行,进气门逐渐开大,新鲜空气进入汽缸;连杆带动曲轴的曲柄从1点顺时针通过活塞下止点直至2点,此时进气门完全关闭。第二行程:压缩过程。此时,进、排气门均处于关闭状态,活塞在曲轴的惯性下上行,曲柄自2点位置顺时针方向转动至3点,汽缸容积逐渐减少,密闭汽缸内的压力和温度不断上升。第三行程:燃烧-膨胀过程。活塞上行到汽缸的最大行程位置——上止点位置前,喷油器开始向汽缸内喷入雾状燃油,在汽缸内形成油气混合物,并立即着火燃烧。此时,密闭的汽缸内压力和温度急剧上升,产生巨大的膨胀力,推动活塞下移,通过连杆带动曲轴转动,曲柄从3点顺时针转到5点。第四行程:排气过程。活塞在转动惯性的带动下上行,曲柄从5点顺时针转动到6点（即回到原始位置1点）,此时,排气门开启,汽缸内的废气被排出,为柴油机的连续作业条件。至此,一个工作循环结束,活塞上、下走过了四个冲程,曲轴转动了两圈。柴油机就是这样通过燃烧混合气体在汽缸内燃烧—膨胀,推动活塞作往复运动,而活塞又通过连杆带动曲轴转动,从而对外输出功率,带动发电机转动,完成油-电转换。发电机产生的电能经配电后用于牵引电机上,带动机车车轮转动。

　　柴油机的结构和种类很多,主要有直立式、"V"形和卧式。机车上使用的柴油机多为"V"形结构,它可有16个汽缸,分成两排,共用一根曲轴,以节省空间,增大功率。柴油机的型号标明了柴油机的主要技术参数。如16V240ZJB型柴油机,代表该柴油机有16个汽缸,成"V"形排列,汽缸直径为240毫米,Z为增压,J为机车用,B为改型。我国铁路用的柴油机主要有16V240、16V280、12V180和12V240等,其中转速为1000转/分钟的叫中速柴油机,1500转/分钟的叫高速柴油机。

　　内燃机车是一节独立的车辆,由动力装置、传动装置、辅助装置、车体车架和走行部分（转向架）五部分组成。如东风4B型内燃机车,它设有两个司机室,从第1司机室开始,依次为电气室、动力室、冷却室和第2司机室。车体的底部是车架,车架两端有车钩和缓冲器。

　　柴油机启动后带动同轴的发电机发电,供给位于转向架上的牵引发电机,牵引发电机再带动车轮转动,机车就能跑起来了。电器室中安装了各种电器控制设备;冷却室有风扇来冷却高温的水或气,燃油箱储备燃油;制动系统利用总风缸的压缩空气推动闸瓦抱车轮制动。

内燃机车为何要多一个动-能-动转换部分呢？这就要从机车的牵引特性说起。机车的牵引特性要求机车的牵引力与运行速度成反比关系（即呈双曲线关系），这样才可使机车保持一个恒定的功率。而柴油机直接输出的转矩（扭力）几乎不随速度改变，因此，直接使用柴油机的输出功率就无法胜任机车的牵引工作。因此，在柴油机和机车动轮之间需要有个改善柴油机牵引特性的传动装置，使柴油机转速与动轮转速之间实现机车的牵引特性要求。这个中间装置有液力传动和电力传动两种，因此，内燃机车又有液力传动内燃机和电力传动内燃机之分。

电力传动装置主要由一台牵引发电机和数台装在机车动轮上的牵引电动机组成，通过对牵引发电机的控制，使它具有机车所需要的牵引特性。液力传动装置通过工作油传递能量，实现改变柴油机力矩的目的，从而满足机车牵引特性的要求。液力传动装置主要由液力变矩器、液力耦合器和液力制动器组成。

三、电力机车

电力机车是通过车顶上伸出的受电弓从接触网上直接取电，经过车载变电设备将接受的原电源改变为适合于电机工作的电能后提供给电机。电机转动带动与之相连的齿轮组，从而带动列车动轮转动，完成了机车的电-机转换。根据供电的制式不同，电力机车分为直流供电和交流供电，采用的电机也分为交—直流电机和交—直—交流电机。图7-8为交—直流电力机车工作原理示意图。位于机车顶部的受电弓从沿铁路两侧铺设的接触网上取得单相工频的交流电（我国为25千伏），经位于车体内的牵引变压器降压，再经变流装置平波、整流后，供给直流牵引电动机，牵引电动机带动与之相连的齿轮转动，驱动列车的动轮，从而牵引列车前行。

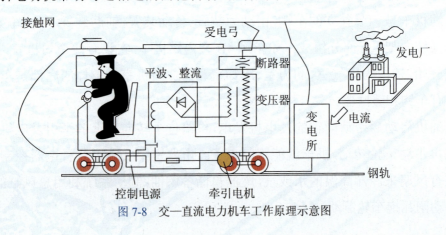

图7-8 交—直流电力机车工作原理示意图

交流传动电力机车从接触网上取得单相交流电后,经整流变为直流电,再由逆变器变为频率、电压可调的三相交流电,供给三相异步电动机来牵引列车。这种三相异步电动机有着较其他电动机无法比拟的优势:主要表现为结构简单、体积小、重量轻、单位功率高、环境适应性能强。异步电动机是所有电机中结构最简单的一种,没有换向器、电刷等累赘,除轴承外没有其他摩擦部分,具有卓越的防潮、防尘、防水、耐热、绝缘性能和高可靠性。由于其重量轻、体积小,并采用特殊的悬挂装置安装在车架上,弹簧下重量小,对轨面冲击力小,有较高的曲线通过能力。安装交流电机的机车,轮轨间黏着性能好,防空转能力强,每千克重量电机的功率较直流电机高一倍,达到 0.68 千瓦,既适合牵引高速列车,也适合牵引重载列车。因此,我国 2006 年引进国外先进技术生产的和谐号系列电力机车,均大规模采用了交流传动技术。

电力机车的组成可分为车顶部受电部分、车体和其下部的走行部分(也称转向架)。车顶设备部分主要有受电弓、通风罩、避雷器以及一套高压电用电安全保护装置。

受电弓是铰链式构件,底架下部有弓装置,用时升起,不用时放下,由控制机构自动控制受电弓的动作。受电弓的弓头是一根较长的装有支架的横梁,支架上装有两条平行的滑板,支架与受电弓上臂以弹簧连接,以保证机车运行时弓头能随接触网导线升高和下垂的变化而上下动作,改善受流条件。滑板中有风道,通有压缩空气,一旦滑板磨损至极限或断裂时,空气外泄,自动降弓装置启动,受电弓会迅速下降,防止弓网事故的进一步扩大。受电弓工作高度为 0.88～2.8 米,升弓时间小于 5.4 秒,降弓时间小于 4 秒,自动降弓时间仅需 1.2 秒。

主断路器是电力机车的总开关,受电弓接受的高压电要通过它才能进入机车内部,它是电力机车的总闸。当受电弓升起来与接触网接触后,司机控制主断路器闭合,这时机车才能从接触网上接受电流。主断路器还担当着保护主变压器的作用,当主变压器发生短路或电流过大时,主断路器能自动断开电路,保护机车,其作用就像我们家里常见的保险丝所起的作用一样。

电力机车是如何操纵的呢?列车司机的主要操作是起动、制动、加速、减速,而不必进行方向的控制,因为列车是在轨道上运行的,其方向在铺设轨道时就已确定了哪里该转弯,哪里该直行,列车沿轨道运行,方向由安装在转向架上的车轮自动控制,司机不能自主控制列车运行的方向。图 7-9 为高速电力机车驾驶室。

电力机车的微机控制系统:微机从 20 世纪 80 年代进入机车控制系统以来,目前较成熟的有瑞士 IBB 公司的 MICAS,西门子公司的 SIBAS-16,日本的 PHAI-16

等系统。电力机车微机控制系统具有多种功能,它自动化程度高,可部分代替司机的工作;除牵引、制动控制功能外,还能实现防空转、防滑行、空电联合制动和自动过分相等功能;利用网络通信技术,它还能实现重联控制(即:两台机车由一个司机操纵,共同牵引一列列车)。

图 7-9　高速电力机车驾驶室

第二节　车辆的运行

　　铁路车辆是装有乘客和货物,挂在机车后面运行的车厢的总称。根据运输对象的不同,铁路车辆分为客车车辆和货车车辆。客车车辆进一步细分时,又分为直接装运旅客的车辆和为旅客服务的车辆以及客运特殊用途的车辆三类;货车车辆根据装运货物的种类不同分为集装箱车、矿石车、长大货物车、毒品车、家畜车、水泥车、粮食车、物种车和守车等十余类,不同的货车车辆,适应于不同的货物运输要求。货车车型主要有棚车、敞车、平车、罐车、冷藏车等。

　　尽管车辆的种类很多,但其结构大致相同,主要由车体、走行部分、车钩缓冲装置、制动装置和车辆内部设备五部分组成(图 7-10)。车体提供装运乘客和货物的空间,运输需要的环境条件和连接其他车辆的部件,它坐落在走行部分上;走行部分也称为转向架,它是能相对于车体回转并引导列车转弯的部件,一般客、货车辆的走行部分由两台具有两个车轴的转向架组成;车钩缓冲装置是连接机车与车辆、车辆与车辆的连接装置,它被安装在车体底架两端的牵引梁上,用于传递、缓冲列车运行中的纵向力;制动装置位于车体下部,是列车制动的一整套机构,包括空气制动机、手动制动机和基础制动装置等,它通过空气压缩或手动推动基础制动装置,使闸瓦压紧车轮或制动盘,实现制动,完成列车减速、停车等动作;车内设备是设于车体内的一些附属设备的总称,用于为运输对象提供适应的运输环境的设备,如客车内的卧铺、茶

第七章 | 机车与车辆

桌、行李架、卫生间、空调、照明等,货车车辆上如棚车上的拴马环、床托等为运送大牲畜和押运人员所设的附属设备。其他如保温车、罐车等都有不同的附属设备。

图 7-10 客车车辆组成

一、掌舵的转向架

转向架是车辆的重要部分,它为什么能转向呢?让我们一起来看看它的机关和奥妙。客车转向架的主体是构架(对货车而言为车架),它将手制动装置、基础制动装置、摇枕和弹簧装置等部件组合为一体,图 7-11 为我国 209 T 型客车和 8A 型货车转向架构造。转向架摇枕上的下心盘是凹槽,上心盘是凸台,安装时插入下心盘中形成可沿水平方向旋转的结构。当列车行经弯道时,车轮沿轨道行驶,此时心盘回转,带动安装在转向架上的车体同向回转,从而实现车辆随轨道的弯曲而转换运行的方向。

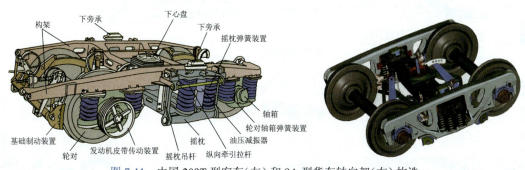

图 7-11 中国 209T 型客车(左)和 8A 型货车转向架(右)构造

二、灵活的自动车钩

图 7-12　詹天佑在京张铁路上使用的自动挂钩

所谓自动车钩是指在拉动钩提杆或两车辆互相碰撞时就能自动完成连挂或解开动作的车钩。这种车钩是美国人伊利·汉密尔顿·詹内（Yili·Hamilton·Janney）于 1873 年发明并取得专利的一种列车挂钩，1906 年我国著名铁路工程师詹天佑首次将其改进后运用于我国自行设计施工的京张铁路上（图 7-12）。现在，我国客货车上使用的车钩均为自动车钩。

自动车钩由钩头、钩身和钩尾三部分组成，通过安装于车体上的车钩缓冲装置与车体连接。挂接时，其中一节车厢的车钩处于"开锁"位置，钩头内的钩舌可自由转动，当两车沿轨道走行并碰撞时，靠碰撞力使车钩的钩舌尾部完全进入钩头内，此时，车钩内的钩锁自动落下，使钩舌不能再向外转出，完成挂接。当需要进行解锁时，则需要人工解锁，由安装在车辆端头的解锁装置提升（货车）或下推（客车）解锁杆，将钩锁拉离闭锁位置，车钩即解锁了（图 7-13）。

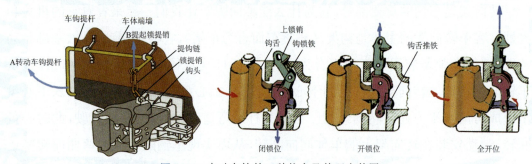

图 7-13　自动车钩的三种状态及其开启装置

三、可靠的制动组合

装得多、跑得快是铁路运输的特点。但是，重量以千万吨计的运动中的列车，产生的惯性力十分巨大。要给高速行驶中的列车减速、停车，就需要强有力并且可靠的制动机构来实现，为列车起到"刹车"（制动）的作用。正如同我们骑自行车时的手刹（手制动）一样，从按下刹车（制动）手柄，到车停下，这之间自行车还会继续走

· 170 ·

行一段距离,然后才会停下。制动得越突然,继续走行的距离就越短。自行车制动装置所能提供的最短制动距离就是紧急制动距离。紧急制动距离是各国铁路对列车制动机构设定的最短停车距离,制动机构必须保证其在工作时实际制动距离不大于规定限值。表 7-1 为我国列车紧急制动距离限值。

我国列车紧急制动距离限值 表 7-1

列车类型	最高速度(千米/小时)	紧急制动距离限值(米)
旅客列车(动车组)	120	800
	160	1400
	200	2000
行邮列车	120	800
	160	1400
行包列车	120	1100
货物列车	90	800
	120	1400

列车的制动由三大部分组成:制动机、基础制动装置和停车制动装置。制动机分别安装在机车和每节车辆上,直接受司机控制产生制动原动力;基础制动装置分闸瓦制动和盘形制动,闸瓦式制动装置是将制动缸活塞上产生的推力（制动机产生的原动力）通过一系列传动组件,将原动力放大若干倍后均匀地传递到车轮上的每个闸瓦上,使闸瓦压紧车轮产生制动作用;停车制动装置主要是手制动机,靠人力操纵产生原制动力,每节车辆上均安装有手制动机,用于紧急情况下由车辆上人员操纵制动列车的装置。

最早的制动机是以压缩空气为动力的制动机,由美国人乔治·韦斯汀豪斯于 1869 年发明,后经历了若干代人在漫长岁月的改进后成为今天的电控空气制动机。乔治用蒸气驱动的气泵把空气压缩到一个圆筒里存储起来,又在每节车辆的轮子旁装上汽缸,并将闸瓦固定在汽缸的活塞上,再用管子将活塞与压缩空气圆筒连接起来。当需要停车时,司机拉开控制闸门,压力空气就推动活塞,把每辆车上的闸瓦紧紧地压在车轮上,车轮被闸瓦强烈地摩擦,消耗掉前进的能量,列车也就停下了。

如今的制动机控制系统已有了很大的进步,压缩空气制动系统也更加完善,如图 7-14 所示。机车上空气压缩机产生的气压通过管道进入总风缸存储备用,每节车辆下都装有副风缸和制动缸、三通阀等控制部件,当需要制动时,司机控制制动手柄,制动阀被推向制动位,将制动管中的空气排出,造成制动管减压,促使三通阀切断制动管与副风缸间的通道,并引导副风缸中的压缩空气压向制动缸,推动其中的

活塞运动，也就带动了与活塞相连的闸瓦压向车轮，实现列车的制动。这一过程的相反方向的作用，就解除了列车的制动（称为缓解）。"排风制动、充风缓解"就是说的这个道理。手动机可替代空气制动机的作用，靠人力为列车车辆制动。

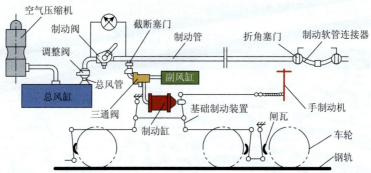

图 7-14　列车空气制动系统的组成

列车车辆下部还安装了脱轨自动制动装置（图 7-15），安装在车轴上的脱轨自动制动装置，一端与制动空气支管相连的制动阀杆，一端通过拉环套在车轴上，在列车发生脱轨时，轮轴拉动拉环上、下运动，使制动阀杆自动断裂，导致充有压缩空气的制动空气支管排气，引发车辆的空气制动机动作产生制动，从而可迅速控制脱轨事态的进一步扩大。

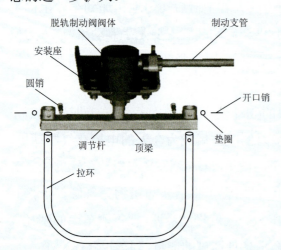

图 7-15　安装在轮轴上的脱轨自动制动装置

空气制动机和手制动机两种动力对基础制动装置进行操纵，再加上脱轨自动制动装置等，形成了可靠的列车制动系统，保障了列车跑得快、停得住。

电力牵引的电阻制动是新型的控制方法，但制动原理是相同的。高速列车多采用分散牵引、分散制动，但不允许紧急制动，那样会导致乘客受伤以及损伤车辆的轮箍。采用自动闭塞线路是最安全的运行办法。

第三节　不同时期的铁路列车

第七章 | 机车与车辆

在近 200 年的铁路运输历史中,列车已发生了巨大的变化,让我们从图片中领略一下铁路列车的这些变化。

一、蒸汽机车时代的列车

最早的列车是 1825 年英国人乔治·史蒂芬森驾驶的"旅行号"蒸汽机车和 12 辆货车及 20 辆客车,以每小时 13 千米的速度行驶在斯托克顿至达林顿间的铁路上(图 7-16)。现保存于北京中国铁路博物馆的"0 号"机车是 19 世纪 80 年代从英国进口的蒸汽机车,它个头很小,3 米高,2.5 米宽,全长不到 5 米,机车重量 8 吨多,只有两对动轮,没有导轮和从轮(图 7-17)。

图 7-16　"旅行号"蒸汽机车行进在斯托克至达林顿的铁路上

图 7-17　中国 19 世纪引进的"0 号"蒸汽机车

我国自 1952 年至 1988 年间自行制造了 14 个型号总计 9814 台蒸汽机车,2005 年,我国最后一批蒸汽机车退役。至此,高能耗、低效率的蒸汽机车被内燃机车和电力机车取代。早期机车和车辆如图 7-18～图 7-22 所示。

图 7-18　由布律内设计建造,运行于英国大西铁路的蒸汽机车

图 7-19　中国制造的"毛泽东号"机车

图 7-20　最早的客车车厢，车门只能从外面关上

图 7-21　1850 年的车厢上，车窗无玻璃，也无厕所

图 7-22　早期的货车车辆

二、内燃机车时代的列车

图 7-23　1912 年德国生产的世界第一台内燃机车

1880 年世界上第一台柴油机诞生于德国汉诺威的哈诺玛格机车厂。1912 年，德国与瑞士合资的热电集团制造了世界上第一台能带动整列火车行驶的内燃机车（图 7-23）。第二次世界大战期间，V36 型内燃机车开始大量生产。由于内燃机车有较蒸汽机车更好的隐蔽性，不会像蒸汽机车那样在列车上方产生巨大的蒸汽团和烟雾，因此，不需要水和煤，也不需要架设接触电网，有油就能跑的内燃机车逐渐在世界各国得到大量应用。

我国生产的客、货运内燃机车主要性能见表 7-2，车辆如图 7-24 所示。

我国生产的客、货运内燃机车主要性能　　　　表 7-2

型　号	柴油机	装车功率（千瓦）	速度（千米/小时）	最小曲线半径（米）	传动方式	首台出厂年代
东风₄D 货运	16V240ZJD	2940	100	145	交—直	1996
东风₄D 客运	16V240ZJD	2940	170	145	交—直	
东风₄D 货运（径向转向架）	16V240ZJD	2940	100	120	交—直	
东风₈₈	12V280	3680	100	145	交—直	1997
东风₁₁G	16V240ZJA	2×36104660	170	145	交—直	2004
和谐 N3	16V265H		120	250	交—直—立交	2008

· 174 ·

a）新型双层客车

b）旧式客车

c）油罐车

d）敞车

e）货运棚车

f）运煤专用车

g）检衡车

h）运输汽车的双层车

图 7-24　我国生产的客、货车车辆

今天，我国主要干线都实现了电气化，但一些较偏僻、运输负荷相对较小的地区，还在运行内燃机车。

三、电力机车时代的列车

1879年，由德国西门子&哈尔斯克公司生产的一台小型电力机车在柏林的一次工业博览会上展出（图7-25），这是世界上第一辆可投入使用的电力机车。这辆机车达到3马力（2.2千瓦），满员时速度为7千米/小时。现在，我国已经有功率大于9000千瓦的电力机车，机车制造水平达到了国际领先。

图7-25 1879年在柏林商展上行驶的电力机车，现存于慕尼黑的德国博物馆

早期的电力机车，电流都是通过轨道之间的第三条轨——汇流条进入机车的，如果有人不小心碰到这根汇流条，则很有可能触电身亡。因此，几年后，铁路普遍改用了安全性更高的架空电线，这就是我们今天看到的沿铁路两旁分布的供电线路。

我国的干线电力机车始于1961年，它是宝成铁路上的"韶山"号电力机车。2009年，我国南车株洲电力机车公司生产的大功率电力机车启用，其功率为9600千瓦，被称为"大力神"。一台"大力神"电力机车较内燃机车每年节约运营成本约50万元，少排放约4000辆小客车的尾气排放量。电力机车是一种清洁、高效、可持续发展的列车牵引机车类型。图7-26～图7-28为我国生产的电力机车。

图7-26 中国生产的"韶山$_{7E}$"型电力机车

第七章 | 机车与车辆

图 7-27 "和谐"号重载机车牵引着货物列车　　图 7-28 我国自行设计制造的"和谐"号 9600 千瓦电力机车

第八章

高速铁路

时间变得越来越珍贵，人们已不能容忍将宝贵的时间浪费在旅途中。于是，高速铁路引起了各国的重视，并开始积极研制。人们将时速超过200千米的铁路称为高速铁路，它是一种用电力牵引、运行速度很快，但又十分舒适的客运铁路。目前，高速铁路已成为地面运输系统中最快捷的交通工具。1996年欧洲联盟发布的互通运营指导文件（96/0048/EC）对高速铁路有了明确的定义：新建铁路，列车运行时速在200千米以上的均定义为高速铁路。

哪些国家最早研发了高速铁路？如此高的列车运行速度是如何获得的？它安全舒适吗？高速铁路涉及的主要技术是什么？我国的高速铁路技术在世界上处于怎样的地位？让我们一起走近高铁，对它进行一个全面了解吧。

第一节 高速铁路的发展

早在 1955 年,法国就曾用电力机车将列车运行的瞬时速度提高到 355 千米/小时,但这一速度不能保障安全运行。目前,世界上高速铁路达到安全运行、时速在 200 千米以上的有中国、西班牙、日本、德国、法国、瑞典、英国、意大利、俄罗斯、土耳其、韩国、比利时、荷兰、瑞士等 16 个国家和地区。

日本首先提出并坚持采用动力分散型牵引技术作为高速列车的牵引方案,研发出将多个动轮分布于定编列车的多个车辆下的高速列车。

英国、法国、德国则采用一般传统动力集中型的牵引技术,均取得了 200 千米/小时以上的运行速度。动力集中型牵引技术被世界高速列车业界视为更具有优势的牵引技术。

1992 年,日本最高时速 270 千米的新干线 300 系高速列车的出现,才将动力分散牵引技术的优点完整地体现出来。该列车采用交流传动技术后,日常几乎不需对电传系统进行维护,而且简化了结构,大大减轻了传动系统的重量。采用少量的受电弓受流技术,大大提高了受流质量;动力分散型牵引电机还可以作为发电机使用,

图 8-1 中国自行设计制造并拥有自主知识产权的动力集中型高速电动车组——中华之星

将列车的动能转化为电能,从而获得制动力,这一技术被称为再生制动电能反馈技术。轻量化是高速列车技术先进的一个标志,我国 300 系列车的轴重只有 11.4 吨,较法国的高速铁路系统(TGV, Train à Grande Vitesse)的 17 吨、德国城际快车(ICE, Inter City Express)的 19.5 吨有了大幅减少,是目前高速列车的最高水平。

我国 2002 年自行设计制造了第一台高速列车,它就是拥有自主知识产权的动力集中型高速电动车组——中华之星(图 8-1)。之后,我国开始研究动力分散型高速列车。从 2004 年至今,我国已生产了 CRH_1、CRH_2 和 CRH_3 型的电动车组,用于时速 300～350 千米的线路,CRH_5 型电动车组用于寒冷地区的高速线路。

第二节　高速铁路的主要技术

高速铁路技术是一个全方位的列车技术,它主要包括优良的线路条件,性能优越的动车组和先进的列车控制系统。因此,高速铁路建设水平也体现了一个国家在铁路建设领域的综合技术水平。

高速行驶带来了一系列的技术问题需要解决。如高速行车对车体材料提出了高强轻质的要求;轨下基础的高强度和"零"沉降要求,牵引动力的组织方式及其相关技术的研究与实现;受电弓的受电安全可靠性问题等。快速、高速线路选线,隧道、桥梁的比例大幅增高是否是高速之本,这样一系列问题需要我们思考。

一、高铁的线路选择

什么是优良的线路条件?优良的线路条件是指线路要直、坡度要小、断面要大、沉降要小、路轨要平顺。

线路要直,是指线路设计要尽可能减少弯道尤其是小半径的弯道,以避免高速列车在转弯时因离心力作用而出轨。因此,在穿越大山时必须修建隧道,不修隧道就不可能获得线路的合理纵坡,隧道是减少弯道的唯一办法。如兰渝铁路,将兰州

和重庆两点拉通,线路总长 800 千米,其中隧道长度就占到 600 千米,否则,难以保障列车的高速运行。我国《高速铁路设计规范》(TB 10621—2014)明确规定,时速在 300 千米等级的高速铁路线路平面最小曲线半径不得小于 7000 米。我国高铁建设在选线时,采用隧道可以少占土地、少扰民和保护环境的建设理念。尽可能在两个城市之间采用直线方式,以缩短线路长度,使全国主要省会城市之间 8 小时抵达的目标成为可能。 取直的线路选线方案展线系数为 10%～20%。线路设计必须采用高架桥和长隧道方案。我国长隧道和高架桥技术的大幅提高为高速铁路修建奠定了基础。我国铁路的隧道占比达 50%～70%,成兰铁路高达 72.6%。 高速铁路的桥梁多采用高架混凝土桥的建设方案,一方面大刚度、小挠度的设计可以降低桥梁变形量,快速建成铁路;另一方面则是高架桥可以减少土地占用,同时避免路基下沉增大,可确保安全。而混凝土桥梁具有造价低、易维护、噪声小等优点。图 8-2 为不同年代选线与隧道的关系。

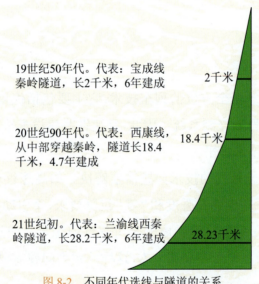

图 8-2　不同年代选线与隧道的关系

断面大,是指高速列车在会车时往往会产生车体旁的气流冲击,为避免冲击,设计时使两条相邻线路间的距离更宽。我国《高速铁路设计规范》(TB 10621—2014)规定单洞双线隧道断面的有效面积为不小于 100 平方米,以减少空气阻力系数。一般时速为 300 千米的列车在反向运行时,线间距应大于 5 米以上,以利于运营安全。

沉降小,是指铁路建成后必须控制地基的沉降量,使其不产生不均匀沉降。我国《高速铁路设计规范》规定工后总沉降不得大于 3 厘米,每 20 米线路长度不均匀沉降不大于 2 厘米。高铁线路上普遍采用高架桥梁的软基调节功能,可精确控制线路的沉降;路基基床采用设置过渡层和级配碎石摊铺碾压工艺加以压密;铺设无砟轨道。这些措施可使线路达到沉降控制标准。

路轨平顺,是指为使列车平稳、安全运行,提高旅客舒适度而采取的措施。主要采用无缝线路钢轨、高速可动心轨轨辙道岔、整体道床以及减震扣件等措施。同时,在运营过程中建立了完整的检测监控、养护维修体系,以确保高速铁路基础设施始终处于良好的"健康"状态。

二、高速列车

什么是性能优越的动车组?高速列车的动车组具有快、稳、可靠三大特点。快是指动车组具有强大的牵引动力和足够大的比功率(单位重量的功率)。如:8辆编组的 CRH_3 型动车组牵引功率可达8800千瓦,而一列普通16辆编组列车的牵引机车 SS_9 型牵引功率仅为4800千瓦。稳,是指列车在高速运行时很平稳,不颠簸。可靠,是指动车组各零部件的耐久性高,不会因局部的缺陷影响列车的安全运行。高速列车的动车组采用空气阻力低,美观、流线型的外形设计,气密性好的轻量化铝合金车体,高速、高性能转向架,大功率交流传动牵引,计算机控制的电空联合制动,分布式列车网络控制系统等先进设计理念与技术。空调采暖完善、座席等设施布置合理、车内通风良好,为旅客营造舒适的乘车环境。

(一)牵引方式

高速列车的牵引动力有内燃和电力两种。高速列车的运行时速在200千米以上,这就需要更大功率的牵引设备。目前,我国高速客运专线上用的均为电力牵引。为什么不用内燃机车呢?主要是因为内燃机车本身自带发电装置,由于机车的空间有限,限制了能源设备装置的规模,牵引力有限。另外,内燃机车排出的废气会对环境产生污染,穿越长隧道污染更严重,甚至是不可行。而电力牵引的牵引力则不受此限制,且无污染。但电力牵引需增设接触网、变电所等设备,增加了初期投资。此外,电力机车本身不带动力也限制了列车移动的灵活性。

目前,根据牵引电机在列车上的分布位置不同,电力牵引可分为动力集中型和动力分散型两种(图8-3)。由于轮轨间的摩擦力是列车得以前行的基础,牵引力越大,需要的摩擦力也越大,因此就要增加动力车的重量(以提高摩擦力)。这些牵引设备大大增加了机车的轴重,而当列车在高速运行过程中做制动、变速等动作,牵引设备会对轮轨产生附加应力,对轨道和轨下基础产生超量的损伤,导致维修量的急剧增加。因此,动力集中型的摩阻力小于分散型的,所以力大、速度高。如果将牵引设备分散到多个车辆下,则可减轻机车的单位轴重,获得较好的曲线通过性能,但动力分散型的缺点是需要多个牵引电机。表 8-1 为动力分散型和集中型牵引方式对比表。经过对比,采用动力分散型牵引,优点明显。

a) 动力集中型

b) 动力分散型

图 8-3　高速列车动力分布的两种方式

高速列车两种牵引方式优缺点对比　　　　　　　　　　　表 8-1

项　　目	动力集中型	动力分散型	项　　目	动力集中型	动力分散型
设备数量	少	多	动、拖车调整	困难	容易
乘坐舒适度	优	较差	轮轨的黏着要求	高	低
列车轴重	大	小	基础制动负荷	大	小
转向架轴距	大	小			

(二)交流传动

电力机车出现初期采用的是直流电机牵引传动系统,它与城市中的有轨电车一样,是采用直流电源和直流电机作为牵引动力,这种牵引系统称为直流牵引传动系统。后为了减少电流在传输过程中的损耗,改用交流电源+直流电机牵引的方式,称为交 - 直流牵引传动系统。这两种方式均采用直流电机作为列车的牵引动力设备,主要优点在于控制列车速度的方式较为简单,只需用一个可变电阻控制电机的电压,即可实现控制列车的运行速度。但其主要缺点是:机车的功率因数较低(有效功率与总功率之比),传动效率较低。

随着大功率电子半导体器件的出现以及微电子技术和自动控制技术的进步,20 世纪 70 年代后期,工程技术人员研制出体积小、功率大、效率高的变频调速逆变器(VVVF)。这种新的传动系统称为交 - 直 - 交流电传动系统,其具有起动牵引力大,在保持一定功率下调节速度的范围广,有良好的轮轨间摩擦力利用特性和能自动防止车轮空转的特点。其采用的三相异步电机较相同功率的直流电机的体积更小、重量更轻,无接触摩擦部件,故障少,维修简便;在动力车实施再生制动时,也可使电流返回电网,节约能源。

(三)高速转向架

列车在高速运行时会增加车体的振动和横向运动,这将给列车的安全性和平稳性带来威胁。为了解决这一问题,各国工程师们对转向架的结构、减震措施、连接方式等方面进行改造,研制出用于高速列车的高速转向架,它是保障安全运行的重要部件,一般安装在车厢下的两端。图8-4为其中一种用于高速列车的高速转向架。转向架由轮对、轴箱、减振器、刹车装置、构架等组成。这里主要谈谈高速转向架的减振器和制动装置。

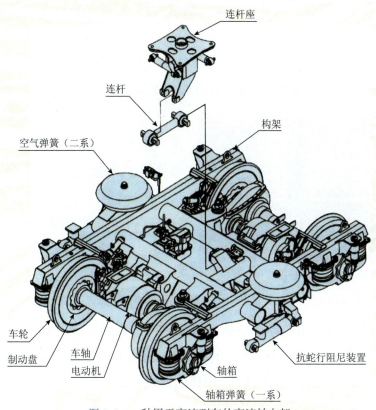

图8-4 一种用于高速列车的高速转向架

转向架的减振器通常由两层构成,靠近轮轨的称一系减振器,靠近车厢的称二系减振器。一系减振器的挠度比二系减振器小(一系静挠度约为列车总挠度的20%~30%,二系静挠度约为列车总挠度的70%~80%)。一系减振器多由钢质弹簧构成,二系减振器则采用一种称为"空气弹簧"的器件(图8-5)。所谓"空气弹簧"就像平放在转向架构架上的汽

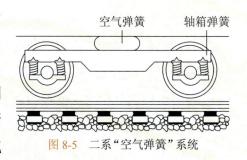

图8-5 二系"空气弹簧"系统

车轮胎，轮胎内的气压可随车厢内的荷载而调节，从而起到改变减振器刚度的目的。调节轮胎内气压的装置称为"高度阀"，当车厢内旅客数量增加时，"空气弹簧"的挠度变大，此时"高度阀"自动充气，挠度恢复；当车厢内旅客数量减少时，载重量降低，"空气弹簧"挠度变小，此时"高度阀"自动放气，恢复挠度。同样，当旅客偏载时，这种调节阀同样可以对列车横向运动的范围进行调节，从而保证车厢底板的高度始终保持在要求的范围内。这种二系减振器体积小、性能优良，被广泛应用在各国的高速列车上。

下面再来说说铰接式高速转向架。通常，转向架被安装在每节车厢下，车厢与车厢之间相互独立，用车钩连接。车钩连接方式结构简单、摘挂方便，广泛应用在铁路列车上。然而，这种连接方式的列车总体挠度较大，列车的整体性不够强。法国人研制出一种铰接式转向架，它将一节车厢的尾端与另一节车厢的首端通过一球形铰连接在一起，两节车厢共用一个转向架（图8-6）。这种球形铰结构使所有车厢连成一个整体，从而提高了列车抵抗来自水平、垂直方向的冲击力的能力，使列车获得良好的平衡性和安全性。一个真实的故事可以很好地说明这个优越性：1992年，法国TGV-R高速列车在以300千米/小时速度运行时发生了一起路基突然坍陷事故，导致高速列车全部脱轨。然而，这列列车竟然奇迹般地在道砟上滑行一段距离后停了下来，一节车厢都没有倾覆，所有旅客安然无恙。这一奇迹的产生，应归功于铰接式转向架，它使整列列车连成一个整体，相互制约，避免了倾覆事件的发生。

图8-6　法国高速列车的铰接式转向架

（四）复合制动

制动是列车得以安全运行的重要功能。普速列车运行速度在120千米/小时以下，通常采用闸瓦式制动方式。它是通过生铁闸块抱住车轮踏面，摩擦后产生制动力将车停住，车轮与闸块间产生的热量消散在空气中。然而，高速列车的运行速度在200千米/小时及以上，这种方式的刹车系统已不能满足要求。例如：一辆100吨重的列车以300千米/小时的速度运行，必须具备8260千瓦的牵引功率，当紧急刹车时，制动功率达43400千瓦，为牵引功率的5倍。在80秒的制动时间内吸收的能量高达347兆焦耳。如果采用闸瓦式制动方式，在极高的制动力作用下，会使闸块熔化而失去制动能力。因此,高速列车的制动系统是一种新型的制动系统,我们称之为复合式制动系统。图 8-7 为高速列车复合式制动方式。

盘型制动制动原理是,制动缸的压力将两块闸片压在制动盘的两摩擦面上,产生摩擦力矩。这种方式是用制动盘代替车轮踏面,且制动盘和闸片的材料可以双向选择,以获得最优的制动参数。制动盘的质量要求:热容量要大、散热要快、耐磨性要好。

踏面制动又称为闸瓦制动,是铁路的机车、车辆和城市轨道交通车辆等常用的一种制动方式。它通过闸瓦与运动的车辆轮对踏面的相互摩擦,将车辆的动能转换成热量散到大气中。

涡流盘型制动的原理(图 8-8)是,当刹车时,给固定在转向架构架上的涡流电磁铁励磁,使其产生较强的磁场,该磁场与随车轮转动的涡流盘作用,产生局部感应涡流。感应涡流产生的附加磁场与原主磁场相互交链使主磁场发生畸变,产生两个分力,其中的一个水平分力产生涡流制动力,使圆盘产生制动力。涡流盘型制动方式一般用在拖车上。

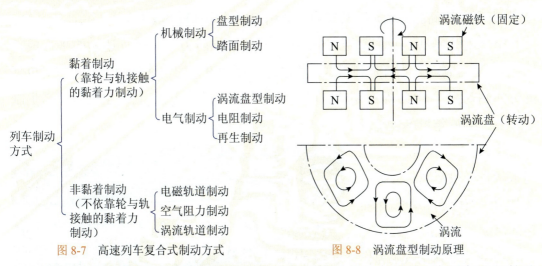

图 8-7　高速列车复合式制动方式　　图 8-8　涡流盘型制动原理

电阻制动的原理是,在制动时将牵引电机转变为发电机状态,将列车运行的动能转变成电能,再将发出的电能在电阻带上消耗掉。其优点在于结构简单,在配备有励磁电源的列车上,即便是电网断电,电阻制动仍能发挥制动作用,成为安全制动的重要方式。缺点是车上必须安装相当数量的制动电阻带以及冷却通风装置,增加了列车的重量;电能不能再利用,在低速范围无制动力。

再生制动的原理是,在制动时将牵引电机转变为发电机状态,然后将电能通过逆变器反馈到电网内加以利用,以达到节能效果。由于电网上使用的是工频交流

电,因此只有采用交－直－交流调频调压逆变技术的装备,才能使用再生制动。再生制动的优点是重量轻,产生制动力的速度范围广,在接近零速度的情况下仍有制动力,节约能源;缺点是控制技术复杂,只有采用变流技术及大功率的电力电子元件,才能实现再生制动。

图 8-9　电磁轨道制动装置

非黏着制动,又可分为电磁轨道制动、涡流轨道制动和空气阻力制动等方式。

典型的电磁轨道制动机的主要部件是在转向架两个轮对之间的 2 条电磁铁,它悬挂在 4 个悬挂风缸上(图 8-9)。电磁轨道制动原理是,当制动时,两条电磁铁被励磁产生吸引力,同时,4 个悬挂风缸通过压力空气磁铁压向钢轨,使磁铁紧紧吸附在钢轨上,磁铁底部的摩擦块与钢轨发生摩擦,从而产生制动力。这种制动方式的优点是消耗功率小,每米电磁铁仅消耗 1 千瓦,由蓄电池供电即能励磁,在动力、拖车上均能使用。其次,在制动时对钢轨表面有清扫作用,有利于提高黏着系数。其缺点是会引起钢轨局部过热磨损。

空气阻力制动。我们知道,列车运行时的空气阻力与其运行速度的平方成正比,空气阻力制动方式就是利用这一原理进行制动设计的。这种制动方式与飞机降落时的制动方式相似,即在制动时展开车身上的空气阻力板,利用空气阻力产生制动效果。2006 年日本试验成功的 Fastech 360 新型高速列车就是采用空气阻力板进行制动。当紧急制动时,车厢顶部两侧的空气阻力板就会弹出,实现在高速空气阻力作用下使列车减速(图 8-10)。

计算机控制的复合式制动系统。所谓复合式制动系

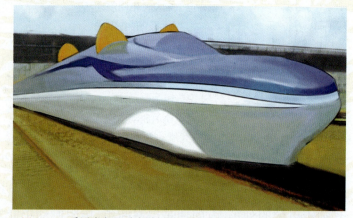

图 8-10　采用空气阻力板制动的日本高速列车(Fastech 360 型)

统,是指利用微型计算机控制系统,对黏着式与非黏着式制动方式有机组合的制动系统进行有效控制,以达到最佳匹配、发挥最大制动功效的目的,使运行经济合理、安全可靠。如法国 TGV-A 型高速列车采用了盘型制动＋电阻制动＋踏面清扫制动;德国 ICE-3 型高速列车采用了盘型制动＋再生制动＋涡流轨道制动等。

三、运行控制系统

高速列车运行控制系统是高速铁路的中枢,列车的安全性、自动化程度和指挥效率对运行控制系统有很高的要求。

列车运行控制过程:由地面指挥系统发布路况信息,车载设备接收信息并通过车载计算机信息处理形成控车指令,列车按指令行车并实时反馈列车的状态信息。

当列车在高速运行时,人的视距将减小,控制列车运行的可靠性大大降低,需要更多依靠信息自控系统(检测、处理与控制、信息传输)来完成。高速列车的自动运行控制系统有两大模式,即阶梯曲线控制模式和连续曲线控制模式。

(一)阶梯曲线控制模式

阶梯曲线控制模式是将控制范围分为多个速度阶梯区段的控制模式(图8-11)。运行控制系统由地面信息控制和发送的设备、轨道电路及车载计算机组成。列车依靠接收地面各闭塞区间入口处的信息,自动控制列车运行的速度。当列车运行速度超过控制值一定值时,自动执行常用制动操作,列车运行速度下降;当运行速度小于控制速度一定值时,经司机确认后自动执行缓解操作,列车速度恢复。当前方闭塞区间信号显示为停止,而司机未进行制动操作时,则列车在通过距前方停车区间入

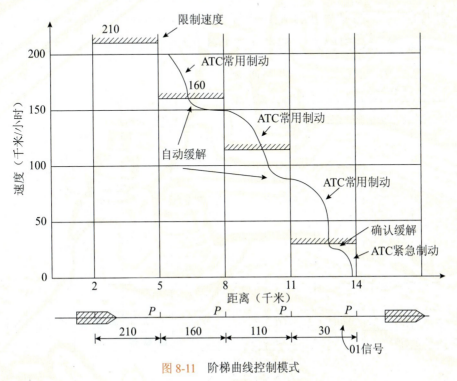

图8-11 阶梯曲线控制模式

口点前850米处的01信号P点时,地面信息发送设备向列车发出紧急制动指令,列车自动实施复合紧急制动,使列车停在停车标内,以防冒进。

信息控制与发送设备负责检测轨道状态,以确定控制区段内是否有列车通过,确定列车间隔以及线路条件(直线、曲线)等信息,得出允许速度后向列车车载计算机发送ATC信号。轨道电路的作用就是将信息以不同频率的信号,通过钢轨进行传送。

相对于地面控制中心而言,控制区段内的各次列车,通过应答电码向控制中心报告列车状态数据,如运行位置、列车长度、制动方式、列车类别、制动率、动力车装置工作状态和诊断表示、规定的列车最高运行速度、控制区段标志、闭塞方式、运行方向、监督速度模式曲线的编号、制动预告距离、对应于规定速度的自由制动距离,等等。控制中心实时计算出各列车相应的目的速度和目的距离,并通过传输设备发送给列车上的车载计算机,由车载计算机处理后给出显示,同时监督司机的操作情况。

(二)连续曲线控制模式

连续曲线控制模式是在控制范围内列车运行速度呈连续曲线的一种控制模式(图8-12)。与阶梯曲线控制模式不同的是列车的控制速度曲线是通过车载计算机接收到的地面参数(如列车所在分区的允许运行速度、闭塞分区长度及其平均坡度)和能精确描述控制列车制动过程的有关参数,根据列车制动特性而自动生成的。其控制过程是:通过地面电路连续传来的列车运行时的实际坐标(距离、速度),与连续速度曲线相比较,当超过速度曲线相应值时就施加制动。连续曲线控制

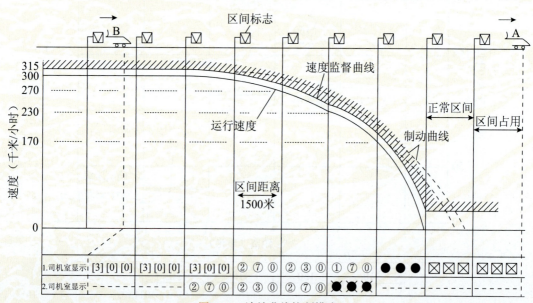

图8-12　连续曲线控制模式

模式可以有效消除阶梯曲线控制模式中每一个阶梯都实施一次制动而带来的空走制动距离,这就可以缩短自动闭塞区间的长度,从而实现缩短列车发车间隔时间,在保证安全的前提下提高运输效率。

四、监测诊断系统

列车在高速运行时,从信息的采集、处理和传输直到操作的实施,这一过程需要在极短的时间内准确无误地完成,这对于一名操作人员来说是一项难以完成的任务。因此,高速列车的运行具有很高的智能化程度。所谓智能化,是指对控制系统的工作状态随时进行监测,自动做出调整。高速列车的监测诊断系统是高速列车智能化的一个重要组成部分,它包括列车自动监测诊断系统和地面监测诊断系统。

高速列车上都装备有列车自动监测诊断系统,它由担负不同功能的各子系统组成。如动力机车的牵引驱动系统、列车复合制动系统、转向架系统、客车车门、照明、多媒体传播等均有其监测系统。这些子系统通过总线传输到主控单元,主控单元计算机对各系统、各车厢的数据进行分类评价和储存,并将结果用简明的文字和图表形式显示在司机操纵台的屏幕上,供司机采取操作措施时参考。这些信息有车辆运行状态、故障的位置、排除故障的方法提示等。司机可以根据情况随时将控制系统的操纵转变为人工操纵。传输总线采用双份冗余传输方式,以确保在一条总线出现故障时起用另一条总线传输数据。列车自动监测诊断系统还对线路两侧的地面设备(如:地—车信息交换传输设备系统、列车运行速度和定位设备系统等)进行监测和诊断,并将数据传输给调度中心。

地面自动监测诊断系统涉及范围广,有供电系统自动检测与诊断、轨道状态自动检测与评价系统、车站联锁系统、自然灾害报警系统等。

(1)供电系统自动检测与诊断。供电系统中的变电所集保护、控制、监测、故障诊断、数据处理等多种功能于一体的综合自动化系统。变电所与调度中心的调度控制系统联网,可实现对变电所的远程控制。接触网状态检测是保证列车安全运行的重要工作,由接触网检测车设备进行。检测内容有接触网的导线磨耗、硬点、弹性、接触压力、网压、绝缘子状态、离线情况等,测得的数据传入维修信息处理系统,经分析计算后给出设备检测结果,自动编制检修计划供维修部门使用。维修后的接触网信息存入计算机存储。

（2）轨道状态自动检测与评价系统。该系统对高速铁路的轨距、超高、平顺度、损伤以及线路曲线半径等进行自动检测与诊断。现在，这些任务已由即能对接触网进行自动检测，又能对轨道进行自动检测的综合检测车（图 8-13）来完成。它汇集了激光测距、超声波探伤等技术，综合检测车在轨道上检测时，测量出所有的超限参数及其所处位置，通过计算机进行系统分析，分析后的诊断结果自动打印，供维修使用。

图 8-13　高速综合检测车

（3）车站联锁系统。车站内通常都设有多条线路，为保证行车安全，在每条线路的入口处都设有信号机来控制该线路（也称进路）。只有当进路上没有列车，同时进路入口处的道岔处于正确位置时，信号机才给出列车可进入的信号；当列车进入进路后，信号机给出闭锁信号，列车则不得进入该条线路。这种进路、道岔和信号机的制约关系称为联锁。二十世纪八九十年代各国采用的是由色灯信号机、动力转撤机、轨道电路和断电电路组成的电器联锁系统。它是以断电电路实现联锁功能，但断电器的维修工作比较繁重。目前，计算机联锁系统已投入使用，进路信息完全由计算机系统提供。为了提高联锁系统的可靠性，每条线路都配备 3 个功能相同并同时工作的计算机，以实现静态屏蔽（只要任意 2 个计算机输出一致时，就认为系统处于正常工作状态）和动态切换（故障时的自动切换）功能。联锁系统还具有自我监测与诊断功能，对发现的故障进行自动切换和修复。

（4）自然灾害报警系统。在高速铁路沿线，会出现一些易发生自然灾害的路段，自然灾害自动监测与预警系统（图 8-14）被布设在这些地区，承担预测、发现自然灾害与预警作用。监测到的信息会以各种方式及时传输给司机、调度控制中心以及其他相关部门，提高列车运行的安全性。

图 8-14　高速铁路的自然灾害自动监测与预警系统

第三节　中国高速铁路

我国东西跨度达 5400 千米，南北 5200 千米，人口众多，能源、资源严重紧缺且分布不均，迫切需要运能充足、功能完善、点线协调的快速重载铁路网。而高速铁路所具有的安全快速、节能环保的特点必然成为我国长距离客运交通运输的首选。

我国选择使用电源作为高速铁路牵引能源这具有可持续性。据统计，能源成本中公路运输占 83.7%，民航运输占 14%，铁路运输仅占 1.9%。铁路运输采用电能这种可再生的清洁能源，优越性是其他任何运输方式所无法比拟的。铁路列车在时速 300 千米时人均每 100 千米能耗为 5.6 度电左右，约比汽车低 10 倍，比飞机低 100 倍，所以，高速铁路能耗最少。

由于高速铁路在全封闭的环境下自动化运行，又有一系列完善的安全保障系统，其安全程度是任何其他交通工具所无法比拟的。我国交通事故研究数据表明，

每1亿人千米交通事故死亡人数统计：公路为10.5人，航空为0.1人，铁路为0.29人。而高速铁路目前这一数据在每1万多千米的运营中死亡人数甚至为零，优于航空的数据，因此，高速铁路是一种很安全的交通运输工具。

高速铁路采用高架桥和长隧道的建设理念，大大节约了宝贵的土地资源；运行速度在200千米/小时及以上，加上其与轮船运输相媲美的装运量，在180～1200千米及长距离的运距上显示出极大的优势（汽车优势运距为200千米内，航空为1000千米以上）。

我国轨道交通运输的结构体系由城际高速客运铁路、快速铁路、传统常速铁路和城市地铁体系组成。列车在区间段能以200千米/小时以上速度运行的铁路称为高速铁路；最高时速为140～160千米的铁路称为快速铁路；最高时速为120～140千米的铁路为常速铁路。我国有近6万千米既有线铁路为常速铁路。

一、发展历程

中国铁路运输创造了运输密度、换算周转量、旅客周转量、货物发送量4个世界第一。但铁路运输总体上对经济和社会可持续发展的"瓶颈"制约仍未彻底改变，与发达国家相比，有较大的差距（表8-2）。中国人年均乘火车不到1次，货主请求车皮往往失望而归，转移给其他交通运输方式的成本太高。路网密度与人口规模、国土面积，以及我国大国地位很不相称。究其原因，最根本的问题是路网规模总量不足，主要干线能力处于饱和状态，铁路发展滞后问题十分突出。

我国铁路建设主要数据与发达国家有较大差距(2006年) 表8-2

国别	营业里程（万千米）	国土路网密度（千米/平方千米）	人口路网密度（千米/万人）	人均年乘车次数（次）	换算密度（万吨·千米/千米）
中国	10	80.3	0.59	0.83	3710
美国	27.2812	283.32	9.37	0.1	943
俄罗斯	8.5542	50.1	5.94	0.9	2135
日本	2.0052	530.48	1.57	171	1410
德国	3.4211	958.29	4.15	21.7	422.3
英国	1.9898	818.85	3.32	16.9	387.8
法国	2.9286	530.54	4.89	14.7	407.4
加拿大	4.8467	48.61	15.5	0.1	698.6

2004年1月，国务院审议通过了《中长期铁路网规划》。至此，我国高速铁路修

建进入了高速发展阶段。我国高速铁路建设是在"改建"与"新建"的争论、对比中，确定以"新建为主、改建为辅"的指导方针下进行的；是在"高速轮轨"与"磁悬浮"争论、全面对比后，最终确定采用高速轮轨方式进行建设。

（一）面临的问题

高速铁路系统是一个十分复杂、涉及多个子系统，并具有复杂接口关系的超大系统。这些子系统和接口直接影响体系的运行效率和安全性，因此高质量的系统设计是高铁建设的灵魂。图8-15为高速铁路系统的构成。

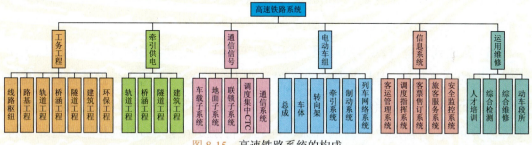

图 8-15　高速铁路系统的构成

列车运行速度的提高，要求高速列车具有更高的性能，同时由于高速列车与固定设施及运行环境的相对速度加大，这给发展高速列车带来了制约。高速铁路建设主要面临以下几方面的问题：

（1）运行稳定性。对于机车车辆来说，它不是一般的机械系统，它的特殊性来自于轮与轨的接触。轮轨关系尽管在理论上是确定约束，但轮轨接触的几何特征和力学特征均具有较强的非线性特征，而轨道蠕滑力所扮演的角色则是对轮对运动进行导向，实现轮轨的对中。然而，蠕滑力在铁路车辆的运行过程中也同时起着系统阻尼的作用，随着车辆运行速度的提高，有可能导致系统阻尼无法遏制车辆的系统振动，车辆系统从稳定系统变成不稳定系统。一旦铁路车辆出现系统失稳，轮对就将出现蛇行运动。轮对在两根钢轨间横向大幅度地往复摆动，这不仅使车辆系统的振动加剧，更可怕的是极易导致脱轨事故，这对高速列车来说，问题更加严重。因此，保证系统稳定是高速列车动力学性能研究所要解决的首要问题。

（2）运行平稳性。车辆沿轨道运行时，由于线路等的扰动，使车辆系统各部件产生振动。车体的振动影响乘坐舒适性，而构架、轮对等的振动主要影响各部件的结构可靠性。车辆系统是典型的弹簧-质量系统，在有激扰的情况下，振动就无法避免。因此，如何进行隔振是转向架悬挂参数设计的重点。

（3）脱轨安全性。众所周知，脱轨是高速列车最严重的事故之一。脱轨可以分

4类：人为事故类脱轨、灾害类脱轨、结构失效类脱轨和固有特性类脱轨。固有特性类脱轨是由高速列车动力学性能不良所致，如列车的运动失稳、车轮爬轨等，这类脱轨与列车的动力学性能有关，当然也与列车的运行速度有直接关系：列车运行速度越高，脱轨的可能性就越高。这类脱轨直接制约着列车运行速度的提高。

（4）结构可靠性。高速列车各部件长期暴露在随机荷载环境中，其结构可靠性是高速列车安全运行的重要保障。结构和材料的失效是一个普遍存在的问题，在机械领域的研究中其也备受关注。但是，高速列车安全服役的失效有着它自身的特殊性，失效基本上都和速度紧密相关：速度越高，振动越激烈，失效就越快。结构可靠性成为列车提速的制约因素。

（5）高速列车空气动力学问题。高速列车的运行速度在300千米/小时以上就达到飞机的起飞速度，因此在高速列车设计中必须考虑空气动力学性能问题。高速运行条件下，空气动力学所带来的问题已经不是简单的阻力问题，而是气流带来的气动扰动问题，也就是流—固耦合振动问题。特别是在会车、横风和隧道通过等特殊工况下，情况更加严重，气流不仅会导致列车运动姿态的变化，影响乘坐舒适性，而且还会影响列车运行的安全性。列车运行速度提高所带来的空气动力学问题，也成为列车运行速度提高的制约因素。

（6）噪声。噪声不仅降低了乘客的乘坐舒适性，而且会影响铁路沿线居民的生活。如何控制和减小铁路噪声，使其在乘客和沿线居民的承受范围之内，是国内外高速铁路发展所面临的一个棘手问题。铁路噪声是由各种不同类型的噪声组合而成的，按发生部位的不同，其可分为轮轨噪声、空气动力噪声、机电系统噪声、结构物噪声和车内电气设备噪声。

（二）发展路径与创新

我国地域辽阔，气候差异很大，铁路网具有路网密度单薄、覆盖超长，线路标准统一，调度指挥集中，地质条件差异大、分建成网情况复杂等特点，不可能完全照搬任何一国的高速铁路技术，需要结合我国国情自行架构与研发高速铁路体系。

我国高速铁路的发展路径一方面采取了对既有线路重点进行扩能改造，客货混线运行；另一方面加大对新建高标准的客运专线与高原寒冷地区客运专线技术的同期研发。路网改造依据路网节点枢纽布局，综合考虑各条线路的顺畅连通；遵循客运换乘零距离建设枢纽车站，货运重载列车不小于2万吨/列无缝衔接的原则，将铁路枢纽设施纳入城市发展规划，与城市空间布局相协调并与城市交通体系有机衔接。我国投入大量的资金和研究力量进行相关技术的研究与试验工作,历时 30 余年,取得上百项研究成果。在立足自我,充分利用多年来积累的技术基础上,认真学习和借鉴国外高速铁路建设和运营的成功经验,进行了包括原始创新、集成创新、引进消化吸收再创新在内的全面自主创新、系统设计和系统集成工作。在短短不到 10 年的时间里,构建了具有中国特色和世界先进水平的大网络、超长交路的高速铁路技术体系。

1997 年～ 2007 年铁路进行了六次大提速。1997 年 4 月 1 日的第一次大提速运行了 19 对直达快速列车,运行最高速度达到 140 千米/小时;1998 年 10 月 1 日,以京广、京沪、京哈三大干线为代表的第二次提速快速列车速度达到 160 千米/小时,非提速区达到 120 千米/小时;2000 年 10 月 21 日,第三次大面积提速在陇海、兰新、京九、浙赣线实施;2004 年 4 月 18 日,第四、五次大提速,主要干线基础设施达到了 180 千米/小时运行要求,提速网络总里程 1.65 万千米;2007 年 4 月 18 日,第六次大提速后,铁路客运能力提高了 18%,提速网络总里程突破 2 万千米,运行速度为 200 千米/小时的列车达到 212 对,开行在环渤海、长三角、珠三角城市群和华东、中南、西北、东北地区的重要城市之间,形成了以北京、上海为中心的快速客运通道。

这些提速都是基于以广深准高速(160 千米/小时)、秦沈高速(200 千米/小时)和昆石高速(250 千米/小时)等为代表线路的高速改造试验段研究基础上获得的三项重要理念和成果:第一,对秦沈线路基、有砟轨道和无缝线路进行改造实践后,得出无砟轨道较有砟轨道,具有稳定性较强、噪声较低、耐久性好、维护量少等优点。第二,用高架桥取代路基,其比路基花费更低的费用,具有较高的稳定性,避免了路基基础沉降达标耗时长等弊端。第三,在线路设计上获得纵坡坡长设计应大于 2 ～ 5 倍的列车长度的设计结论,这避免了坡长过短、纵坡设计过多所带来的列车在垂直平面上的"蛇形运动"所导致的接头损坏和机车磨损,延长了列车使用寿命。

2007 年我国开始进行 350 千米/小时列车的研发工作,但设计图纸出来了却由于没有工艺设计而无法实施。对此,原铁道部采取"引进、消化吸收再创新、循序渐进"的方针,牵头组织了向德国集中采购工艺技术,最终签订了 385 千米/小时交接、350 千米/小时运行的协议,取得了较好的谈判结果,为将来提速预留了较大的空间。这些在高速铁路前期改造试验的基础上所获得的成果和经验,为我国后期进行的高速铁路建设奠定了坚实的基础。

高铁建设坚持以新建为主,改造为辅的原则。在新建的铁路中坚持长远规划,

把修建标准提高到250千米/小时的水平，按220千米/小时速度运行；干线区段修建按350千米/小时标准修建，按320千米/小时速度运行，以延长机车寿命、降低空气阻力系数要求。建议运行速度应为额定速度的90%。这样，在每条铁路线全面建设中，两铁路运行速度标准均可实际在不同区段开行不同速度的列车，形成高速、快速两种速度套跑的特点，并可实现多种交路混跑。高标准一次建成的高速铁路虽然近期建设费用较大，但比起建成后再提高标准所进行的改造来说，从经济性和社会效益上都是有优势的。我们这代人要为今后人口增加到16亿时的生活出行提前考虑，尤其铁路的建设更应长远考虑。

在机车运行组织与配置方面，实现了2740千米世界最长的高铁运营交路（京广客运专线的CHR_3动车组），大大超越了过去交路距离的上限，我国高铁运营的整体水平已跃居世界前列。主要繁忙干线实现客货分线，基本形成布局合理、结构清晰、功能完善、衔接顺畅的铁路网络；运输能力得到快速提高，满足国民经济和发展需要；主要技术装备达到或超过国际先进水平。

小知识

机车交路（Locomotive Routing）又称机车牵引区段，是机车交路类型和机车运转方式的总称，具体是指机车担当运输任务的固定周转区段，即机车从机务段所在站到折返段所在站之间往返运行的线路区段。机车交路是组织机车运用工作，确定机务段的设施和配置、机车类型分配、机车运用指标的重要依据。机车牵引列车往返行驶的路段长度称为机车交路距离。按牵引区段长度的不同，可分为短交路、长交路和超长交路。短交路一般为70～120千米，长交路一般为150～250千米，超长交路可达300～500千米。

二、主要技术

我国高速铁路的修建严格遵循"安全、可靠、适用、经济、先进"的原则进行。其具有广阔的实践基础，不断循环、不断提高、不断自主创新，绝不是靠钱把系统技术买回来的。一鸣惊人的高铁引发了大家对高铁技术的好奇。高铁成为我国助推城镇化和经济向前迈进的神奇的交通工具，它由许多系统组成。高铁穿山越岭、过江过河，由长短数千千米的山岭隧道、水下隧道、桥梁、路基、站场等组成快速无缝轨道系统,形成庞大的快速线路网。高铁有特别严格的列车运行网络体系,有像人体神经、眼睛一样的信号系统,像人耳朵一样的通信系统,像滑板一样运动的牵引供电系统,像人的血液一样的电力系统。五大系统通过接口、互联互能和调试形成了高铁运行的大脑、心脏和中枢神经,在管理系统的指挥下,高速列车按规定的运行图,像巨龙一样飞奔在全国各地,这种飞龙列车有1500～2500多条。

我们知道,高速动车组系统是高速列车的重要组成部分,但要让它安全、高效、舒适地运行,还需要处理好动车组与高铁系统中各子系统间的接口关系,图8-16为我国高速铁路动车组与各子系统的主要技术接口。

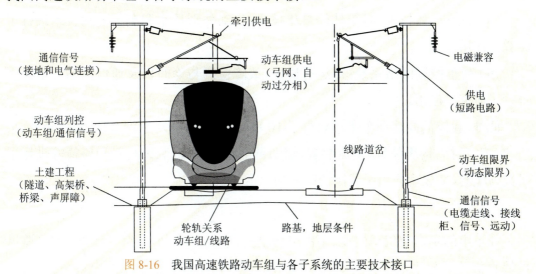

图 8-16 我国高速铁路动车组与各子系统的主要技术接口

(一)高速动车组

我国高速列车的关键技术主要包括9个方面:动车组总成(即系统集成)、主变流器技术、牵引变压器技术、牵引电机技术、牵引传动控制技术、高速转向架技术、高速制动技术、高速车体技术和列车控制网络系统。

(1)动车组总成:在总体设计技术条件下,对动车组车体、转向架、牵引传动系统、制动系统、列车控制网络系统、辅助供电系统和车端连接装置等按有关参数进行合理选择设计和优化,确定各子系统间的接口关系。最后经生产、组装、测试、调整和试验等过程,完成动车组整体集成。

(2)主变流器技术:半导体器件已从最早的晶闸管发展到GTO、IGBT、IPM,以至IGCT。主变流器发展的目标是小型化、轻量化、节能、环保、可靠和经济适用。目前采用新型大功率半导体器件。

(3)牵引变压器技术:采用电子变压器和高温超导变压器,它们与传统的工频

变压器完全不同,具有重量轻、体积小、效率高的特点。

(4)牵引电机技术:采用三相交流异步牵引电机。

(5)牵引传动控制技术:牵引传动控制采用矢量变换控制技术。

(6)高速转向架技术:对转向架轻量化技术、驱动技术和牵引电机悬挂技术进行了研究与应用。

(7)高速制动技术:对基础制动技术、动力制动技术、复合制动技术、非黏着制动技术(非黏着制动主要是指电磁轨道制动和涡流轨道制动)和防滑控制技术进行了系统研究与应用。

(8)高速车体技术:对车体轻量化技术、气动外形技术和车体密封技术进行了研究与应用。

(9)列车控制网络系统:对运行监控、故障检测与诊断以及通信网络三个方面进行了研究与应用。

此外,我国的高速动车组还取得了10项配套技术,即对空调系统、集便装置、车门、车窗、风挡、钩缓装置、受流装置、辅助供电系统、车内装饰材料和座椅等进行了研究与配套,并成功应用于我国的高速列车运营中。

1. 空调系统

动车组的车内空气清洁度、车内平均温度、车内湿度、车内空气流速、应急通风量等直接关系旅客的乘坐舒适度。我国每辆车均配有1套独立的空调系统,用以对车厢供应新风,排放废气。空调系统还具有采暖、制冷和制热,气流的导向和分配,新风的初步过滤,混合气体的过滤,新风和排气系统的压力保护,紧急通风等功能。

2. 集便装置

高速动车组采用全封闭式集便系统。即:控制水箱的水进入集便器冲洗,然后排入污物箱。在列车停车后,定时对污物箱的污物进行处理。根据控制原理的不同,高速列车的厕所可分为真空式、循环式、喷射式和生物处理式。其中较为成熟的是真空式和循环式,尤其真空厕所已成为当前我国高速列车集便器的首选,它具有清洁卫生、无环境污染、造价低廉、使用可靠和维修方便等优点。

3. 车门

高速动车组的车门包括车厢外侧的侧拉门和内部两端的内端门。这两种车门的工作性质是完全不同的,侧拉门是将车厢与外界隔离的最后一道"防线",它只能在整车停稳后才能打开,而在列车运行时必须保持关闭并具有良好的气密性,因此,侧拉门除坚固结实外,还必须满足气密性和隔声要求。内端门主要功能是保持各车厢间的相对独立性,并起到一定的隔热隔声效果,因此,内端门往往采用自动感应电动式滑动门。

4. 车窗

动车组车窗包括司机室前窗和客室侧面车窗两种。它们除了具有足够的强度要求外,还具有良好的隔热隔声性能和减速功能(即减缓高速运行时司机和旅客对窗外景物的视觉反应速度)。

5. 风挡

当动车组以 200 千米/小时以上的速度高速运行时,尤其是两列动车组会车或通过隧道时,为了保护旅客的耳膜不受车外空气压力波动的影响,动车组的车体必须具有良好的密闭性,当然与之配套的车厢与车厢间的连接风挡也必须具备很好的密闭性。所以,高速动车组的风挡通常采用密闭式橡胶风挡或双层折棚风挡。

6. 钩缓装置

为了减少动车组高速运行时的纵向冲击,高速动车组的车钩一般采用自由间隙很小的密接式车钩。通常车端采用密接式自动车钩,并设有弹簧缓冲器及球形橡胶轴承,以减少车辆运行中产生的纵向冲击力。中间车既可以采用与端部同样的密接式车钩,也可以采用半永久车钩连接。

7. 受流装置

采用电力牵引的高速列车必须通过弓网受流系统不间断地从接触网上获取电能。受流装置是将电能由接触网顺利导入动车组内部变压设备的重要装置。受流装置按其受流方式的不同,有多种形式,但高速动车组通常采用受电弓受流器。弓网受流系统必须满足的基本条件是:良好的受流质量、安全的运行性能、足够的使用寿命、减少对周围环境噪声的影响。良好的受流质量依赖于弓网系统的动态稳定和跟随性,应保证弓网间良好的接触,不离线、不产生火花。

8. 辅助供电系统

辅助供电系统是保证动车组除主传动系统以外的所有用电设备正常工作的必不可少的系统。现代高速动车组的辅助供电系统通常采用列车线供电方式,由分散布置在若干辆车底架的各电源设备向干线并联供电。辅助供电系统从主变流器中间直流环节取电,其由辅助变流器以及蓄电池等设备组成。用电设备包括空气压缩机、冷却通风机、油泵/水泵电机、空调系统、采暖设备、照明设备、旅客服务设备、应急通风装置、诊断监控设备和维修设备等。某些车车底架下设有容量充足的充电机和蓄电池组,充电机向蓄电池组充电并向低压负载供电,发生紧急情况时由蓄电池供电。

9. 车内装饰材料

为了保证车辆的轻量化及旅客乘坐的舒适性,车内装饰通常采用轻量化、模块化设计,采取隔声降噪措施,充分体现人性化设计理念。装饰材料的燃烧性、发烟性和毒性应满足相关标准的规定。

10. 座椅

动车组客室座椅是提供旅客乘坐舒适性的重要设施,旅客在车厢内旅行的大部分时间实际上都是在座椅上度过的。因此,座椅的重要性不容忽视。动车组客室一般设置一等、二等车座椅和观光区座椅。为保证旅客始终面朝列车行驶方向,除餐车外其他各车座椅设有机械转向机构,以提高旅客乘坐的舒适性。座椅布置充分考虑人机工程学的相关参数,保证旅客乘坐的舒适度。

(二)牵引供电

牵引变电所优先采用两组独立可靠的 220 kV 电源并互为热备用。接触网的标称电压 25 千伏,高速正线采用 2×25 千伏(AT)供电方式。牵引变电所的分布须满足列车追踪运行间隔时间。牵引变压器优选采用单相接线形式,变电所实行无人值守。

接触网采用全补偿简单链型悬挂或全补偿弹性链型悬挂,H 形钢柱,绝缘爬距 140 毫米。数据采集监视与控制系统(SCADA)可实现对调度管辖范围的动态配置,对牵引供电电力等机电子系统运行及设备状态的实时监视、事故报警和追忆、自动控制、调度事务自动化管理,并作为运营调度系统的一个子系统。

牵引供电系统具有满足高速运行的弓网关系和可靠稳定的供电要求,以及免维护、少检修、抵御自然环境侵害的要求;动车组自动过分相,供电系统适应高速度、高密度,具有综合一体化远程监控能力。图 8-17 为牵引供电系统构成。

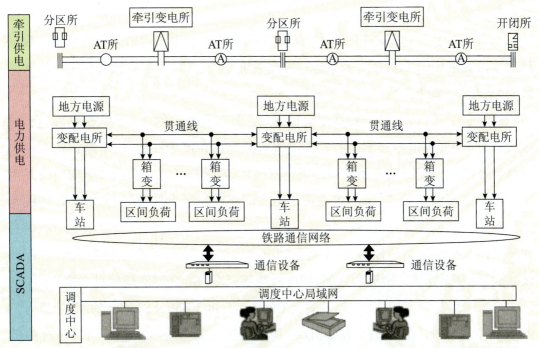

图 8-17 由牵引供电、电力供电和数据采集监视与控制(SCADA)组成的牵引供电系统

(三)通信信号

1. 通信

建立起以传输及接入、电话交换、数据网 GSM-R 移动通信等设备为基础的具有调度、会议电视、救援指挥、动力环境监控和同步时钟分配等的通信系统。该通信系统可将有线和无线通信有机结合,实现语音、数据、图像、列车控制信息的通信等多种功能(图 8-18)。

图 8-18 我国高速列车的通信信号系统构成与功能

2. 信号

列车信号系统是保证列车运行安全、提高运输正点率和运输效率的系统。我国建立了由调度集中（CTC）、列车运行控制系统（CTCS）、车站联锁和集中检测为特征的列车信号系统。

调度集中（CTC）是一种列车运行方式。列车在规定的区段进入车站股道和通过闭塞分区时，按信号显示运行。调度集中系统由调度中心设备、车站设备和相关网络设备组成。我国调度集中系统采用双硬件、双网络的冗余结构（级间网络采用不同物理路径的单独光纤，困难地段采用不同物理路径专用链路的数据网，构成两个独立的环状自愈专用通道），增强了系统的可靠性。调度集中系统主要功能包括列车进路及调车进路的控制、列车运行情况集中监控、车次号追踪列车、运行计划调整、临时限速设置等。调度所之间、调度所与部调度中心之间实现信息交换。

列车运行控制系统（CTCS）是英文 Chinese Train Control System 的缩写，意为中国列车控制系统。其中的 CTCS-3D 型列车运行控制系统，以 350 千米/小时的世界最高运行时速在津京城际高速铁路上实现了 3 分钟的列车追踪间隔。CTCS-3D 型列车运行控制系统控制过程如图 8-19 所示。

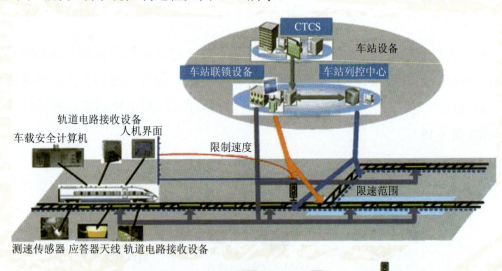

图 8-19　CTCS-3D 型列车运行控制系统控制过程

CTCS-3D 型列车控制系统的高效表现得益于 4 个方面：第一，得益于采用有源应答器作为车、地间信息传递平台。所谓应答器是指地面与运行中列车进行信息交换的设备。当列车运行中越过地面上的应答器时，车载的应答器天线将能量（列车通过信号）通过无线方式发射到应答器，此时，地面应答器将自身的数据返回列车。区别于传递内容固定的无源应答器，有源应答器也称为可编程应答器，其传递内容可由地面控制中心在线实时更改，能够存储行车许可待实时变化的信息，这使控制得以更加高效。第二，采用了连续的速度-距离曲线控制模式，最大限度地提高了列车运行速度。第三，控制系统能够兼容既有列车控制系统，可以实现既有线列车的混合运行，同时还应具备升级条件，以实现与新建高速铁路的跨线运行。第四，采用轨道电路进行辅助控制。系统的车载计算机不仅从点式应答器接收列控信息，同时，还利用轨道电路注入信息，以便在突发事件时危险信息能够在最短时间内发送给车载计算机，以最大限度地避免列车进入危险区，保证运行安全。由于CTCS-3D型列车控制系统的车、地间通信依赖于应答器及轨道电路通信的信息量有限，而且为单向（地向车发送）传输，想要提高运行效率，还需要传输快、容量大的软硬件设备和更大容量来实现。

CTCS-3型列车控制系统是目前最先进的列车控制系统之一，它采用基于GSM-R无线通信网络进行控制信息的传输。该控制系统包括：交换机、基站、机车综合通信设备、手机等。我国青藏铁路运行的CRH_5型高速列车上使用了GSM-R通信系统，实现了调度通信、车次号传输与列车停稳信息的传送、列车尾部装置信息传送、调车机车信号和监控信息传输、车地间双向无线数据传输、区间移动公务通信（在区间作业的水电、工务、信号、通信、供电、桥梁守护等部门内部的通信，均可以使用GSM-R作业手持台，作业人员在需要时可与车站值班员、各部门调度员或自动电话用户联系。紧急情况下，作业人员还可以呼叫司机，与司机建立通话联络。）、应急指挥通信话音和数据业务（当发生自然灾害或突发事件等影响铁路运输的紧急情况时，在突发事件现场与救援中心之间，以及现场内部采用GSM-R通信系统，建立语音、图像、数据通信系统）。从而使列车的控制技术达到更高的水平，在列车安全运行的前提下，使列车的运行效率得到充分发挥（图8-20）。

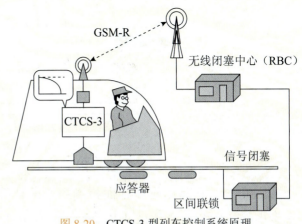

图8-20 CTCS-3型列车控制系统原理

车站联锁是指利用机械、电气自动控制和远程控制的技术和设备，使车站范围内的信号机、进路和道岔相互之间具有制约关系,这种关系称为铁路车站联锁。

3. 移动式自动闭塞

所谓闭塞,就是保证在一段铁路区段(闭塞分区)内,同一时间只能运行一列列车的控制状态。具有闭塞功能的设备称为闭塞设备。闭塞是铁路上防止列车对撞或追尾的方式,是铁路上保障安全的主要方法。闭塞又分为固定闭塞和自动闭塞,固定闭塞控制由闭塞设备自动变换信号显示,司机凭肉眼识别信号进行列车控制。由于在高速行车状态下,人的肉眼受识别反应时间的限制,已不能满足安全行车的要求,因此研发出自动闭塞系统。

<u>自动闭塞</u>是指装有轨道电路的"闭塞分区",通过轨道电路将列车和"通过信号机"的显示联系起来,使信号机的红、黄、绿三色信号显示随着列车运行位置而自动变换的一种闭塞方式。图 8-21 为固定式自动闭塞与移动式自动闭塞的原理。

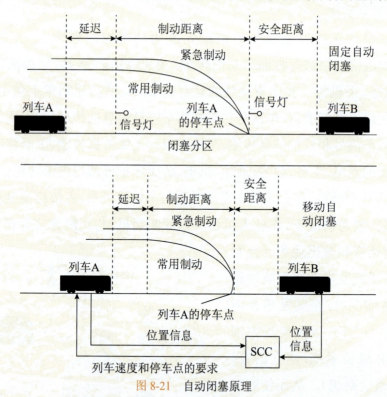

图 8-21　自动闭塞原理

<u>移动式自动闭塞系统</u>是一种用无线电方式进行车、地间双向信息传输的列车运行控制系统。它是由设在地面控制中心的计算机联锁闭塞系统周期性地收集各列车发出的位置和速度信息,同时,向列车发出其距前方列车的距离(或距限速地点的距离)信息。列车的实际运行速度由车载计算机按列车的制动性能自动实施最佳

的运行速度。采用移动自动闭塞系统的列车,司机完全根据指令行车,通过地面的点式应答器实现列车的定位。

移动式自动闭塞系统是中国列车控制系统(CTCS)下的一种模式。中国已自主研发世界领先的"动车防追尾系统"就是移动式自动闭塞系统,其可将高速运行的两列动车组的间隔时间控制在 5 分钟,地铁控制在 2 分钟。

高速列车自动闭塞系统的作用原理是将轨道信息通过钢轨传送到动车组的车载系统,通过信号机红、黄、绿三种显示方式,预告列车运行前方两个闭塞分区的空闲状态。红灯表示分区正被占用,要求列车停车,暂时不得越过;黄灯表示前方有一个闭塞分区空闲,要求列车注意运行;绿灯表示前方至少有两个分区空闲,指示列车可按规定的最高速度运行。自动闭塞由于将行车区间划分成多个闭塞分区,可用最小运行间隔时间开行追踪列车,从而大大提高区间通过能力;整个区间装设了连续的轨道电路,可以自动检查轨道的完整性,提高了行车的安全程度。

自 20 世纪 80 年代以来,日本、北美和欧洲技术发达国家开始对无线列车控制系统的研发和应用。如美国的 ARCS、法国的 ASTREE、日本的 CARATC、德国的 FZM、欧洲的 ETCS(图 8-22)等。移动式闭塞系统实现了更小的行车间隔,列车运行最高安全、合 300～385 千米/小时度可达到 500 千米/小时,具有更高水平的安全性。

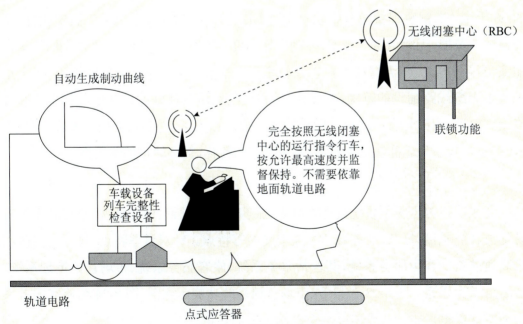

图 8-22 欧洲 ETCS 系统无线移动自动闭塞原理

（四）工务工程

在线路选择上，高铁线路走向绕避或远离重点文物保护区、环境敏感区、水源保护区、风景区等；站房设计宽敞通透并融合当地文化元素；减少高填路基和深挖路堑，减少对环境的破坏；采用选择与公路、既有铁路线共用同一走廊，行走间距控制在10米左右的设计原则，提高既有土地的利用率。

采用高架桥与长隧道设计方案，节约了土地、缩短了基础沉降等待时间，大大加快了建设速度（2500千米的高铁线路的修建仅用了5年时间，创造了高铁快速修建的世界纪录）。高铁线路的桥隧长度约占线路总长85%（路基平均1千米需占用土地70亩，桥梁仅占27亩，隧道基本不占土地）。牵引变电所、电力变电所、通信、信号基站等场地，则采用集中设置的原则。至20世纪末，隧道的修建已进入掘进机时代，隧道修建长度已不再成为制约因素（高黎贡山隧道实现了35千米），展线大大减少（展线系数为10%～20%），运输效率得到了极大提高。高架桥技术节约了土地并快速实现了对线路沉降的控制。

路基、桥涵、隧道、轨道等各类结构物的设计在满足强度、刚度、稳定性、耐久性要求的基础上，严格控制结构物的变形及工后沉降，加强了各结构物的协调和统一，使车、线、桥（或路基、隧道）的组合具有良好的动力特性。

超长无缝线路铺设。正线轨道按一次铺设跨区间无缝线路设计，采用100米长的60千米/米钢轨焊接无缝钢轨，设置固定段与可伸缩段，采用道床固定扣件、轨道伸缩调节器、无缝道岔等技术，控制定轨温度，克服了当地温度变化带来的轨道伸缩变形等问题，实现无缝线路可以在轨道温差变化高达100℃的地区铺设，极大地扩大了无缝线路铺设的范围；桥梁、隧道和正线地质条件好的路基地段集中成段铺设无砟轨道，无砟与有砟轨道之间设置过渡段。形成了有挡肩、无挡肩板式，双块埋入式、压入式系列无砟轨道型式，以避免道砟的粉化，提高轨道的耐用性。

（五）信息服务

高速铁路客运服务系统具有客流大、旅客上下车频繁、服务档次要求高，系统交易量大、控制信息复杂、业务数据处理难度高等特点。针对这些特点，我国专门研制了高速铁路的客运服务系统，其包括票务系统、旅客服务系统、市场营销策划系统、客运组织管理等。图8-23为票务、市场营销系统功能示意图，图8-24为旅客服务系统功能示意图。

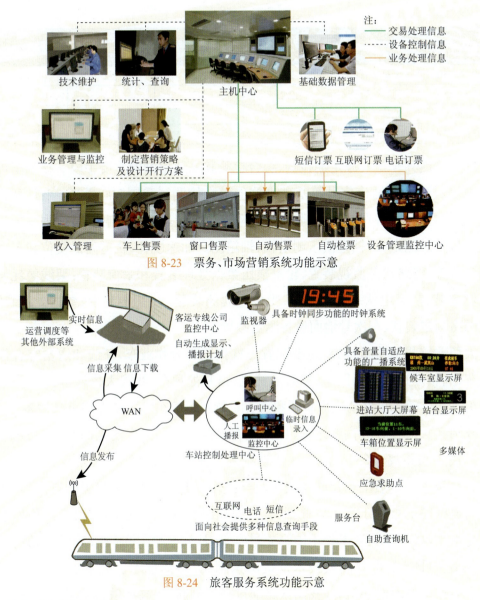

图 8-23 票务、市场营销系统功能示意

图 8-24 旅客服务系统功能示意

（六）运营维修

我国对高速铁路轨道平顺度的精度制定了较高的标准（表 8-3）。检测和维修设备的机械化、自动化是高速列车运营安全和效率提高的重要保障。我国高速铁路建立了包括各专业的综合维修体系，如采用综合检测列车、钢轨探伤车和轨道状态确认车等，对轨道的几何状态、接触网及受流状态、通信信号设备工况、钢轨表面及内部伤损轨道部件状态、线路限界侵入等的定期检测和临时检测，并向调度指挥中心（综合维修系统）、地面维修部门发送信息，以该信息作为制定维修计划和安排综合维修天窗的主要依据。

我国轨道平顺度精度标准　　　　　　　　表 8-3

速度（千米/小时）	轨道类型	高低（毫米）	轨向（毫米）	水平（毫米）	轨距（毫米）
300～350	无砟/有砟	2/2	2/2	1/2	1/2
200～250	无砟/有砟	2/2	2/2	1/2	1/2
200	无砟/有砟	2/3	2/3	2/3	1/2
160	有砟	6	5	6	+6, -4

综合检测列车是实施定期检测、综合检测和高速检测的重要手段。该列车可实现对轨道、接触网、通信信号等基础设施的综合检测。我国 300 千米/小时高速综合检测列车主要装备有录像装置、架线间隔测定装置、ATC 测定装置、列车无线设备测定装置及测定台；轴重横压测定轴、轴箱测定加速度计；轨道高低变位和车辆摇动测定装置、线路状态监视装置、轮重横压数据处理装置和录像装置；架线磨耗偏位高低测定装置、集电状态监视装置、受电弓观测装置；电力测定台、数据处理装置、供电回路测定装置、车次号地面设备测定装置。

大型养路机械维修线路，主要配置三枕捣固综合作业车、正线和道岔综合作业捣固车、高精度连续式捣固车、高效清筛机、路基处理车、线路大修列车、96 头钢轨打磨车、道岔清筛机、移动式焊轨车和大容量物料运输车等大型养路机械设备。

我国在大规模建设高铁之前，世界没有任何一个国家有这方面的成功经验，而我国解决了长距离、多网络的高铁建设难题。我国的高速列车技术已跃居世界前列。高铁技术在本质上也反映了我国科学技术的整体水平，是我国的自豪和骄傲。我国高速铁路的技术水平可以概括为：高速铁路的轨下土建工程、轨道结构处于国际领先水平，机车车辆技术处于国际先进水平；从安全性、可靠性、适用性、经济性、先进性五大指标与世界高铁技术发达国家相比，总体技术已处于国际领先水平。经过十多年坚持不懈的努力，我国铁路通过技术创新，在高速铁路的工务工程、高速列车、通信信号、牵引供电、运营管理、安全监控、系统集成等技术领域取得了一系列重大成果，形成了具有中国特色的高铁技术体系，总体技术水平步入世界先进行列。

三、CRH 品牌系列

我国的 CRH 和谐号系列动车组牵引采用动力分散方式（图 8-25），以 CRH_3 为例，它采用三相异步牵引电机，8 辆编组的列车共有 16 台牵引电机，它们被均匀分散安装在 4 辆动车下,每辆动车安装 4 台牵引电机,每台电机负责驱动一根车轴(即一个轮对)。当列车运行时,这 16 台牵引电机协同完成列车的牵引。动车组具有动力分散,可以双向行驶的特点,但它还不等于高速列车。如我国早期进行的几次铁路提速中开行的部分列车,如 1998 年 6 月南昌至九江间开行的"庐山号"双层内燃动车组,运行时速仅 120 千米;1999 年开行在云南昆明至石林间的"春城号"动力分散型动车组,采用交、直流传动方式,运行时速 120 千米;同年运行在沪宁、沪杭间的动力集中型准高速双层内燃动车组,最高运行时速为 180 千米;2000 年,京津间运行的"神州号"动力集中型双层内燃动车组,最高运行时速 160 千米。这些列车运行速度都小于 200 千米/小时,因此,尽管使用了动车组,仍然不能算作是高速列车。

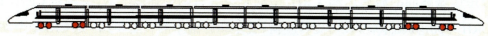

图 8-25　动力分散型牵引

自 2004 年开始,我国的高速动车陆续形成 4 种品牌,即 CRH_1、CRH_2、CRH_3、CRH_5(图 8-26)。它们是在引进国外不同国家高速动车组先进技术的基础上,结合我国国情进行设计改造和技术创新后打造的具有自主知识产权的中国高速列车品牌,全部采用再生+空气制动方式,连续速度模式牵引控制。我国 CRH 系列高速列车主要情况见表 8-4。

a)CRH_1

b)CRH_2

c)CRH_3

d)CRH_5

图 8-26　我国自行研制的"和谐号"动车系列

我国 CRH 系列高速列车主要情况　　　　表 8-4

型号	CRH_1	CRH_2-200	CRH_2-300	CRH_3	CRH_5
运营年份	2007	2007	2008	2008	2007
编组定员（人）	668	609	610	556＋1（残疾人座位）	622（固定座位）/586（旋转座位）
运营速度（千米/小时）	200	200	300～350	300～350	200
最高试验速度（千米/小时）	250	250	385	394.3	250
最大轴重（吨）	16	14	14	17	17
总牵引牵引功率（千瓦）	5500	4800	8200	8800	6770

　　CRH_1 动车组以定员多、车门大（开口宽度 1100 毫米）、固定座椅为特点，非常适合短途城际间的旅客运输；CRH_2 型动车组具有两个速度等级，分别是 CRH_2-200 和 CRH_2-300，其轴重轻，设可旋转座椅、餐车和卧铺车厢（图 8-27）是 CRH2 型动车组的特点；CRH_3 型动车组是 CRH 系列中速度最快的动车组，其 350 千米/小时（试验最高速度达 394.3 千米/小时）的最高时速使其成为世界第一，定员少、速度快、设有残疾人专用座位和司机室后面的景观座椅（图 8-28）是其特点。CRH_5（图 8-29）是我国高速列车新技术应用最为集中的一种车型，如采用大截面中空铝合金挤压材结构车体（图 8-30），IGBT 牵引变流技术，电（再生）、空联合制动技术。此外，"体悬式"电机悬挂技术、车头挡风玻璃的电加热技术及底架防雪保护设施等，使高速列车可以在零下 25 摄氏度的环境下运行。

图 8-27　CRH_2 型动车组的餐车和卧铺车厢

图 8-28　CRH_3 型动车司机后的观光座椅

图 8-29　CRH_5 的车厢内二等座

图 8-30 大截面中空铝合金挤压材结构车体

京津城际铁路（表 8-5）是我国第一条具有自主知识产权、技术水平国际一流的高速城际铁路。在总结以往工程经验的基础上，系统解决我国高速铁路路基、桥梁、隧道、无砟轨道、测量控制、环境保护、减震降噪等一系列重大关键技术问题之后，建成了京津城际铁路，为相关产业的发展积累了宝贵经验。

我国京津城际高速铁路与国外高速铁路主要技术参数对比　　表 8-5

国家	中国	日本	法国	德国
线名	京津城际铁路	山阳新干线	地中海线	科隆—法兰克福线
本线速度（千米/小时）	350	300	320	300
跨线速度（千米/小时）	250	不兼容既有线	200	200
最小追踪间隔时间（分钟）	3	3	3	4
运行控制方式	CTCS-3D	DS-ATG	UM2000+TVM430	LZB
调度集中方式	CTC	CTC-1A	CTC	CTC
编组方式	4M+4T、6M+2T	16M、12M+4T	L+8T+L	4M+4T
车体宽度	3.27、3.38	3.38	2.9	2.95
动车组类型	CRH_3、CRH_2	500系、700系	IGV-2N	ICE_3
定员（人）	557、610	1324		415
最大功率（千瓦）	8800、8196	18240、13200	8800	8800
轨道类型	全线无砟	岔区外无砟	有砟	新建段无砟

我国的高速列车具有以下特点：流线型车头、外形美观；列车气密强度高、气密性好，车体安全可靠；噪声小（300 千米/小时速度下小于 65dB），车体振动小，乘坐舒适；高速转向架寿命长（30 年）；制动系统准确、灵活，380 千米/小时速度下紧急制动距离仅为 7500 米，低于标准值；高速双工受流稳定，离线火化率低于 6 次/千米；牵引传动系统能耗指标优良（16 辆编组列车的总功率为 20440 千瓦，人均百千米能耗 5.12 千瓦·时）；旅客界面合理。VIP 座：一等座：二等座的数量设置比例为 1∶5∶28。

与发达国家相比，中国高速铁路发展起步虽晚，但发展最快。20世纪90年代初，中国组织开展了高速铁路的设计建造技术、高速列车、运营管理的基础理论和关键技术的大量科学研究和技术攻关工作，并进行了广深铁路提速改造，修建了秦沈客运专线，实施了既有线铁路6次大提速等。2008年北京奥运会开幕前夕，京津城际高速铁路开通运营，北京、天津两大直辖市之间由原来的2小时左右运行时间缩短至30分钟左右，形成同城效应。2011年6月30日，世界上一次建成里程最长的京沪高速铁路建成通车，其全长1318千米，设计时速350千米，初期运营时速300千米。2012年12月1日，哈大高速铁路正式通车运营，全长921千米，成为世界上第一条新建高寒、高速铁路。2012年12月26日，京广高速铁路全线贯通运营，全长2298千米，成为世界上干线最长的无缝钢轨高速铁路。

四、高速铁路带来的变化

中国是世界上高速铁路发展最快、系统技术最全、集成能力最强、运营里程最长、运营速度最高、在建规模最大的国家。在运行速度上，目前最高时速可达350千米，堪称陆地飞行；在运输能力上，一个长编组的列车可以运送1000多人，每隔3分钟就可以开出一趟列车，运力强大；在适应自然环境方面，高速列车可以全天候运行，基本不受雨雪雾的影响；在列车开行上，采取"公交化"模式，旅客可以随到随走。

高速铁路大大提高了铁路运输效率。2013年，全国铁路完成旅客发送量21.06亿人次，其中高铁线发送旅客5.3亿人次，2014年全年高铁发送旅客达8亿人次。高速铁路的发展，有力带动了我国铁路沿线经济、社会的发展，带动了相关产业的转型升级，带动了城市群的崛起，使老百姓出行更加方便快捷，生活更加丰富多彩。

我国将继续加快高速铁路建设速度，预计到2015年全国铁路营业里程达到12万千米以上，其中高速铁路和客运专线达到1.6万千米以上。远期规划运营里程27万～28万千米（图8-31），将超过美国，成为世界高速铁路总里程最多的国家。目前，在建高铁规模为1.2万千米，成为世界上高速铁路投产运营里程最长、在建规模最大的国家。

高速铁路凭借速度快、运行安全、乘坐舒适的特点，迅速扩大了城市的通勤范围，快速连接了各大城市，实现以省会城市为中心的省内1小时、省外8小时的运输速度格局。这将促使城市布局规划发生重大改变，从根本上消除大城市的城市病。

第八章 | 高速铁路

如：各国大城市久治不愈的交通拥堵；由于大面积高楼建筑导致的局部小气候的恶化；大量汽车尾气导致的空气污染；不合理的城市功能布局疏解困难；城市绿地面积严重缺乏，居民变成宅民等弊端。高速铁路网的实现，将全面提升城市功能效率，使城市从重重重压下彻底解放出来，为我国城市化布局和建设奠定坚实基础，为城市居民带来更加便捷、更有尊严的交通。使人民群众的生活质量大幅提高，幸福感大大增强。高速铁路已成为促进世界经济与社会发展的重要基础设施。中国高速铁路的快速发展也为世界高速铁路发展注入了新的活力，展示了多样化的技术经济优势，其已成为我国经济增长的一支重要力量。我国已将时速 200 千米等级客货共用线运行技术成功应用在委内瑞拉 DINACO—ANACO 铁路。该铁路全长 471.5 千米，设车站 10 座的双线电气化铁路。2009 年，中国正式提出高铁"走出去"战略。中国铁路总公司（原铁道部）针对不同国家成立了十几个工作小组，高铁"走出去"战略已开始运作。中国参与筹建的非洲、欧亚、中亚和泛亚高铁是这一战略的运作方向，目前也在积极筹划美洲合作战略。

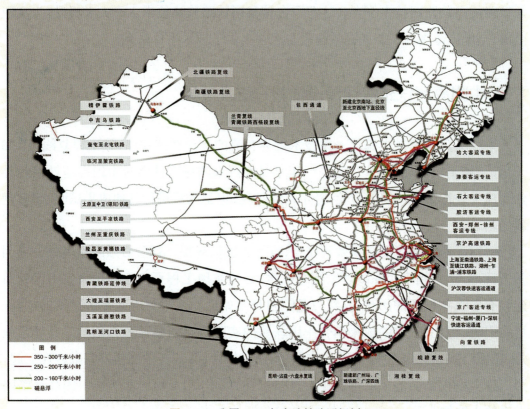

图 8-31 我国 2020 年高速铁路网规划

我国还积极发展高铁外交，数百位国家政要和多国政府部门、专家纷纷来华参

观考察中国高铁,表示愿意与中国加强在高速铁路领域的交流合作。包括美国、德国、俄罗斯、土耳其、墨西哥以及非洲的十多个国家向我国咨询高铁有关问题,积极采购高铁设备。此外,我国必须采用设计施工总承包的模式,用我国的技术、我国的标准、我国的设备进行快速优质的跨国高铁建设。

高速铁路再度成为世界铁路发展热点。充分利用我国高速铁路发展优势,加强国际交流合作,积极发挥行业优势和组织、协调、服务作用,全力推进与周边国家铁路的互联互通,建设重点项目,为中国高铁技术装备、工程建设、运营管理"走出去"搭建平台,进一步提升中国铁路的影响力,为推动世界高速铁路发展,造福全人类做出更大贡献。

我国高速铁路建设方面,建立了时速250～350千米高速铁路技术平台,时速200～250千米既有线提速技术平台,以青藏铁路为标志的高原冻土铁路技术平台,以大秦铁路、塑黄铁路为代表的重载运输技术平台,以狮子洋和厦门翔安隧道为代表的水下铁路、公路隧道技术平台,以北京至上海、长江三角洲路网为代表的长、中、短铁路的高铁路网技术平台。这些平台使我国铁路修建技术水平大大提升,为实现全国、全世界范围内铁路的高效建设与运营提供了技术平台保障。

五、中国高速铁路快速建设创新方法及成果

京津城际铁路是中国第一条技术世界一流的高速铁路铁路,该工程复线长120千米,从施工、调试到运营只用了一年半时间。京津城际铁路对中国高速铁路各种创新成果进行试验应用的检验,是示范性工程,也是今后进行其他成果试验、研究创新的基地。

中国高速铁路建设必须做到安全、可行、经济、环保、节能,必须解决多种外界因素干扰,必须做到多个系统严密无缝配合,必须实现工程百年运营寿命。中国铁路建设有着百年创新的历史,其特点是把自身原始创新成果集中起来进行新的创新,再将引进、消化、吸收的成果结合中国铁路的实际进行研究试验再创新。具体措施是,由部门领导机构主导,企业作主体,科研院校协同,把3种创新方式融合在一起,形成许多规模不同的团队加以配合,用最低的成本、用最短时间实现中国高速铁路世界领先地位。

中国高速铁路创新的另一特点是必须坚持以工程、设备实物建成为目标。经过

反复实践、理论、再实践、再理论的循环试验修正研究成果,最后达到高速铁路各项指标要求。最后,结合铁路运营的路网特点,从短交路网扩大到长交路网,如从京津短交路到第二条郑(州)—西(安)中交路的建成运营,扩大到武汉至合肥的长交路3条不同长度的建成和运营,圆满完成京沪铁路1318千米5年顺利建成的业绩,这是任何国家所没有的。

中国高铁在世界上有许多突破性的创新成果,主要体现在以下两个方面:

1. 运行速度、平稳性、舒适度、大运量、节能、环保等指标的先进性引领其他国家

(1)中国高铁运营速度可达350千米/小时,验收速度超过额定速度的10%,按385千米/小时验收速度进行全面检测,无误后交付使用。应用空气动力学试验,优先使用低阻力流线型机头,得出不同运营速度产生的空气阻力:当时速为300~320千米时,阻力为80%左右;时速为200~220千米时,阻力为25%~30%。由此可看出,运营速度越高越费电,而且还会影响机车寿命,因此我们把200~220千米/小时的速度称作经济速度,这也是一些国家不愿把运行速度提至太高的一个原因。我国幅员辽阔,出于交通运输需要,采用300~320千米/小时较高时速,并在此基础上进行了节能性探索。

(2)采用分散型牵引、8辆或16辆车编组、安全可靠的高速转向架、安全环保的电制动反馈系统、先进的噪声控制技术、高性能牵引系统等,使中国高铁的安全性、平稳性优于其他国家。

(3)和谐号车体气密强度大,密封性好,新风量充足、噪声小(小于70分贝),平稳度高,车体宽(3.3m,大于欧洲的2.9m)、舒适度高。

(4)和谐号CRH380采用信号系统与区间三色显示闭塞系统,可以实现每3~6分钟发一趟列车而不追尾,做到密度交路、大流量运输,方便大众出行,实现单向22万人/日的客运量。

(5)节能突出。由于列车制动时,动能转化为电能,回馈到电网。据综合计算和测试,人均每100千米耗能5.6千瓦·时,耗能比时速350千米的机车低了6%,比汽车、飞机低10多倍,例如:以总功率16万千瓦、乘坐200人计算,波音747客机人均耗能800千米·时。

2. 桥梁、隧道、轨道道岔结构、无缝线路方面的创新

(1)全线高架,每千米铁路节约土地3公顷。另外不影响地面交通,可快速工厂化制作32米跨箱梁;在软土路基,以桥代路解决了下沉不稳定的难题,通过桥支

座的调整可快速实现高速通行。

（2）轨道、道床结构采用无砟板式钢筋混凝土结构，使维修简化、线路稳定，满足了高精度轨距及轨差 ±2 毫米的要求。

（3）全线采用无线钢轨连接，克服了温差达 100 摄氏度的热胀冷缩难题；研制了 400 千米/小时的高速道岔，对全线长距离平稳运行起到了重要作用。

（4）桥梁、隧道工程是高速运行的基础，线路取直穿越很多大山、河流，尤其是隧道占线路的比例达 30%～70%，如兰渝线 800 千米线路，其中隧道占 600 千米；贵广线 600 千米线路，隧道占 400 千米。因此，在一定程度上隧道快速施工是高铁建成运行的关键。

（5）受电弓能做到在供电线上的滑行速度达 380 千米/时而不出现离线，并且避免了火花的产生，实现了安全稳定供电。

总体来说，中国在高速铁路勘测、设计、施工、装备制造、调试和试验、运营管理等多个方面都形成了独具特色的技术体系、标准、专利，并有一支强大的技术、技师团队，可实现高铁的高平稳性、高可靠性、高安全性、高耐久性及合理的经济性。

由于铁路、高速铁路的建设可以带动中国整体经济发展和人口就业，因此，中国每年建成 3000 千米铁路，投资 7000 亿元，才能满足全国人民的需要，才能真正促进强国富民的实现。

第四节 国外高速铁路

20 世纪 70 年代，世界范围内发生了严重的石油危机，石油短缺的阴影笼罩全球。为了保持经济的可持续发展，各国改革传统的交通能源结构模式提到议事日程，而铁路是唯一能采用非石油能源的交通模式。

自 1964 年日本建成世界上第一条高速铁路——东京至大阪高铁至今的 51 年中，高速铁路经历了从无到有、迅速发展的历程。截至目前，全球投入运营的高速铁路近 2.5 万千米，分布在中国、日本、法国、德国、意大利、西班牙、比利时、荷兰、瑞典、英国、韩国等 17 个国家和地区。高速铁路作为一种安全可靠、快捷舒适、运载量大、低碳环保的运输方式,已经成为世界交通业发展的重要发展趋势。在高速铁路建设的 51 年中,各国在实现高速铁路的过程中,有着不尽相同的建设特点。

一、日本高速铁路

世界上第一条载客运营的高速铁路系统诞生于日本,这条铁路就是日本东海道新干线。其于 1964 年通车,运行速度 210 千米/小时,目前已安全运行了半个世纪。东海道新干线建成后,东京、大阪两大城市间实现了当日往返,创造了沿线城市经济快速增长的奇迹,在世界范围内引发了修建高铁的热潮。1970 年日本制定了《全国新干线铁路扩建法》,预计到 2015 年日本四岛将全部由新干线连接到一起,遍布全国的高速铁路将成为落后地区经济发展的原动力。

日本"东海道新干线"的建成和运营,使各国为之震惊,使大家对"铁路是夕阳产业"的看法发生了转变,铁路发展进入了一个崭新的阶段。

日本高速铁路的显著特点是采用动力分散方式,既牵引电机分散间隔布置在每节车辆上,每辆车都带有动力,采用铝合金车体、交流牵引电机、变频传动调速装置、新型走行部结构、将制动能量变成电能返回电网的再生制动技术等,使列车最高运行时速达到 320 千米。图 8-32～图 8-35 为日本的高速列车。

图 8-32　日本 300 系高速列车

图 8-33　日本新干线中时速 300 千米的 500 系高速列车

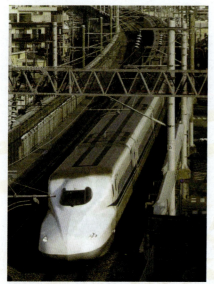

图 8-34 可倾斜的日本高速列车车体（以适应时速在 270～300 千米的小曲线半径线路）

图 8-35 日本新干线最新型子弹头列车"隼"号（时速可达 300 千米的 N700 系高速列车）

二、法国高速铁路

建设高速铁路是法国的基本国策，也是法国国营铁路公司（SNCF）的重大战略。法国在 1969 年提出修建巴黎东南线计划，1981 年建成法国首条高速铁路——巴黎—里昂东南线，全长 417 千米，最高时速达 270 千米。第二条线路巴黎—图尔、勒芒线于 1990 年通车，全长 280 千米，时速 300 千米；1993 年，第三条北方线，即巴黎—里尔线投入使用，该线路全长 350.4 千米、时速 300 千米。1994 年，全长 102 千米、时速 300 千米的巴黎地区联络线建成。同期，第五条 117 千米长、时速 300 千米的里昂—瓦良斯铁路也于当年投入运营。第六条地中海高速线，从瓦郎斯经阿维尼翁到马赛，全长 250 千米，仍然采用时速 300 千米的设计。2009 年全长 780 千米的巴黎—斯特拉斯堡线，最高时速达 320 千米，2012 年全线投入使用。至此，高速列车可通车里程已达 6686 千米，通达的车站 160 个，整个法国的高速铁路路网基本形成。2007 年，法国研制出动力分散型的 AGV 高速列车（图 8-36），速度可达 350 千米/小时。图 8-37、图 8-38 为法国的 TGV 高速列车。

· 220 ·

图 8-36　法国 AGV 高速列车

图 8-37　法国 TGV-A 高速列车（最高运行时速 300 千米，采用动力集中型牵引技术）

图 8-38　法国 TGV 高速列车（试验时速达到 512 千米）

三、德国高速铁路

德国的高速铁路英文简称 ICE（InterCity Express，高速城际列车）。最早的第一代高速铁路 ICE_1 建成于 1991 年，时速达到 280 千米，由两台机车挂 10～12 节车厢运行。1997 年德国建成了第三代高速铁路 ICE_3，正常运行速度达 300 千米/小时，1989 年试验速度达到 402 千米/小时。德国也是世界上最先研究磁悬浮铁路、悬挂式独轨铁路技术的国家之一。

德国的高速铁路技术储备不亚于法国。1931 年，德国研制出外形像飞艇的齐伯林列车（图 8-39）。1988 年，德国电力牵引的机车行车试验速度突破每小时 400 千米大关，达到 406.9 千米。因为德国客运量最集中的地区城市密布，再修建高速铁路显然达不到吸引客流的目的。因此，虽然高速铁路的优越性无论从东方的日本，还是从近邻的法国已被证明，但是德国的实用性高速铁路直到 20 世纪 90 年代初才开始修建。德国有关专家、学者对发展高速铁路采用轮轨还是磁悬浮争论了十几年。德国的轮轨式高速铁路，是在 1991 年建成通车的曼海姆至斯图加特线，另一条是 1992 年建成的汉诺威至维尔茨堡线。高速铁路上开行的 ICE 城际高速列车，时速 250 千米。1993 年以来，高速铁路上的高速列车已进入伯林，穿过德国与瑞士，实现了苏黎世至法兰克福之间的国际直通运输。目前，德国正在新修柏林至汉诺威、

科隆至法兰克福两条高速铁路。

图 8-39　外形像飞艇的齐伯林列车（1931 年德国研制，时速 200 千米）

由于大轴重的动力集中型高速列车难以适应邻国的线路，于是，德国开始研制动力分散型高速列车，编组为 4 动 4 拖、轴重 15 吨的 ICE_3 型高速列车，运行时速可达 330 千米（图 8-40）。德国的 ICE 系列高速列车主要参数见表 8-6。

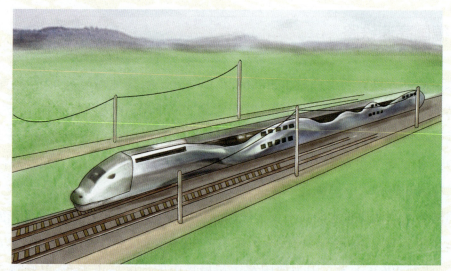

图 8-40　德国 ICE_3 型高速列车

德国的 ICE 系列高速列车主要参数　　　　表 8-6

参数	ICE_1	ICE_2	ICE_3	ICE_3MF
开始运营（年）	1991	1997	2000	2000
最高速度（千米/小时）	280	280	300	320
列车长（米）	358	205	200	200
编组形式	2 机 12 拖	1 机 7 拖	4 动 4 拖	4 动 4 拖
动力配置方式	集中	集中	分散	分散
转向架方式	独立式	独立式	独立式	独立式

续上表

参数	ICE$_1$	ICE$_2$	ICE$_3$	ICE$_3$MF
定员（人）	645	370	391	380
车体宽（毫米）	3020	3020	2950	2950
列车质量（吨）	798	418	409	437
轴重（吨）	19.5	19.5	16	16
牵引总功率（千瓦）	9600	4800	8000	8000

反思：德国在高速磁悬浮牵引技术方面研究数年，但最终还是采用了轮轨式高速铁路。2004 年，磁悬浮试验线用在中国，投资 100 多亿，因耗能大、性能不可靠、污染严重、造价高而被取消。

四、西班牙高速铁路

1992 年 4 月，西班牙在巴塞罗那奥运会前夕开通了从马德里至塞维利亚的高速铁路，赶上了世界高速铁路运输的发展步伐。西班牙高速列车简称 AVE，其采用法国技术，最高时速达 300 千米。西班牙高速铁路还创造了一天客运量达到 12338 人次的纪录。在第一条高速干线运营成功以后，西班牙继续加快高速列车的发展步伐，制定了新的路网规划。正在修建和计划修建的新干线有：马德里—巴塞罗那—法国西南部、萨拉戈萨—毕尔巴鄂、洛格罗尼奥—法国西南部、马德里—葡萄牙首都里斯本。将要改造的旧线路有 5 条，这 5 条线路都是快速线而不是高速线。经过新建和改建以后，西班牙铁路将形成一个现代化的高速和快速路网，铁路建设水平跻身于世界铁路的先进行列。

五、意大利高速铁路

意大利采用了先改车（不改线）、后建新线的方式来实现铁路高速化。意大利在 20 世纪 70 年代中期为了实现在小半径曲线上提速，采用了摆式列车，最高运行速度为 160～180 千米/小时。1988 年～1989 年开始在米兰—罗马、威尼斯—罗马之间采用 ETR450 型摆式列车，最高运行速度 200 千米/小时。车体采用可控倾斜装置（强迫倾摆装置），其由一套传感器、控制器和液压装置组成自控系统，使车体过弯道时自动倾摆，最大倾摆角为 10°。ETR450 型摆式列车为动力分散式电动车组，由 11 辆车组成。每台转向架安装一套牵引电动机。

新建的米兰—那不勒斯高速铁路全长 820 千米,最高运行速度为 275～300 千米/小时,采用 ETR500 型高速电动车组。

六、英国高速铁路

英国几乎与法国同时开始规划高速铁路,但走了弯路,现落后于法国。英国高速铁路主要采用意大利的方法,利用旧线改造及采用摆式车开行在高速列车的路线上。1984 年进行了东海岸干线的改造,实现了电气化和小半径曲线改造。为伦敦—利兹线路研制了由电力机车牵引的 IC225 型列车,最高时速为 225 千米。IC 列车于 1989 年 10 月正式投入运用。1998 年英国修建了第一条高速铁路新线,从英吉利海峡海底隧道英国一端的多佛尔至伦敦,全长 109 千米,最高运行速度 300 千米/小时,伦敦—巴黎之间的运行时间从 3 小时缩短到 2 小时 20 分钟。1997 年进行西海岸电气化改造,伦敦—伯明翰—曼彻斯特—格拉斯哥的全长 880 千米线路,使用电动车组的牵引方式,IC250 型列车,最高运行速度 250 千米/小时。

七、瑞典高速铁路

瑞典发展高速铁路也是改造既有线,并采用高技术水平的倾摆式列车(图 8-41),列车运行速度达到 210 千米。如斯德哥尔摩—哥德堡西部干线等 5 条线。新建了松兹岗瓦尔—乌尔默·波的尼亚湾高速新干线(列车运行时速达 250 千米),以及马尔摩—哥本哈根的厄勒海峡高速通道。

图 8-41 瑞典的 X2000 摆式列车

第九章

城市轨道交通与重载列车

在 21 世纪的今天,铁路已与我们的生产和生活密不可分。作为交通客运工具,它已深入到我们生活的城市里;而作为货运工具,它将大宗的物资运达我们进行生产的工厂里。这一章里,我们就来看看城市里都有哪些轨道交通形式?它们有哪些运输特点?大量的生产物资是如何组织运送到工厂的?一列重载列车一次能拉动多少货物?

第一节　城市轨道交通

城市轨道交通的类型可分为：地铁、轻轨、独轨、城市铁路、磁悬浮和自动化导向交通系统。建立便捷、畅通、安全、绿色的城市交通系统是城市发展的永恒主题，轨道交通在城市交通路网中发挥着重要和主体的作用。世界各国的国际化大都市、区域性大城市、国家或地区性城市的交通路网中，均表现出以轨道交通为主的趋势。

常规公共汽车、电车因其载客量少、速度慢，已难以承受城市日益膨胀的交通需求。而轨道交通由于与道路分离，可以快速运送大量乘客，已成为世界各国大都市解决城市交通拥堵问题的重要方式，将其作为城市交通系统的骨干。

一、轨道交通的起源

19世纪上半叶，欧美出现有轨公共马车；1825年英国建成第一条公用铁路；1863年伦敦建成第一条地铁；1870年纽约建成高架轨道交通线；1881年柏林建成第一条电气化铁路；1888年，美国建成第一条有轨电车系统；20世纪初，地铁和有轨电车第一次大发展，第二次世界大战以后，地铁在世界范围内迅速发展，各种类型的城市轨道交通形式相继出现（图9-1、图9-2）。

图9-1　欧洲早期的城市有轨电车

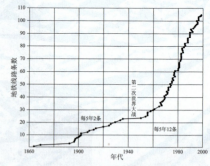

图9-2　世界地铁建设速度

二、地铁与轻轨

地铁与轻轨都属于城市轨道交通范畴，是城市轨道交通的两种形式，对于两者的区别,有人认为,地面下的轨道交通叫地铁,地面以上的就是轻轨;也有人认为,钢轨轻的就是轻轨,重的就是地铁。这两种区分方式都是不科学、不全面的。那么地铁和轻轨的区别到底在哪里呢?

其实,无论是轻轨还是地铁,都可以建在地下、地面或高架桥上(图9-3);虽然地铁的轨重一般要大于轻轨,但为了增强轨道的稳定性,减少养护和维修的工作量,增大回流断面和减少杂散电流,地铁和轻轨都趋向选用重型钢轨。

图9-3　建在桥上和城市道路上的轻轨

区分两者的依据应是单向最大高峰小时客流量的大小。地铁能适应的单向最大高峰小时客流量为3万～7万人次,轻轨这一指标则为1万～3万人次。由此设计的地铁和轻轨,它们的区别首先表现在地铁的列车轴重普遍大于13吨,而轻轨要小于这一指标。其次,一般情况下,地铁的平面曲线半径不小于300米,而轻轨一般为100～200米,这也说明地铁的行车速度高于轻轨的行车速度。另外,地铁每列车的编组数也要多于轻轨,车辆定员亦多。

从运输能力、车辆设计以及建设投资等方面来看,轻轨与地铁均有所差别。地铁线在高峰小时内,其单向运输能力比轻轨的运力大1倍～2倍。运量的大小决定了编组数,地铁列车编组可达4～10节,轻轨列车编组则为2～4节。

如今的地铁已经不局限于运行线在地下隧道中的这种形式,而是地下、地面、高架三者有机结合,运行线路多样化。而事实上在国外一些城市中,地铁已经改名。比如纽约、旧金山、中国香港等地,已经称之为"大容量铁路交通"(Mass Transit Rail)或者"快速交通系统"(Rapid Transit System)。这种轨道交通系统通常的建造规律是在市中心为隧道线,市区以外为地面或高架线,这样设计标准就是一致的。

(一)国外地铁

地铁的修建历史最早始于英国。我国自1965年到1970年才有了第一条北京地铁线,但其后建设速度很快。表9-1列出了世界上线路总长超过200千米的主要城市。

地铁线路总长超过 200 千米的主要城市　　　　　表9-1

城　市	首条线路营运时间	线路总长（千米）	线路数量（条）	站点数（个）
伦敦	1863 年 1 月 10 日	408	11	268
巴黎	1900 年 7 月 19 日	215	16	384
纽约	1904 年 10 月 27 日	660	27	468
马德里	1919 年 10 月 17 日	284	13	280
东京	1927 年 12 月 30 日	304	13	285
莫斯科	1935 年 5 月 15 日	292	12	176
墨西哥城	1969 年 9 月 4 日	201	11	175
首尔	1974 年 8 月 15 日	287	10	266
北京	1981 年 9 月 15 日	370	15	330
上海	1993 年 5 月 28 日	424	11	320
广州	1996 年 12 月 28 日	222	8	190

美国纽约共有 27 条地铁，468 个车站，运营总里程达 660 多千米，日均运送旅客 510 万人次，是世界上地铁车厢拥有量最多的国家。纽约地铁的特点是大多数线路实行 24 小时运营，全年无休。为了满足不同旅客的需要，同一线路中又设置了快车和慢车。据统计，每天上午 7:00～10:00，进入曼哈顿中心商务区的客流有 62.8% 是搭乘地铁抵达的。

图 9-4　早期的纽约地铁

图 9-5　现代装饰精美的莫斯科地铁

（二）中国地铁

1969 年，北京建成了第一条地铁，1984 年天津建设了市内首条地铁，1995 年、1996 年上海和广州也相继建成了市内的首条地铁线路。进入 21 世纪后，我国的地铁与轻轨建设呈现出全面发展趋势，各大省会城市均将地铁建设纳入了规划中。

1965 年 2 月 4 日，毛泽东主席为修建北京地铁作出批示（图 9-6）。1965 年 7 月 1 日一期工程在玉泉路举行了开工典礼。1969 年 10 月 1 日，一期工程建成通车试运行，全长 21 千米。1971 年 1 月 15 日，一期工程开始试运行，实行内部售票，接待参观群众。直至 1981 年 9 月 15 日，客流增大，北京地铁一期工程才通过验收，正式交付使用。

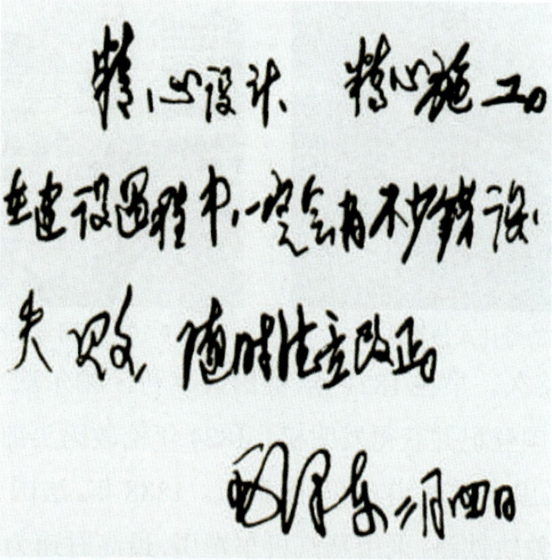
精心设计、精心施工
在建设过程中，一定会有不少错误失败，
随时注意改正
毛泽东 二月四日

图 9-6　毛泽东主席为修建北京地铁作出批示

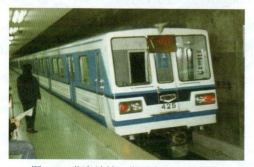

图 9-7　北京地铁一期工程运行的列车

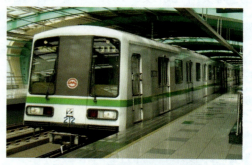

图 9-8　上海地铁运行的列车

随着交通拥堵现象的加剧，光靠修公路已不能解决拥堵问题。因此，国家提出大力发展公共交通，尤其是城市轨道交通。北京、天津、太原、沈阳、大连、长春、哈尔滨、上海、南京、杭州、武汉、长沙、广州、深圳、东莞、重庆、成都、昆明、西安、郑州等城市均已修建了地铁。中国地铁建设迎来了建设高潮。

三、独轨铁路

独轨铁路是城市轨道交通诸多形式中的一种，属于中等运量的一种公共交通，为如地铁、市郊铁路等大运力的旅客运输起集散作用。根据列车相对于轨道的位置分为悬挂式和跨座式两类（图 9-9）。就目前世界上拥有独轨铁路的国家来看，独轨铁路主要用于娱乐场所和个别地区城市公共交通。我国重庆建有国内首条跨座式独轨铁路，用于市内公共交通。其规模大，运载量也大，很受乘客欢迎。

图 9-9　日本的悬挂式独轨铁路

图 9-10　中国重庆跨座式独轨铁路

独轨铁路历史悠久。早在 1821 年,英国人亨利·帕尔默(Henry Palmer)就开发了独轨铁路,在英国登记并获得发明权。1824 年伦敦码头铺设了第一条用于货物运输的独轨铁路,采用木质轨道,用马匹牵引。1888 年,法国人在爱尔兰铺设了约 15 千米长的跨座式独轨铁路,采用蒸汽机车牵引,最高时速为 43 千米,独轨铁路开始走向实用化阶段。1893 年,德国人朗根(Langen)发明了悬挂式独轨,1901 年,德国伍珀塔尔市的悬挂式独轨铁路投入运营,长度为 13 千米。

第二次世界大战后,独轨铁路技术逐渐成熟,许多国家相继修建。1952 年德国工业家阿西欧奈·格伦(Axel Lenard Wenner·Gren)在德国科隆附近的菲林根建造了一条独轨进行试验研究。经反复试验,其于 1958 年得出结论:采用跨座式、混凝土轨道和橡胶充气轮胎能达到最好的效果。这就是目前所称的 ALWEG 型独轨。独轨铁路技术目前仍在不断地发展中。

独轨铁路具有轨道窄、结构简单、节约土地、空间适应性强等特点。轨道梁支柱直径为 1～1.5 米,双线轨道梁宽度约 5～7 米。独轨铁路通常由 4～6 节车厢组成,最大载员可达 1626 人,并且具有极佳的地形适应能力,可通过 10% 的坡度和 30 米半径曲线。独轨铁路建设工期短、造价低,只相当于地铁造价的 1/3。由于独轨铁路的车辆和轨道形式特殊,不会发生行车颠覆,也不会撞车,采用橡胶轮胎和空气弹簧的车辆,振动小,运行平稳,室内装有空调,环境宜人,乘坐舒适,安全正点。目前,世界上建成独轨铁路并正式运行的国家有日本、美国、澳大利亚、德国、马来西亚和中国等。

四、城市铁路

城市铁路是指运量大、速度快、运程长、采用电力牵引,连接城市中心和郊区以及卫星城市的铁路系统。其单向运量通常为每小时 6 万～8 万人,运输距离在百千米量级,列车时速通常在 100 千米以上。由于其需进入城市,因此多采用较为环保的电力牵引。

我国广深港客运专线即是连接广州、深圳和香港三大城市间的铁路。途经深圳时在福田中心区设立了停靠站——福田枢纽站(图 9-11)。惠深铁路也在此交汇,枢纽站可进行城市铁路与城市轨道交通和道路公交的换乘,极大地方便了来往于城市间的旅客。图 9-12 为深圳地铁三号线龙华站的换乘,体现了城市车站综合交通的设计理念。

图 9-11　深圳广深港客运专线与多条轨道交通线交汇于福田枢纽站

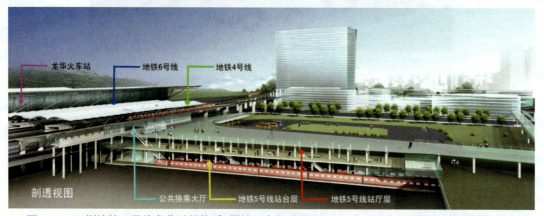

图 9-12　深圳地铁三号线龙华站的换乘:国铁及高架地铁 4、6 号线地面换乘,地铁 5 号线地下换乘

高速客运专线的建设也带动了旧城铁路的改造。我国人口数量居世界前列,城市化进程的加快使得城市土地价值的有效利用成为城市铁路规划设计的突出问题。铁路从地下进入城市,城市中心区修建深埋(30～50 米)的地下客运铁路中心站,并预留地铁换乘的地下空间,这已成为我国城市铁路规划与设计的建设理念。

石家庄是我国重要的铁路枢纽城市,编组站和客运站均位于城市中心,京广线上的 6 条铁路正线(包括京武、石大客运专线和现有京广铁路线各 2 条)横穿主城

区。铁路分割城市,对城市发展以及交通、环境造成很大影响。实施的建设方案为:客货分离,客进货出,城区内采用隧道方式通过。

该方案首次将铁路"穿城入地"的建设理念应用于实际工程中,在城市中心区段采用地下六线隧道方式穿越城区,原地面作为绿化及道路使用(图9-13)。该工程于2010年3月建成通车。工程不仅避免了铁路噪音,改善了城市环境,提升了城市形象,还彻底解决了因铁路分割给城市带来的诸多问题,对城市功能布局、交通效率发挥以及城市发展都将产生积极而深远的影响。"城市铁路入地"的建设理念已为我国其他类似工程所采用,如新京张铁路。

图9-13　石家庄新火车站及铁路入地后地面得以利用的情况

五、磁悬浮列车

轮轨接触式的列车是靠车轮与铁轨之间的摩擦力产生的反力前进的,但这一运行方式存在一个速度极限,约为380km/h,现在高速列车的速度已达到350km/h,接近这个极限值。那么,该如何克服列车速度受摩擦力控制这一障碍呢? 20世纪80年代以来,人们开始致力于研制更快、更先进的列车,因此,就更加注重车辆的配备和轨道设施的现代化。磁悬浮列车就是在这样的背景下诞生的。

磁悬浮交通系统是一种非黏着、用直线电机驱动列车的轨道交通系统。由于车辆不与轨道接触,也就克服了传统轮轨式列车的机械噪声与磨损问题。

磁悬浮列车(图9-14、图9-15)没有车轮,依靠电磁力行驶。在轨道和列车上都安装有强磁体,它们相互吸引,从而保证了列车始终在轨道上行驶,不会脱离轨道。

磁悬浮列车的车体悬浮在距离轨道约 9 厘米的高度,创造了近乎"零高度"的腾空飞行的奇迹。由于脱离了轮轨的接触,列车行驶的阻力大大减小,列车运行速度得到大幅提升,每小时行驶速度可以高达 500km,给人以真实的"飞"的感觉体验。那么,它是怎么做到的呢?

图 9-14　德国的磁悬浮列车

图 9-15　2004 年通车的中国上海磁悬浮高速列车,连接浦东机场和市中心,30km 的距离只需 8 分钟

原来,磁悬浮列车的驱动和起浮都是靠电磁力的作用实现的。我们在物理课中了解到,电磁体在通电后会产生电磁力,并且同极的两个电磁体间产生斥力,而异极性的电磁铁间产生吸力。德国生产的磁悬浮列车的车体是没有驱动装置的,列车的运行动力全靠安装在轨道上的电磁体来实现。如图 9-16 所示,轨道上铺设了极性事先设计、排列好的磁轨,它由对称分布的悬浮推进磁体、长定子铁心电枢绕组、导向和制动轨道、滑道和滑块几个主要部分组成。当列车行驶时,磁悬浮轨道上的电流产生一个移动的电磁场,列车会顺序连续完成悬起、导向和推进三个动作。这时,

磁轨与列车车体下部的磁体产生相应方向的磁场力,列车也就开动了。这样,通过控制轨道和车体下方的电磁体的极性和电磁力的大小,便可以控制列车行驶和停车等动作。由于磁悬浮列车需要在特殊的轨道上行驶,现有的铁路轨道都不适用于磁悬浮列车,因此,磁悬浮列车的整体造价非常昂贵,同时,对环境还会造成一些电磁辐射。因不宜超载、加密列车间隔,不可靠,用电量大等原因,其已被高速铁路所否定。它的原理可以在其他领域应用。

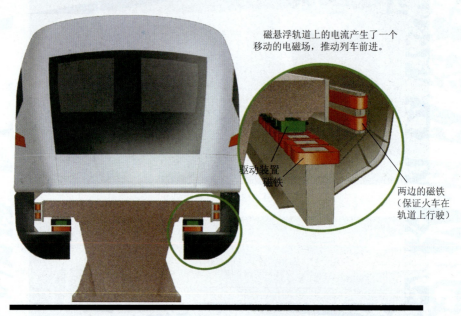

图 9-16　磁悬浮列车的行驶原理

六、自动轨道运输系统

自动轨道运输系统是指以无人驾驶的车辆在专用的轨道上以自动化控制的方式运行的新型运输系统,简称 AGT 或 APM（Automated Guide way Transit 或 Automated People Mover）（图 9-17～图 9-21）。车辆通常采用胶轮,由电气牵引,具有特殊的导向、操纵和转折的方式,可单车或数量车厢编组运行。

系统完全没有司机和乘务人员参与,车辆在控制中心的统一控制下实现全自动运营:自动实现列车休眠、唤醒、准备、自检、自动运行、停车和开关车门,以及在故障情况下实现自动停车功能,包括洗车也能在无人操作的情况下完成。系统的车辆按照优化的运行曲线运行,达到了节能环保的目的。这种运载客流方式的安全不被接受,因此,不宜应用,只做为研究而已。

我国自北京机场线之后，2010 年 11 月，广州全地下的 APM 线开始运营，采用庞巴迪 CX-100 车辆，每辆车定员 138 人，最大行驶速度 55km/h，最大运载能力为单向每小时 4500 人。从交通安全、多变性要求，其还需要研究、推广。

图 9-17　日本神户的自动轨道运输系统

图 9-18　胶轮及导向装置

图 9-19　广州 APM 线路实景

图 9-20　北京首都机场的 APM 线

图 9-21　广州珠江新城线 APM 车厢

· 235 ·

七、世界各国城市轨道交通

图 9-22　巴黎现代化的地铁

　　法国巴黎的轨道交通包括地铁、轻轨和城市铁路。轨道交通承担着公共交通 70% 的运量。全市共有约 200 千米的地铁线路，发车间隔时间 95 秒，车站密度很大，乘客只需步行 5 分钟就可到达地铁（图 9-22）。欧洲几乎所有的城市铁路都伸入城市中心附近，在那里设立车站，人们可以在此换乘其他交通工具进入城市的各个角落。

　　英国伦敦的轨道交通采用多层次、多种类的交通模式，由地铁、轻轨和高架独轨组成一个综合性的轨道交通系统（图 9-23）。地铁与城市铁路共轨是伦敦轨道交通系统的一种常见形式，既能实现线路资源共享，又有利于提高城市周边旅客进入市区的换乘方便性。地铁是伦敦公交系统的核心。自 1863 年伦敦第一条地铁投入运营至今，已形成了完善的地铁交通网络，有 12 条线路、275 个车站，线路总长 461 千米，承担了公共交通运量的 26.3%，由伦敦地铁公司运营。地面轨道交通（含轻轨和城郊铁路）集中在泰晤士河南岸地区，客运量占伦敦公交客运总量的 23.7%。据伦敦交通委员会统计，平均每条地铁与 10 条公共交通线路交叉，地铁与城郊火车的交叉站点多达 46 个，各种交通工具的换乘十分方便。

图 9-23　伦敦市轨道交通网络示意图

日本东京公共交通轨道系统由城郊铁路、地铁和独轨铁路组成,其中地铁 13 条,总长 292.2 千米,车站 274 个,日均客运量 736 万人次(图 9-24)。JR 线 887 千米,铁路 1126 千米。城市快速有轨电车比重最大,占市内交通客运量的 49%,这种格局在世界其他国家很少见。其次是地铁和轻轨交通,占总运量的 30%。日本大阪的公共轨道交通系

图 9-24 日本东京地铁

统是一个以地铁为主,JR 线和城郊铁路组成的网络,已建成 8 条总长 129.9 千米地铁线路,市内地铁网上、下数层,密布城市的各个角落,市民几乎可以通过地铁到达城市的任何地方。发车频率高,平均间隔 3 分钟,昼夜运行,时速 40~60 千米。

轨道交通也是中国香港交通运输的骨干。目前,全港共有轨道线路 21 条,其中地铁 7 条、铁路 3 条、轻轨 11 条,轨道总长 204.1 千米,地铁为 91 千米,轻轨 36.2 千米。

苏黎世是瑞士最大的城市,也是重要的国际中心和"欧洲百万富翁都市"。2008 年被评为世界上生活质量最高的城市。苏黎世与世界上其他发达国家大城市不同,公共汽、电车始终保持着主导地位,是世界上公共交通运营效率最高的城市之一。在公共交通系统中,苏黎世中心的有轨电车和区域铁路占主导地位,此外还配套有无轨电车和公共汽车。苏黎世交通公司有 13 条轻轨交通线路,总长 108.9 千米,7 条总长 54.4 千米的无轨电车线路,37 条总长 261.7 千米的公共汽车线路,1 条长度为 0.4 千米的轨道缆车线。这套系统成就了苏黎世便捷的交通。

加拿大温哥华是一个港口城市,其公共交通系统由公共汽车、空中列车、西岸快速列车、海上巴士和轮渡组成。空中列车(图 9-25)是温哥华快速交通系统的支柱,也是温哥华公共交通的一大特色。始建于 1986 年的空中列车是目前世界上最长的一条无人驾驶的全自动化快速轨道交通系统,运营线路总长 49.2 千米,建有 32 座车站,日均客运量约 18.4 万人次。它是温哥华地区公共交通网络的一个重要组成部分,其意义和作用在于能确保由市中心向外辐射的 100 千米范围内的交通在任何气候条件下都能畅通,便捷、高效地运行。空中列车还衔接了公共汽车、海上巴士和西岸快速列车等多种公共交通方式,形成了温哥华完整的公共交通系统。

图 9-25 加拿大温哥华的空中列车

第二节 重载列车

重载列车是一种在运输线路上采用大型专用货车编组,双机或多机牵引开行的一种超长、超重的货物列车。与普通货物列车不同的是它们的载重量非常大(相应地对铁路线路的要求也很高),列车编挂有较普通列车更多的车厢。由于有大量的装、卸量,需要配备与之相适应的大型机械。

重载运输已有近 50 年的历史,美国、加拿大、巴西、南非、澳大利亚、俄罗斯等 10 多个国家开展了重载运输,列车载重量不断提高,目前一般为 1 万～3 万吨。

一、编组模式

重载列车按编组模式的不同分为重载单元列车、重载组合列车和重载混编列车三种模式。**重载单元列车**是指列车编组固定,货物品种单一,运量大而集中,在装卸地之间循环往复运行的一种重载运输组织模式。以煤炭为代表,我国的大秦铁路运煤线也曾运行过这种列车。**重载组合列车**是指列车编组是将 2 列车或 2 列车以上的列车连挂合并,使列车的运行时间间隔压缩为 0 的一种列车组合模式。我国大秦线的 4×5000 吨和 2×10000 吨列车即为这种重载列车模式。**重载混编列车**是指将单机或多机重联牵引,由不同形式和载重的货车混合编组而成。我国京沪、京广、京哈等大干线开行的 5000 吨货物列车即为这种重载列车模式。

美国重载列车编组通常为 108 辆货车,牵引重量为 1.36 万吨(图 9-26)。加拿大单元重载列车编组为 124 辆货车,牵引重量为 1.6 万吨(图 9-27)。

图 9-26　美国重载列车

图 9-27　加拿大重载列车

巴西维多利亚的米纳斯铁路标准编组列车为 320 辆,牵引重量达 3.1 万吨[图 9-28a]。澳大利亚纽曼山的海德兰铁路采用 8 台 600 型机车牵引 682 辆货车,列车全长 7.353 千米,总重 9.9734 万吨,净载重 8.2 万吨,创造了重载列车新的世界纪录。

我国规定,开行 5000 吨的重载货物列车,车站的到发线有效长度为 1050m,在运煤专线上开行 10000 吨的重载货物列车,其部分车站的到发线有效长度为 1700 米。我国大秦铁路运煤专线年运量已突破 4 亿吨。

单轴功率 1600 千瓦、单机牵引 1 万吨的重载机车成套技术装备,曾被誉为"世界机车金字塔尖"。 2008 年 12 月 29 日,由中国人研制的、世界上第一台 6 轴 9600 千瓦大功率电力机车下线,采用列车无线同步控制技术与 GSM-R 系统结合的控制方式,确保了近 3 千米长的重载列车实现了有效同步控制。至此,我们拥有了梦寐以求的"中国创造"。外方没有想到,中国人的步子迈得如此之快,如此迅速地拥有了先进电力机车的"中国芯"。中国铁路机车车辆装备技术水平向前推进了 40 年。

大秦铁路开行的 2 万吨重载组合列车,列车全长 2.7 千米[图 9-28b]。从 1992 年开通,大秦铁路用 10 年时间,达到了年设计能力 1 亿吨。自 2003 年,大秦铁路煤

年运量从 1.2 亿吨到 4 亿吨。8 年年运量增长了 300%。在全国 8.6 万千米铁路运营里程中，653 千米的大秦铁路占比不足 1%，但煤运量却占全路的 1/5。

大秦铁路重载列车奇迹的示范效应，"和谐型"大功率机车的规模效应，使今天中国铁路重载化和重载铁路网络化的发展如火如荼，势头强劲。

目前，我国 18.8% 的重载列车牵引里程几乎承担了 90% 以上的重点物资的发送量。全社会 85% 的木材、85% 的原油、80% 的钢铁及冶炼物资、大量的三农物资运输也主要由这些铁路完成。

图 9-28　行进中的重载列车

b) 中国大秦铁路 2 万吨重载列车

a) 巴西 3 万吨重载列车

二、单元列车

单元列车于 19 世纪 60 年代初始于美国，盛行于美国和加拿大。由于它在运输效率上的巨大优越，受到了许多国家的重视，并在工业发达和资源丰富的国家被广泛采用，如澳大利亚、巴西、南非、俄罗斯、西德和波兰等国均有应用。

单元列车（Unit-Type Train）一词，原意是指"把一组机车车辆固定起来成为一个运营单元的列车，并以此作为运营计费的单位，利用加大其每列车的载运量和加快其周转速度的办法，以达到尽可能降低其单位运输成本为目的一种运输方式"。按照这种规模经济活动的列车，也有译作专用直达列车、组合列车或循环专用列车等。

单元列车主要通过运营管理和运输组织措施而获得运输效率的提高，是运营管理上的创新。它利用货源、货流的组织工作，为运输某一特定大宗散装物资和固定编组的循环直达列车的使用创造了条件。简单地说，单元列车就是定编组、定到发站、定货种、定运量、定时间（运、装、卸）的"五定"循环直达列车。其最大特点是列车运载重量提高，负荷明显增大。因此，单元列车的发展对设备采取了强化措施。

例如：采用重型车钩、大容量缓冲器、高强度车体、高标准轨道结构等。

单元列车运输，是一项较完善的运输系统工程（图 9-29）。以煤炭运输为例，通常是由 70～110 辆货车编组组成重载列车。这种列车自矿山开出后，除乘务员换乘和必要的检修外，一般不需要停车，更不需要在编组站进行改编。所以，列车的旅行速度比传统列车提高 40% 以上。

煤炭列车到达目的地时，由环形线直接进入消费地（如工厂、港口等）。倘若在寒冷地区，列车运行 8 小时以上时，还需先进入解冻棚进行解冻。由底卸式漏斗车组成的列车，可以采用栈桥式卸车系统卸煤（图 9-30）。单元列车的漏斗车门由人工或电子仪器操纵，抵达漏斗区的漏斗车门打开，20 秒内即可卸完一车，然后自动关上车门。列车如此作业，边走边卸，速度很快。有的货车带有旋转车钩，则可以用翻车机进行卸车（图 9-31、图 9-32）。卸完车，列车由环形线开出消费地，回到干线上，再开往装车的矿山。

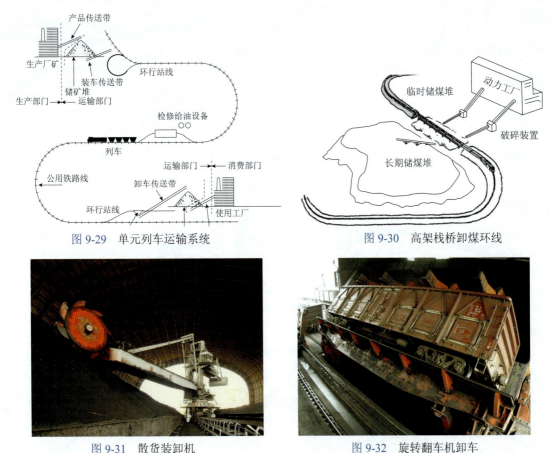

图 9-29　单元列车运输系统　　　　　　　图 9-30　高架栈桥卸煤环线

图 9-31　散货装卸机　　　　　　　图 9-32　旋转翻车机卸车

首先，为了增加列车的产量以达到降低单位运输成本费用的目的，单元列车总

是尽可能采用大型化与专用化的车辆和条件所能许可的列车编组数,并把它们固定下来,成为一个运营活动单元。其次,为了加快车辆和列车的周转,以扩大其产量,在到、发站或地区间采用了加快装卸的措施和设备,在运行途中不改编地通过技术站,以提高列车的旅行速度,并在起讫站之间循环往复,不停地运转。除此之外,单元列车运输铁路线也是投资最省、提高铁路输送能力最为有效的途径。

可见,单元列车是一种充分利用现代技术,充分发挥运营组织效能的运输方式。以美国为例,在 600 千米的运程上,50 辆货车组成的列车,一年运煤 50 万吨,运输能力增加了一倍。在列车周转时间方面,传统的货物列车运行时间只占其周转时间的 11%,而 89% 的时间是停留于车站和枢纽站,是"跑在中间,窝在两头"。而单元列车的运行时间则占总周转时间的 75%,运输费用也只是普通货物列车运输费用的 53%。因此可以说,单元列车是 21 世纪铁路重载运输中一个有发展前景的运输方式。

第十章

未来的铁路

当超导技术、新材料、动能控制、卫星遥控、高新土木建筑技术等发展到一定的程度后,铁路的形态和功能都将发生极大的变化。如在空中飞行的列车、海底潜水的列车、通过曲线时自动弯曲身体的"柔性列车"等。人们甚至还设想开凿一条穿越地心的铁路通往地球的另一端,列车的最高时速达到 19000 千米,40 多分钟即可穿越地球的"梦幻列车"。一切都是可能的,未来的铁路定将带给我们全新的体验,我们拭目以待。

第一节　奇异的列车

一、太空铁路

美国宇航局计划在空间站上修建一条"太空铁路"，2002年4月9日，"太空铁路"的第一段轨道以及有"太空列车"之称的轨道车由美国"阿特兰蒂斯"号航天飞机送上了太空。将要修建的这条铁路可是货真价实的，因为它有自己的路轨和轨道车，并且将真正用于货运。这条轨道将组成国际空间站的外部构架，等到整个轨道系统全部完工时，轨道长度将达到110米。

在"太空铁路"上运行的轨道车全名为"机动转运装置"，重880千克，完全由铝制成。轨道车长2.7米，宽2.4米，高0.9米。它可以像地球上的火车那样沿着两条平行的轨道行走，在计算机的控制下它可以做到精确地移动，走行速度可在每秒2.5mm上下调节。轨道车由三组车轮固定在轨道上，一组用来提供前进的动力，另外两组环绕在轨道周围以防止在失重状态下轨道车飘离轨道，其原理就好像是公园里过山车的轮子。

在所有安装工程完成后，轨道车将要在太空中进行试运行。届时，宇航员将松开轨道车的固定装置，位于休斯敦的美国宇航局地面控制中心将向轨道车发出指令，让它在轨道上运行起来。轨道车也可以由宇航员控制。

在这条不长的轨道上还将建设10个"火车站"，工程师将它们称为"工作站"。车可以在工作站停下，车辆的固定系统可以产生约3200千克的抓力，将车子牢牢固定在轨道上不产生移动，此时，机械臂就可以从容地往车上装、卸货物了。

当然，"太空列车"只是用来运送货物的，但在不远的将来，用于载客的太空列车也将出现，人类将得以实现在太空中乘坐列车，体验在太空乘坐列车的乐趣。

二、海中列车

地球上大约3/4的面积是海洋。开发海洋资源，将是21世纪人类最为关注的发展项目。修建水下铁路,将世界各国通过水域直接相联,是人类千百年来的梦想。早在 17 世纪,法国拿破仑就设想穿越英吉利海峡,从海底偷偷进入英国,并为此悬重金征集方案。图 10-1 为三种跨越海域的隧道。

当海面上波涛翻滚的时候,在海下一定的深度,却是一个平静的世界。在那里,波浪的阻力大大减小了,同时又不受狂风巨浪的影响。人们设想在这样的环境中建造一条悬浮在水中一定深度的隧道,让火车通过隧道,越过烟波浩渺的海洋,直达大洋彼岸。这就是悬浮隧道(Submerged Floating Tunnel)。这是一种完全不同于陆地上的隧道,是完全漂浮在水中一定深度的巨型管状结构物,由与海底锚接的锚索系统将隧道固定在水中设计的位置处,通过与岸相连接的结构物一起,形成的水中隧道。它的空间非常大,完全能满足列车的运行需求(图 10-2)。

图 10-1　三种跨越海域的隧道

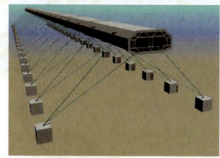

图 10-2　悬浮隧道的基本结构形式

直至今天,悬浮隧道还没有成功的建造实例。主要原因是它不同于一般水工或近海工程结构物,在正式修建的前期,需要解决一系列的关键技术,主要有:在波浪和水流作用下,水中悬浮隧道与流体间相互作用的理论,锚固系统的受力特征与设计理论,地震作用下水中隧道结构的动力响应问题,隧道结构分析、设计荷载及理论分析方法问题,施工关键技术及工艺问题等。这些问题目前还没有完全解决,人们期待着成功实现那一天的到来。

三、管道列车

一位名叫戴尔·奥尔斯特(Darryl Oyster)的美国设计师设计了一款超高速列车。据称这种超高速火车可以在 1 小时内将旅客从纽约送至伦敦,其时速可以达到惊人的 4000 英里(约合 6400 千米)。这种被称作"Vactrain"的火车设计是一种圆筒状列车,在一根气密管道内运行。当抽出列车前方的所有空气,那么列车后方的

气压差就会推动列车在管道内高速行进。据称,这种火车设计可以用低得多的价格实现比当代高速列车高得多的性能,并且其每千米耗电量相比之下也要低得多。

我国西南交通大学也在积极研发真空高速交通。他们的试验将推出时速 600～1000 千米的真空磁悬浮列车的试验模型,不久的将来,高速管道磁悬浮列车有可能投入试验。

图 10-3 美国研究中的"超级高铁",一种无窗运行的隧道运输系统,时速可达 760 英里(约合 1223 千米)

图 10-4 真空磁悬浮管道列车工作原理及运行效果图

第二节 生态城市中的铁路

不久的将来,一个结合自然而不是对抗自然,结合人性而不是对抗人性,高效便捷而不是常态化拥堵的交通梦将会变成现实。这就是形成一个以轨道交通为主的中长距离陆路运输,以生态汽车担负短距离运输,以步行和人力车为补充的交通模式和管理体系,它将使我们的出行变得更加从容和愉悦。

在"生态"城市交通模式中,研究人员为我们描绘了一幅美丽的交通愿景:城市的建设是星棋式布设而非蔓延式的,是立体的而非平面的;地域间由高速铁路相连,城际间则开行着轻轨列车。城市中的高架街道和天桥组成了立体的城市,它们和轻轨相连,形成地面及地下的轨道交通网络,将来往于城市的客流快速地运往城市的四面八方。所有的汽车、火车均使用着可再生的能源。

在"生态"城市里,远距离运输的高速公路消失了,城市里大型的地面停车场也消失了。人们的交通工具变成了以步行、自行车、商场和社区无偿提供的手推车为主的近距离运输工具;以清洁能源为动力的公共汽车和轻轨成为城市的公共交通工具。轨道交通的车站间距离在3~4千米间,公共汽车站在1~2千米间,对于高密度住宅区,这一距离则更短。居住在城市里任何地方的居民只需步行5~10分钟即可乘上公共汽车或轨道交通工具出行。市内的道路、站台和车辆均被设计成无障碍服务功能,残疾人可以顺利出行。快速公交通勤铁路系统为大中型规模的城市中心间建立起了交通服务,体现了依靠就近出行而非交通运输实现可达性的城市交通规划理念。

在城市中心人流密集的地带,设计有自动步道。为方便上下,设计了2个速度分别为2千米/小时和4千米/小时的系统。

在这样的环境下,整个城市拥有一套安全的、令人愉快的慢速街道网络系统,在这个系统中,自行车比小汽车拥有优先权,人们可以安全、轻松地在街道上行走,出行变得不再紧张和充满压力。城市住宅均靠近办公地点,就近上下班而不需要附加的交通。上下班高峰时段的交通拥堵景象不再出现,交通顺畅,生活节奏可得以很好地把握。在这样的交通环境中生活将是多么的愉快和轻松呀(图10-5~图10-10)!

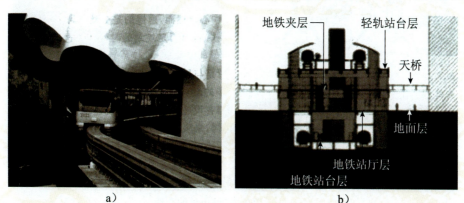

图10-5 城市中心区穿越建筑的独轨列车和立体轨道交通设计

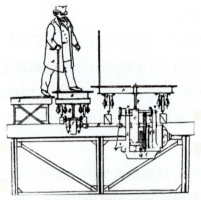

图 10-6　自动步道结构

图 10-7　法国巴黎的双速自动步道

图 10-8　提升平台为轮椅使用者提供了方便

图 10-9　自动轨道运输系统列车

图 10-10　"生态"城市里的交通

第三节 洲际铁路

"坐地日行八万里,巡天遥看一千河"成为延续几个世纪的人类梦想。亿万年前的地壳运动使得原本相连的陆地向着各自不同的方向漂移,形成了今天这幅由海水阻隔的大陆版图。这些曾经相连,近在咫尺的海峡或海湾却切断了陆地运输的道路,使得现代陆地交通被迫中断,只能绕行或换装。这导致了交通成本的大幅上升和运输效率的急速降低。人们盼望着能够越过这些障碍,坐着火车去世界各地旅行。这个梦想能够实现吗?你能相信坐两天火车就能到达美国吗?答案是肯定的,这真的就将要实现了。

一、泛亚铁路

联合国亚洲及太平洋经济社会委员会规划的泛亚铁路网涉及亚洲 28 个国家,总长度 11.43 万千米(已有铁路 10.6 万千米,规划长度达 8300 千米)(图 10-11)。2006 年 4 月 12 日,联合国亚洲及太平洋经济社会委员会(简称"亚太经社会")第 62 届年会通过的《泛亚铁路网政府间协议》(2009 年 6 月 11 日正式生效)计划在亚洲建四大走廊。《亚洲高速路网政府间协议》于 2005 年 7 月正式生效。两个协议的

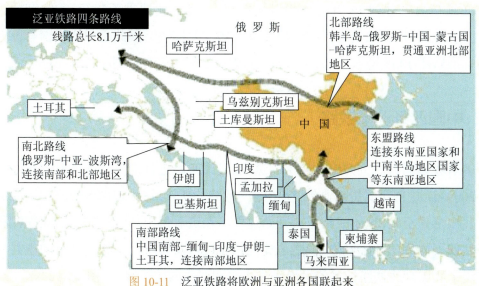

图 10-11 泛亚铁路将欧洲与亚洲各国联起来

目标是实现本地区跨国联合运输,以保证客流与物流的快速、畅通。

东南亚走廊(东盟路线):全长12600千米,包括柬埔寨、老挝、马来西亚、缅甸、越南、泰国、新加坡和印尼。

东北亚走廊(北部路线):是四大走廊中最长的走廊,全长32500千米,可连接欧洲和太平洋。从德国出发,经波兰、白俄罗斯、俄罗斯、哈萨克斯坦、蒙古国、中国,到达铁路网最东端的朝鲜半岛。

中亚—高加索走廊(南北路线):全长13200千米。因为它连接着北欧和波斯湾,伊朗是它的中枢。这条走廊从芬兰的赫尔辛基出发,通过俄罗斯到里海,然后分成三路,西路经过阿塞拜疆、亚美尼亚和伊朗西部。中路通过海运直穿里海到达伊朗。东路从哈萨克斯坦、乌兹别克斯坦、土库曼斯坦到伊朗东部。三条路线在伊朗首都德黑兰交会,然后延伸到伊朗港口。

南亚走廊(南部路线):它将中国和印度这两个地区大国连在了一起。这条走廊全长22600千米,连接了土耳其、伊朗、巴基斯坦、印度、孟加拉、缅甸、泰国(与中国云南省连通)、马来西亚和新加坡。

泛亚铁路网中的铁路设施大多已经存在,但还面临着不少问题:首先是铁路轨距不同。东南亚国家绝大多数使用轨距为1000毫米的窄轨;中国、伊朗、土耳其的铁路是轨距为1435毫米的标准轨;印度、巴基斯坦的铁路和孟加拉国的部分铁路,轨距为1676毫米,属于宽轨;俄罗斯和中亚的独联体国家,铁路也是宽轨,轨距为1520毫米。4种不同的轨道,有不同的技术标准,连接起来困难很大,在互相交接的地方必须换另一种列车,客运还相对简单一点,货运就要重新装卸,非常麻烦。另外,边检、通关、投资以及各国间的协调等问题需要解决。因此必须实现国与国之间采用标准轨距1435毫米,形成国际网,各国铁路网自成体系,通过车站进行换乘。

二、中国四条洲际铁路

随着我国国力的上升以及技术的进步,我国开始进行洲际高速铁路的布局与建设。2009年,中国正式提出高铁"走出去"战略。次年,原铁道部针对不同国家成立了十几个工作小组,这一战略正式开始运作。在这五年中,欧亚高铁、中亚高铁和泛亚高铁的国内段已开始修建,俄中加美高铁已进入商讨阶段。这些铁路的规划与修建体现了我国高速铁路技术的世界领先水平和强大的建设能力(图10-12)。

第一条洲际铁路称欧亚铁路。它与"亚太经社会"确定的泛亚走廊的东北亚走廊部分同向。从伦敦出发,经巴黎、柏林、华沙、基辅,过莫斯科后分成两支,一支入哈萨克斯坦,另一支遥指远东的哈巴罗夫斯克,之后进入中国境内的满洲里。目前,项目国内部分已动工,国外段正在商讨中。

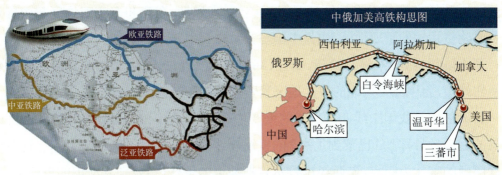

图 10-12　我国连通世界的四条洲际铁路

这条铁路开通后,我国即可打通第一条欧亚大陆桥,经西伯利亚大铁路通向欧洲各国,最后到达荷兰的鹿特丹港。这条大陆桥经俄罗斯、中国、哈萨克斯坦、白俄罗斯、波兰、德国、荷兰七个国家,全长约 13000 千米,将大西洋和太平洋连接在一起。

第二条洲际铁路是中亚铁路(图 10-13)。从乌鲁木齐出发,经哈萨克斯坦、乌兹别克斯坦、土库曼斯坦、伊朗、土耳其等国家,最终到达德国。目前,项目国内段正在推进,国外线路仍在谈判。

这条铁路开通后,我国将打通第二条亚欧大陆桥,也称新大陆桥。它连接欧亚两大洲,绵延一万多千米。从我国东海之滨到西陲的阿拉山口,再横穿西亚及欧洲到达荷兰的鹿特丹。它在我国境内跨越东、中、西三大区域,横向辐射十多个省区,成为沟通中国东、西、南、北的运输网,并形成一条巨型"龙骨"式经济带。

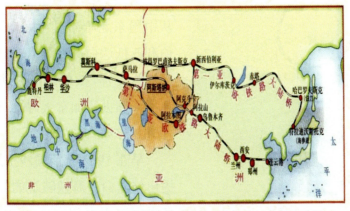

图 10-13　中国与亚欧各国联系的第二条铁路——新大陆桥

新大陆桥东端是连云港,连接着我国东部沿海地区。港口的年吞吐能力达3000万吨,以160个国家和地区的近千个港口建立了航运关系,是以外贸运输为主的综合性国际贸易枢纽港,成为中国融入世界经济一体化的一个窗口。而连云港南北向沿岸则是自珠三角到辽东半岛的我国交通最发达、技术密集、经济兴隆的广大地区。大陆桥东端的沿海地区还是吸引美洲、大洋洲、东亚和东南亚地区与中国进行贸易物资运输的重要地区,成为中国与太平洋国家联系的纽带。

新大陆桥向西,沿途经徐州、商丘、郑州、洛阳、西安、宝鸡、兰州、乌鲁木齐等铁路枢纽站口,将中原及南北的广大地区紧紧联系在一起。

新大陆桥是我国中线西进战略的重要依托,是打开中国与独联体国家和欧洲间贸易的通道。号称"从巴黎到上海"的铁路新线由欧盟帮助准备动工兴建。这条铁路以南疆的喀什为起点,向西经过吉尔吉斯斯坦的奥什、乌兹别克斯坦的塔什干,与中亚和俄罗斯的铁路连接,最后通往欧洲。铁路建成后,将成为中国到达欧洲最近的线路,较目前横跨俄罗斯西伯利亚的线路,距离缩短近1000千米。南疆铁路的开通使我国新疆吐鲁番与大陆桥连通,可直达上海。可以预见,新大陆桥的修通,将使中国经济在走向世界一体化的进程中发挥重要作用。

第三条洲际铁路是泛亚铁路(图10-14)。与"亚太经社会"确定的泛亚铁路的东南亚走廊(东盟线路)同向。从昆明出发,依次经由越南、柬埔寨、泰国、马来西亚,抵达新加坡。目前,国内段项目已动工,境外部分还在商讨中。这条铁路开通后,我国将打通泛亚铁路之南亚线路。

第四条洲际铁路是中俄加美铁路。从中国东北哈尔滨出发,一路往北,经西伯利亚抵达白令海峡,以修建隧道的方式穿过太平洋,抵达美国的阿拉斯加,再从阿拉斯加去往加拿大,最终抵达美国纽约(图10-15)。

早在1905年俄国沙皇尼古拉二世就提出修建白令海峡隧道的方案,时隔一个多世纪终于有望实现。白令海峡最窄处

图10-14 泛亚铁路

35 千米,平均水深为 65 米。采用修建一条海峡隧道的方案被提出。预计数百亿英镑的巨额资金的筹措、运营管理以及技术难题成为修建这条铁路必须克服的三大困难。这条线路长约 1.3 万千米,若按照 350 千米/小时的设计速度,旅客乘坐高铁有望不到两天即可抵达美国。目前,该项目仍在商讨中。

图 10-15 中俄美加高速铁路通过白令海峡与美洲大陆相连

四条洲际高速铁路建设加快了我国与世界的联系:第一条洲际高速铁路是从东北黑龙江满洲里出境,经西伯利亚等地区和国家到德国的高速铁路,它和中国至俄罗斯莫斯科的常规铁路方向基本一致。这条铁路对俄罗斯开发西伯利亚、东部国土意义重大,对我国资源的引入也起到积极作用,可以为发展东北地区经济增加一个出入口,对我国的均衡发展很有好处。第二条洲际高速铁路从中国西北部的乌鲁木齐开始,经过吉尔吉斯斯坦、乌兹别克斯坦、土耳其、伊朗等国家到德国。这条通道将恢复与发展各国祖先所建立的友谊以及物资和文化交往,快速扩大与东欧各国的文化、科技、物资的交流。该铁路对我国发展西部经济,实现人口均衡战略,合理布置发展产业结构以及强大国力意义重大。 第三条洲际高速铁路泛亚铁路则是一条以快速为主的高速铁路,它从我国的西南大理到缅甸、老挝、泰国,分支西经马来西亚到新加坡、东到柬埔寨、昆明至越南河内胡志明市,是一条连通东南亚的经济大动脉。而第四条中俄加美洲际高铁的建设,将经由白令海峡打开我国通往美洲大陆的陆上通道。届时,我国将与亚、欧、美三大洲实现洲际陆地直通,定将对我国及世界经济的发展发挥重要作用。

第四节　我国沿海高速铁路越海通道

　　我国沿海地区自古以来就是经济较发达的地区,这得益于临近海洋带来的水运交通发达的缘故。随着经济发展对交通运输需求的不断增长,我国沿海地区修建了大量的沿海铁路。但由于受到海峡的阻隔,这些铁路被切断而不能发挥更大的作用。将这些断点连通,形成沿海地区的高速路网,从而带动沿海经济战略实施,成为近期我国建设的一项重要任务。

　　交通部门规划了六座跨越长江和海峡的通道。由北往南依次为渤海湾跨海通道、上海崇明越江通道、杭州湾跨海通道、台湾海峡通道、港珠澳跨海通道及琼州海峡跨海通道。六大通道建成后将形成沿海高速路网(图10-16),使我国沿海三大经济圈连接起来,带动沿海各省的经济发展和海洋战略的实施(图10-17),打通国家经济命脉,届时高速铁路网将在经济、政治、军事等领域发挥出更高效的作用。

图 10-16　六条沿海跨海通道连通高速路网

第十章 | 未来的铁路

图 10-17　沿海高速路网连通使地区海洋战略得以实施

跨海通道有桥梁和隧道两种基本方法，最终的修建方案需要根据具体的比选后才能确定，它涉及经济、环境保护、关键技术、气候、洋流、海底地形与地质条件等多方面的问题，需要逐个加以研究与论证，评估其风险后才能最终确定。目前，修建跨海通道还面临诸多技术难题，需要深化对工程场地的断层活动性、地壳稳定性及地震安全性；海峡土层岩性与工程地质条件；海洋水文条件与海床稳定性等多项专题研究工作，特别在实现超大跨径桥梁结构、软弱地基深水桥梁基础、耐高水压大直径盾构设备及深水施工技术等重大关键技术方面还需要加强攻关。

一、渤海通道

　　第一条跨海通道是渤海通道。渤海是中国最大的内海，海域面积 7.8 万平方千米，平均水深 25 米。从辽东半岛沿海岸到胶东半岛，三面大陆七省（区、市）如英文字母 C 环绕渤海，形成环渤海地区，渤海海峡横亘在两大半岛之间，成为山东华东到东北地区的海上天堑。从山东蓬莱到大连旅顺，直线距离只有 106 千米，却因渤海海峡阻挡，需绕行千余千米。出于对全天候运行、抗地震能力及保护自然环境等方面的考虑，如今，通道线路拟采用全隧铁路方案，设计全长 123 千米的跨海通道两端分别是辽宁大连和山东烟台。这一跨度也将使得渤海海峡跨海通道远超日本青函海底隧道（约 54 千米）、英吉利海峡海底隧道（约 51 千米），成为世界最长的海底隧道。铁路隧道可以同时运行高速列车和穿梭列车，汽车则可以搭乘穿梭列车背负式通过隧道（Piggyback Transport）。渤海湾跨海通道项目建成后，可以减少1500千米的铁路绕行，缓解山海关通道紧张的压力，将成为我国第一条纵贯南北的铁路大通道。目前项目仍在研究中。

图10-18　渤海湾跨海通道示意图

二、崇明越江通道

第二条跨海通道是崇明越江通道。它连接沪通铁路线 [图10-19a)]，采用修建公铁两用桥方案越江，铁路为四线，公路为六车道。大桥全长11千米，客运速度200千米/小时。正桥采用两塔五跨斜拉桥方案，其中主跨1092米，比苏通长江公路大桥 [图10-19b)] 主跨还长4米，建成后将成为世界上最大跨度的公铁两用斜拉桥。2014年3月动工，建设工期为5年半。沪通铁路建成后，张家港到上海市区仅需半个小

a) 沪通铁路越江位置及沿江城际铁路

b) 苏通长江公路大桥

图　10-19

时。同时,沪通铁路和沿江城际、通苏嘉铁路客运枢纽站也将开工建设,届时将形成长三角地区经济发展的新格局。

三、杭州湾跨海通道

图 10-20　杭州湾跨海大桥位置及大桥

第三条跨海通道是杭州湾跨海通道。杭州湾跨海铁路大桥是沪通铁路南延线(新建通南－上海－宁波－舟山铁路)上的一座跨海大桥,通道总长约 150 千米,向北连接嘉兴、上海,向南引入宁波铁路枢纽。预计 2020 年建成,客车运行时速 200～300 千米/小时,到那时宁波将成为国家综合交通网中的重要枢纽。

四、台湾海峡跨海通道

第四条跨海通道是台湾海峡跨海通道(图 10-21)。建设台湾海峡通道的设想也早在 1996 年就已提出,随后被正式列入《国家高速公路网规划》。跨海长度超过 100 千米的跨海通道给出了北、中、西三条线路方案,其中北线方案全线仅 68 海里(约 126 千米),是三个方案中最短路线,也是专家认可的首选路线。目前两岸的专家学者已经对这一世界上最长、建设难度最大的海峡通道反复进行多次论证,并已经达成诸多共识。

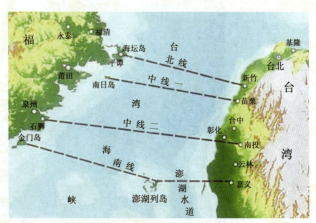

图 10-21　台湾海峡跨海通道的四条预选线路方案

五、港珠澳跨海通道

第五条跨海通道是港珠澳跨海通道（图10-22）。采用桥隧相连的公路运输方案，预计于2016年完工。连接香港、澳门和珠海的跨海大桥全长接近50千米，主体工程长度约35千米，包含离岸人工岛及海底隧道，将会形成"三小时生活圈"，缩减穿越三地时间。通道建成后，将成为世界上最长的六线行车沉管隧道及跨海距离最长的桥隧组合公路。

港珠澳大桥 工程总投资：700亿元

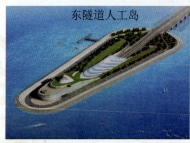

东隧道人工岛

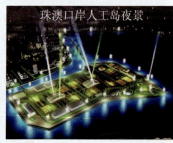

珠澳口岸人工岛夜景

图10-22 港珠澳跨海通道位置及工程实景

第十章 未来的铁路

六、琼州湾海峡通道

第六条跨海通道是琼州海峡通道。琼州海峡跨海通道拟为"公路铁路两用通道"。线路规划了三条通道线路（图10-23）：中线桥梁方案、中线隧道方案和西线桥梁方案。目前采用轮渡作为过渡。琼州海峡是我国黄金航道，必须确保通航的安全。

图10-23　琼州海峡跨海通道的三条线路方案

第十一章

影响铁路发展的人

  在近两个世纪的铁路历史长河中,铁路建设与发展的各个领域出现过许许多多杰出人物,他们用自己的智慧与劳动为我们呈现出今天铁路的繁荣景象,其中有推动铁路发展的官员,有创建学科的学者,有进行勘察设计的前辈,有在实践中创造进步的工程师,有不断探索奥秘、提升认识的科研人员……他们的数量十分庞大,现只撷取其中的几位代表人物,供读者了解这个群体的概貌。

第一节　国外铁路人物简介

一、蒸汽机发明家——詹姆斯·瓦特

詹姆斯·瓦特（James Watt，1736—1819）是英国著名的发明家，是工业革命时期的重要人物，英国皇家学会会员和法兰西科学院外籍院士。他对当时已出现的蒸汽机原始雏形做了一系列的重大改进，发明了单缸单动式和单缸双动式蒸汽机，提高了蒸汽机的热效率和运行的可靠性，对当时社会生产力的发展做出了杰出贡献。后人为了纪念他，将功率的单位定为瓦特，常用符号"W"表示。瓦特1736年1月19日生于英国格拉斯哥。1763年，他到格拉斯大学工作，修理教学仪器。1781年，瓦特制造了从两边推动活塞的双动蒸汽机。1785年，因改进蒸汽机所做的重大贡献，瓦特被选为皇家学会会员。

二、蒸汽机车之父——乔治·史蒂芬森

乔治·史蒂芬森（George Stephenson，1781—1848）是世界上第一辆蒸汽机车发明者，他几乎没有接受过任何学校教育，从小就在一座矿山里拉马车，凭借技术上的造诣，终于成了机械工程师。斯蒂芬森设计并主持修建了达林顿至斯托克顿、利物浦至曼彻斯特的铁路。1823年，他与儿子成立了世界上第一家机车厂，著名的蒸汽机车"火箭号"就在这里诞生。其主要贡献：1810年开始制造蒸汽机车；1817年主持修建利物浦至曼彻斯特铁路；1825年建成世界上第一条具有现代意义的铁路。

三、英国铁路土木、机械工程师——布律内

布律内生于 1806 年,是英国杰出的、富有独创性的铁路土木、机械工程师。布律内设计了伦敦帕丁顿车站。1833 年,布律内任英国大西铁路总工程师,设计建造了运行于这条线路上的蒸汽机车。他在世界上首先采用宽轨铁路,使列车可高速行驶,大大促进了铁路发展。布律内在米德兰平原、南威尔士、爱尔兰等英国西部地区主持了长达 1600 千米的铁路建设工程。他还创造了采用气压沉箱法建筑桥墩基础,使空气压缩技术在地下工程和水下工程中得到应用。

四、美国工程领域的先驱者——杰维斯

杰维斯是美国工程领域的先驱者。他率先在机车设计方面做出了根本性的改革,他制造出一种慢速旋转、有 4 个小轮子的"转向架",以支撑火车头的前面部分,而把 2 个大而笨重的推进轮子(开始是 2 个,后来改为 4 个)装在后面。他的"乔纳森兄弟"号火车头(也称"试验"号)制造于 1832 年,就是结合了这一设计特点,这是第一批有 6 个轮子的机车。"乔纳森兄弟"号是当时世界上最快的火车头,每小时能行驶 60～80 英里(约合 96～128 千米)。当"水星"号(1842 年)把杰维斯的非常灵活的弹簧悬挂车厢,与约瑟夫·哈里森的能减轻铁路震动的改良型对等驱动车轮装置(整个装置结构轻巧)结合在一起时,美国先进的机车设计的全部精华就集中体现出来。"水星"号拉着客车车厢,时速 60 千米(约合 96 千米),在一年内(1844 年)行驶了 37000 英里(约合 59545 千米),这是当时机车所能达到的最大行车里程数。

五、"龙"号机车设计者——金达

金达(Kinder Claude William,1852—1936),是最早来华从事路矿经营的英国人。他在日本长大,娶日本女子为妻。光绪四年(1878 年),开平矿务局设立时,金达被聘为总工程师,负责具体的技术指导工作。后经天津海关税务司德璀琳的介绍,得以谒见李鸿章,面陈修建唐胥铁路的必要性(注:唐山陆行至胥各庄后,即可连接芦台河流而入渤海湾,东至秦皇岛以海运至上

海,西至大沽口至京津等处),得到李鸿章的赞同。在金达主持下,约9千米长的唐胥铁路建成,光绪七年(1881年)5月13日正式通车。

因当时清廷明令禁止使用机车,唐胥铁路最初是用骡马在铁轨上拽车,又称"马车铁路",后金达利用开矿用的旧锅炉暗地制造了一辆机车,在唐胥铁路试行,证明了机车的优越性,此举引起了言官的不满,遭到群起弹劾,机车被迫停止运行。1882年,开平煤矿产量大大提高,骡马动力不能满足运输要求,金达重新制造了与同时代国外机车相媲美的新式机车,其被命名为"中国火箭(The Rocket of China)"号,因机车左右各装饰了一条飞龙,又被称为"龙"号机车。"龙"号机车运行后,再次遭到言官和保守派的强烈反对,被下令停驶,因为当时新建的北洋舰队急需用煤,在李鸿章的坚持下,"龙"号机车最终恢复了运行。

光绪十七年(1891年),金达受李鸿章聘请,任新设在山海关的北洋官铁路局总工程师,对我国的铁路建设做出了贡献。金达还任用并训练了中国最早的一批铁路工程人才,中国最早的杰出铁道工程专家詹天佑就是其中之一。

第二节　中国铁路人物简介

一、台湾铁路发展的奠基人——刘铭传

刘铭传(1836—1896),字省三,自号大潜山人,安徽肥西县刘老圩人,曾任台湾巡抚。在他推行新政时,制定了以"兴造铁路为网纽,辅之以电线邮政"的方针。1887年7月,台北成立"全台铁路商务总局",聘英德两国人员为工程师,着手修建铁路,前后历时6年完成了基隆至新竹全长106.7千米的铁路,成为中国人自办自建的第一条铁路。第一台火车头是刘铭传派人从德国进口的"腾云"号,现存于台北公园,供游人参观。

二、倡导中国自主建造铁路第一人——李鸿章

李鸿章(1823—1901),字子黻、渐甫,号少荃、仪叟,安徽合肥人。中国晚清军政重臣,淮军创始人和统帅,洋务运动的主要倡导者。

主要业绩: 早在1867年任湖广总督时,李鸿章就上疏清廷,认为"与其任洋人在内地开设铁路,又不若中国自行仿办,权自我操,彼亦无可置而喙耳"。1874年清廷组织著名的海防大讨论时,李鸿章再次提出要修建铁路,那本著名的《筹议海防折》中,李鸿章就阐述了应该修建铁路的理由。1888年11月,李鸿章通过奕譞主管的海军衙门奏请修筑津通路,其理由是津通路将沿海与内陆连接起来,可以"外助海路之需,内备征兵入卫之用",有利于军事、防务。"火车铁路利益甚大,东西洋均已盛行,中国阻于浮议,至今未能试办。将来欲求富强制敌之策,舍此莫由。"在李鸿章等人的不懈努力下,1881年,中国自己建造的第一条铁路——唐胥铁路终于诞生了。

三、中国革命先驱——孙中山

孙中山(1866—1925),名文,字德明,号逸仙,生于广东省香山县(今中山市),中国民主革命先行者。他提出的"交通为实业之母,铁路为交通之母"著名论断,首次从宏观上阐述了铁路在国民经济中的重要地位,对中国铁路影响深远。其铁路建设的思想:以发展经济、振兴国家为目的,以开发交通不发达地区为首选,以利用外资、外国技术与人才、外国的管理经验为手段,以确保主权在我为原则,以建设四通八达、水陆并包的现代化大交通为目标。并规划了尽快建设10万英里(17万千米)的全国铁路建设蓝图,思路非常超前。

四、中国铁路先驱——詹天佑

詹天佑(1861—1919),号眷诚,字达朝,安徽婺源(今属江西)人。1861年生于广东省南海县,1872年考取公费赴美留学。1881年6月毕业于美国耶鲁大学雪菲

尔德理工学院土木工程系，同年8月回国。詹天佑是我国铁路工程专家，1905年～1909年主持修建京张铁路，对南口到八达岭一段高山峰险的艰巨工程，因地制宜采用"之"字形线路，以减少工程数量，并利用"竖井施工法"开凿全长1091米的八达岭隧道，提前两年建成了我国自行设计的第一条铁路。其历任中华工程师会会长、交通部交通会议副会长、交通部铁路技术委员会会长。受命出席国际联合监管远东铁路会议，为我国政府代表。1919年4月24日，詹天佑在汉口仁济医院病逝，享年59岁。同年青龙桥车站竖立起一座詹天佑全身站立铜像。1982年詹天佑夫妇墓迁建于此。

主要业绩： 修筑炮台，绘制了中国第一幅海图——广东沿海图。修建或主持修建京奉、京张、张绥、津浦、川汉、粤汉、汉粤川等铁路，其中，以修建工程艰巨的京张铁路著称于世。他研究并建议全国使用自动车钩、坚持采用标准轨距，主持制定了铁路建设技术标准和规范。

詹天佑先生是铁路人的楷模，我们应学习他胸怀祖国、热爱人民、为国争光的爱国精神；学习他艰苦奋斗、奋发图强、勇于创新的开拓精神；学习他严谨务实、埋头苦干、学以致用的求实精神；学习他光明磊落、宽厚待人、甘当人梯的奉献精神。

五、中国铁路的早期建设者——杜镇远

杜镇远（1889－1961），字建勋，湖北秭归县人，被誉为"我国铁路的伟大建设者"，是继詹天佑之后的铁路巨擘，也是赤诚的爱国者。杜镇远毕业于唐山交通大学，专攻土木工程，后赴美就读康奈尔大学，获硕士学位，1926年回国，此后数十年奔忙于铁路工地。

主要业绩： 主持修建了3600千米铁路、600千米公路。1929年2月，浙江省决定修建通往江西的杭江铁路，1933年12月全线贯通。国人盛赞这是继詹天佑自建京张铁路之后的第二条国人自建铁路。上海"八一三"战事后，急需修建湘桂铁路，杜镇远任湘桂铁路局局长兼总工程师。抗战后期，杜镇远主持兴建了从西昌到云南的西祥公路。1945年8月他任交通部广东区特派员，主持重建了千里粤汉铁路。

六、桥梁专家、工程教育家——茅以升

茅以升(1896－1989),字唐臣,桥梁专家、工程教育家,江苏省丹徒县(今镇江市)人,毕业于唐山工业专门学校土木工程系,先后获美国康奈尔大学硕士学位、美国卡利基理工学院首名工学博士学位。历任交通部唐山大学校长、北平大学第二工学院院长、江苏省水利局长、中国桥梁公司总经理、上海交通大学校长、铁道科学研究院院长。全国政协副主席,中国科学院技术科学部副主任,中国土木工程学会首届理事会理事长,北京市科协主席,铁道部武汉长江大桥技术委员会主任委员,国务院科技规划委员会委员。

主要业绩:主持设计并组织修建了钱塘江公路、铁路两用大桥,该大桥为中国铁路桥梁史上的一个里程碑。

七、隧道学科创始人——高渠清

高渠清(1920－2001),1942年毕业于交通大学唐山工学院(即唐山交通大学,今西南交通大学)土木系,1949年获英国纽卡斯尔大学土木工程博士学位,1950年回国到母校任教。历任北方交通大学唐山工学院、唐山铁道学院教授、土木工程系主任,西南交通大学教授、铁道工程系主任,王梦恕院士研究生导师。中国土木学会常务理事及隧道学会第一、二届副理事长,国际隧道协会执行委员,国务院学位委员会第一、二届学科评议组成员。

主要业绩:长期从事钢筋混凝土结构、隧道、地下铁道及岩石力学的教学与研究。20世纪50年代末,高渠清作为顾问,参与了我国第一条地下铁道——北京地铁的设计工作,以及上海、广州、南京、天津、青岛等城市地铁论证及设计、施工方案研究及评估等工作。1977年,率先在铁路系统提出岩石力学的研究方向,对"岩石本构性能"、"岩石流变本构关系"、"数值计算在隧道结构分析上的应用"、"相似材料模型试验"等方面进行了全面、深入的研究,奠定了岩石力学研究的基础,并率先在高等学校成立"岩石力学研究所",并任第一任所长;把隧道及地下工程技术的基础理论和以"经验"为基础的隧道及地下工程技术,上升到"岩石力学"理论水平。

　　高渠清作为原城乡建设环境保护部地下铁道办公室国家专家小组成员、中国地下铁道工程设计咨询公司专家委员会顾问，参与了我国城市地铁与地下空间开发重大项目的咨询、研讨与决策，为我国隧道及地下空间技术走向成熟做出了重要贡献。

　　在担任国际隧道协会执委期间与国际隧道界进行了广泛的交流与合作，对"隧道及地下铁道理论分析及设计、施工新技术的开发"进行了广泛的研究。在他的努力下，1990年9月，国际隧道协会第16届年会在西南交通大学举行，使我国隧道及地下工程为世界所了解，促进了国际交流与合作。四十多年的耕耘为国家培养了众多人才，许多人后来成为我国地下工程领域的精英。由于学术成就和声望，他被频繁邀请出国访问、讲学，他的足迹遍布美国、英国、德国、日本、加拿大、波兰、挪威、西班牙、捷克等国。其学术影响深远，撰有《地震对地下结构工程的破坏影响》、《地下建筑物衬砌的计算理论》、《地下结构物计算理论的演变及研究方向》、《山岭隧道》、《地下铁道》等论文与著作。

后记

在编写这本科普图书之前以及在编写过程中,有许多读者、朋友以及国内外的记者,对中国铁路和高铁的发展感到惊奇和不解,也向我提出了许多"好奇"的问题。的确,中国铁路的历史充满了神奇和低调,中国铁路的发展饱含着超越百年的辛酸。也为此,我们编写了本书,并将其定名为《探秘铁路》。

身为作者,我是饱含着对铁路建设者的爱来编写这本书的。本书编写过程中,众多掌握铁路资料的同仁和不太认识的朋友为我们提供了许多宝贵的照片和资料,充实在这本科普读物中,在此我感谢大家,这也督促我们必须写好这本"如我所愿:充满大爱"的书。

身为作者,我们把铁路及高速铁路主要的建设技术、机械设备等等都进行了介绍,但我深深感到,把参加铁路建设掌握设备、工艺、工法的建设者、运营者们忘掉是不妥的,在这本科普图书中不能忘记这些可爱可敬的数百种不同专业在各种岗位上忠诚而充满创新精神的工作者们。书中写的是科学技术,但不难看出建设者和运营者的艰辛。

为此,我们怀着对他们的感恩之心,从深沟险壑到崇山峻岭,从戈壁荒滩到雪域高原,走访铁路建设、运营的许多工地、站场和养路工区,去探访他们,去了解铁路是怎样建成的,数万列客运、货运列车是如何安全运行的。在这些浩大的铁路工程上,他们为我们赢得了荣誉。

我们采访,甚至是含着泪水地采访,接触了上百种不同系统、不同专业的技术、管理干部,各层次技术专家,技师、高级技师和工班长,从他们的工作内容、生活环境可以看到什么叫艰苦卓绝,什么叫无私奉献,看到他们那种把工作视为事业,将铁路建设、安全运营视为终生的责任感。中国铁路凝聚着二百五十多万人的心血、智慧和自我创造的点点滴滴,凝聚成许多高水平的成套技术和数千种世界水平的标准。他们在不同工程岗位上展现、闪烁着自尊、自强、舍生忘死的光辉,表现着非凡的气质,我们看到在现场工作面上工作的专家和老技师都有一张古铜色的脸膛和锐利的眼神,表露出他们所经历过各种艰险的自信和灵感,但在工作的间隙休息中,瞬间也隐约看出他们的孤独、伤愁和对远离家乡的牵挂,人世间的忧愁、关爱、欢乐、希望、坚毅、鼓励、无畏、宽阔、包容、责任,等等,各种品德和人性,汇聚在大小不同的旷世未有的集体之中,

也正是这一大批具有顽强拼搏精神、严肃认真科学态度的建设者们，将穿越大山、跨越江河湖海，一条条通向四面八方的铁路建成、运营，给国家、给铁路所通过的地区带来繁荣，带来数百万人的就业，并进而实现民富国强。

各位在读完这本科普书后，再细细地看一下这个后记，目的是不要忘记这些伟大的群体，崇高的燃烧精神，可贵的高铁精神，时代的精神还需要你们来继承。这些群体无愧于祖国，无愧于人民，更无愧于他们所从事的事业，而他们却真正有悔于父母，有悔于家庭和儿女，更有悔于自己的一无所有！

在编写这本科普图书的过程中，我们不停地在穿越不同阶段的铁路历史，从坎坷、争论到零乱旧线的修复；从多次旧线提速试验的困难中找到了必须建设新线、建设高速铁路和重载铁路的决心和信心；试验也证明采用轮轨技术进行牵引，可实现安全、可靠、适用、经济的八字方针；采用了自我创新和集成创新为主，引进、消化、吸收再创新为辅的三种创新方法，融合成我国重大、可贵的自我创新；结合不同地质气候条件和不同的工程设计、施工、运营，建成了具有2万多千米的高速铁路大网，每天有近千列不同类型的列车在我们的轨道网上安全、可靠的运行。创新成果让国人自豪，创新水平远远超越国外，达到世界领先的水平。

在编写过程中，我们不停地在昨天、今天和未来的时空中思索，在敬仰、艰辛、亲情和震撼中企图写出全书的脉搏，但由于资料太多，篇幅有限，不能按历史年代进行介绍，只是浮浅地写些点滴，恳请读者原谅。

在写作的过程中，在翻阅大量国内外资料的过程中，我们深感历史上从来没有哪一项发明能像铁路这样对国家、对世界产生如此重大的影响，铁路造就了众多国际大都市的形成，推动了工业革命，带动了许多产业的生成，铁路能使一个国家政治、经济、文化发生变迁，也成为政府平衡公众利益、维护社会稳定的重要设施。

我国的铁路建设运营里程到2015年底可达到12万千米，其中高速铁路为1.83万千米，但这远远满足不了孙中山先生在一百多年前提出的铁路建设运营总里程要超过17万千米达到20万千米的宏愿，距离实现能源节约、可持续发展、国强民富的国家需要，还有较大差距。我衷心希望一代代铁路建设者们，继承时代精神，为中国的铁路事业继续努力奋斗。

参考文献

[1] 严介生,等.解读中国铁路 科普丛书[M].北京:中国铁道出版社,2009.

[2] 杨子葆.世界经典城铁建筑[M].北京:生活•读书•新知三联书店,2006.

[3] 李清志.铁道建筑漫游[M].北京:生活.读书.新知三联书店,2006.

[4] [德]乌尔苏拉•巴尔特勒山姆,等.火车秘史[M].王勋华,译.武汉:湖北教育出版社,2010.

[5] 唐寰澄.世界著名海峡交通工程[M].北京:中国铁道出版社,2004.

[6] 宓汝成.中国科学院文库 帝国主义与中国铁路 1847—1949[M].北京:经济管理出版社,2007.

[7] 王梦恕,干昆蓉.21世纪的铁路[M].北京:清华大学,广东:暨南大学出版社,2001.

[8] Brain Richards.未来的城市交通[M].潘海啸,译.上海:同济大学出版社,2006.

[9] 荣韩和.西方运输经济学[M].北京:经济科学出版社,2008.

[10] 傅志寰.中国中长期交通运输节能问题研究[M].北京:人民交通出版社,2011.

[11] [美]雷内汗.铁路大亨[M].北京:中信出版社,2009.

[12] 何顺果.人类文明的历程[M].北京:高等教育出版社,2000.

[13] 李学伟.高速铁路概论[M].北京:中国铁道出版社,2010.

[14] [美]理查德.瑞杰斯特.生态城市伯克利:为一个健康的未来建设城市[M].沈清基,等,译.北京:中国建筑工业出版社,2005.

[15] [英]罗斯.火车站规划设计与管理[M].中铁第四勘察设计院,译.北京:中国建筑工业出版社,2007.

[16] 段锡,张长利,等.滇越铁路:跨越百年的小火车.[M].昆明:云南美术出版社,2007.

[17] 交通运输部道路运输司.国内外城市轨道交通事故案例[M].北京:人民交通出版社,2011.

[18] 钱立新.国外高速铁路[M].北京:中国铁道出版社,2010.

[19] 王梦恕.中国隧道及地下工程修建技术[M].北京:人民交通出版社,2013.

[20] 王梦恕.大瑶山隧道——20世纪隧道修建新技术[M].广州:广东科技出版社,1994.